ESSAI

SUR L'ORIGINE

DE L'ÉCRITURE,

SON INTRODUCTION DANS LA GRÈCE,

ET SON USAGE JUSQU'AU TEMS D'HOMÈRE,

CONDUITE JUSQU'À L'AN 1000 AVANT NOTRE ÈRE;

PAR M. LE MARQUIS DE FORTIA D'URBAN,

DE L'INSTITUT DE FRANCE (ACADÉMIE ROYALE DES INSCRIPTIONS ET BELLES-LETTRES), DE LA SOCIÉTÉ DES ANTIQUAIRES ET DE CELLE DES BIBLIOPHILES FRANÇAIS, DE LA SOCIÉTÉ ROYALE DE L'ACADÉMIE D'ARCHÉOLOGIE ET DE CELLE DES SCIENCES, DES ACADÉMIES DE NAPLES, DE CORTONE, DE FRANCFORT-SUR-LE-MEIN, DE VITTERBE ET D'AVIGNON, DE MONTPELLIER, DE NIMES ET DE TOULOUSE, ETC.

PARIS.

H. TOURNIER JEUNE, LIBRAIRE,

RUE DE SEINE, N° 49;

ET L'AUTEUR, RUE DE LA ROCHEFOUCAULD, N°

1832.

ESSAI

SUR L'ORIGINE

DE L'ÉCRITURE.

IMPRIMERIE DE H. FOURNIER,
RUE DE SEINE, N° 14.

ESSAI

SUR L'ORIGINE

DE L'ÉCRITURE,

SUR SON INTRODUCTION DANS LA GRÈCE

ET SON USAGE JUSQU'AU TEMS D'HOMÈRE,

C'EST-A-DIRE JUSQU'A L'AN **1000** AVANT NOTRE ÈRE.

PAR M. LE MARQUIS DE **FORTIA D'URBAN**,

MEMBRE DE L'INSTITUT DE FRANCE (ACADÉMIE ROYALE DES INSCRIPTIONS
ET BELLES-LETTRES), DE LA SOCIÉTÉ DES ANTIQUAIRES DE FRANCE, DE
CELLE DES BIBLIOPHILES FRANÇAIS, DE LA SOCIÉTÉ ASIATIQUE, DE L'A-
CADÉMIE D'ARCHÉOLOGIE ET DE CELLE DES LINCÉES, DE ROME, DES
ACADÉMIES DE NAPLES, DE CORTONE, DE BRUXELLES, DE FRANCFORT-
SUR-LE-MEIN, DE VETTÉRAVIE, D'AVIGNON, DE MARSEILLE, DE MONT-
PELLIER, DE NIMES, DE TOULOUSE, ETC.

PARIS,

CHEZ H. FOURNIER JEUNE, LIBRAIRE,

RUE DE SEINE, Nº 29;

ET CHEZ L'AUTEUR, RUE DE LA ROCHEFOUCAULD, Nº 12.

1832.

USAGE DE L'ÉCRITURE

DANS LA GRÈCE

JUSQU'AU TEMS D'HOMÈRE,

ou

JUSQU'A L'AN 1000 AVANT NOTRE ÈRE.

———————❦———————

SUR L'USAGE DE L'ÉCRITURE DANS LA GRÈCE JUSQU'AU TEMS D'HOMÈRE.

AVERTISSEMENT.

I. J'ai exposé fort au long les principes de mon ortographe au commencement de mon nouveau sistème de Bibliographie, dans la seconde édition de cet ouvrage (1). Je sens que ce genre d'innovation est en général peu agréable pour les lecteurs ; mais je les prie de ne pas me condamner sans m'avoir entendu. Ceux qui connaissent la langue italienne ne seront pas surpris de lire *Egipte* au lieu d'*Egypte*, *sistème* au lieu de *système*, et j'en ai donné les raisons : on les trouvera dans l'ouvrage que je viens de citer, chez les libraires chargés de la vente de celui-ci, pour l'intelligence duquel il

____

(1) In-12. Paris février 1822.

I

ne sera nullement inutile, comme je le prouverai bientôt. Je crois au reste ne devoir pas désespérer de faire prévaloir la règle incontestable qu'il faut écrire comme on parle. Les partisans de l'étimologie n'ont pu empêcher que le journal des *Sçavans* ne devînt le journal des *Savans*. Les partisans de l'ancienne ortographe n'ont pu résister à la raison qui voulait que l'on écrivît *roi* et non *roy*, académie *française* et non académie *françoise* Peut-être d'autres améliorations se feront-elles jour encore à travers les obstacles qu'on leur oppose, et j'ai du moins la discrétion de n'en proposer qu'un bien petit nombre.

Le Mémoire que précède cet avertissement contiendra plusieurs parties et diverses subdivisions, dont chacune formera un article. Chaque article sera précédé d'un ou plusieurs chiffres romains qui en détermineront le numéro. J'acquerrai ainsi une facilité précieuse de me rendre intelligible à mes lecteurs, et la voici : lorsque pour bien comprendre un article, il faudra se souvenir de ce qui aura été dit dans un autre, je rappellerai clairement ce dernier, en écrivant son numéro entre deux parenthèses. Si, par exemple, dans le cours d'un article, on trouve cette citation (*art.* xxxii), cela signifiera que pour éclaircir l'article en question, il faut recourir à celui qui est numéroté xxxii. Je ferai un usage fréquent de ces renvois pour éviter les répétitions, et pour mieux unir les différentes parties de cet ouvrage.

Lorsque je ne voudrai pas citer un article, mais un livre dont je réclamerai le temoignage, ou duquel j'aurai adopté un ou plusieurs passages, cette citation sera renvoyée au bas des pages; et afin de mieux faire connaître le livre dont je me serai servi, je donnerai le catalogue raisonné de tous ceux dont j'aurai fait usage. Ce catalogue sera placé dans un ouvrage particulier où je me propose de donner un sistème complet de bibliographie dont les matériaux sont déjà préparés. J'ai publié le plan et le commencement de cet ouvrage sous le titre de Bibliographie alfabétique. Lorsque dans cette Bibliographie, j'aurai donné un signe à un livre, je l'indiquerai par ce signe. Ainsi AJD désignera la grande Enciclopédie in-folio, que l'on trouvera décrite sous ce signe dans la troisième partie de mon nouveau sistème de Bibliographie alfabétique.

Quant aux autres ouvrages que je citerai, et qui n'ont pas été décrits dans cette Bibliographie, je les désignerai par l'énoncé de leur titre, un peu abrégé, selon l'usage ordinaire.

Mes additions particulières seront presque toujours indiquées par la lettre (*a*), surtout lorsqu'elles auront quelqu'importance. Je ne m'y croirai pas obligé, lorsqu'il s'agira d'un simple changement de stile dans l'ouvrage cité, ou d'une observation qui ne me paraîtra pas mériter d'être distinguée.

CHAPITRE PREMIER.

SUR L'ORIGINE DES LANGUES.

II. L'objet de ce Mémoire est d'examiner un point de critique très-important, puisqu'il y sera question de fixer nos idées sur le point de savoir si l'écriture était en usage dans la Grèce du tems d'Homère. Nous rechercherons en premier lieu dans ce chapitre l'origine de l'écriture, et l'on sent combien il est difficile de remonter à un tems qui n'a pu être déterminé sans elle. Pour fixer l'origine de l'écriture, il faut étudier d'abord celle des langues, et l'on ne peut nier que celle-ci ne tienne à l'origine du monde dont l'histoire n'a pas le moyen de nous instruire. Nous ne pouvons en obtenir la connaissance que par une inspiration divine. Ce sont donc les théologiens qui ont eu seuls le droit de nous l'enseigner. Selon la plupart d'entr'eux, l'hipothèse de l'invention des langues par l'homme sauvage est inadmissible. Dieu lui-même, nous disent-ils, non content de donner aux deux premiers individus qu'il a formés, la faculté de parler, la mit encore en plein exercice en leur inspirant immédiatement le désir et l'art d'imaginer les mots et les phrases nécessaires aux besoins de la société naissante.

C'est à peu près ce que nous dit l'auteur d'un de nos livres sacrés, du livre connu sous le nom de l'Ecclésiastique. Cet auteur est Jésus, fils de Sirach, qui écrivait l'an 171 avant notre ère (1), et il s'exprime ainsi (2): on observera qu'il avait beaucoup voyagé pour se perfectionner dans l'étude des sciences (3).

« Dieu a créé l'homme de la terre, et l'a fait « selon son image ; et il l'a rendu ensuite à la terre, « et il l'a revêtu de force selon sa nature ;

« Et il lui a donné un nombre de jours et un « tems , et il lui a assigné l'empire de ce qui est « sur la terre ;

« Il a mis sa crainte en toute chair, et il a éta- « bli sa domination sur les bêtes et sur les oiseaux.

« Il a créé de sa substance une aide semblable à « lui, et il leur a donné le conseil, une langue, des « ieux, des oreilles et un cœur; et il les a remplis « des lumières de l'intelligence. » *Consilium et linguam et oculos et aures, et cor dedit illis excogitandi; et disciplinâ intellectûs replevit illos.* Voilà bien exactement tout ce qu'il faut pour autoriser

(1) Sainte Bible traduite par M. Genoude. Paris 1821. Livres Sapientiaux, tome II , p. 15. Voyez l'article Jésus dans le dictionnaire de la Bible, par Dom Calmet.

(2) Chapitre XVII , verset 1 et suivans.

(3) *Id.* chap. XXXV , 10, 11 et 12; chap. LI , 18 et 20.

l'opinion des théologiens : l'envie de communiquer sa pensée, *consilium;* la faculté de le faire, *linguam;* des ieux pour reconnaître au loin les objets environnans et soumis au domaine de l'homme, afin de les distinguer par leurs noms, *oculos;* des oreilles, afin de s'entendre mutuellement; sans quoi la communication des pensées et la tradition des usages qui servent à les exprimer auraient été impossibles, *aures;* l'art d'assujétir les mots aux lois d'une certaine analogie pour éviter la trop grande multiplicité des mots primitifs, et cependant donner à chaque être son signe propre, *cor excogitandi;* enfin l'intelligence nécessaire pour distinguer et nommer les points de vue abstraits les plus essentiels, pour donner à l'ensemble de l'élocution une forme aussi expressive que chacune des parties du discours peut l'être en particulier, et pour retenir le tout, *discipliná intellectûs.* Cette doctrine se confirme par le texte de la Genèse (1), dont elle est en quelque sorte le développement.

Ce livre nous apprend en effet que ce fut Adam lui-même qui fut le nomenclateur primitif des animaux, et nous le présente comme occupé de ce soin fondamental, par l'avis exprès et sous la direction du créateur (2). *Formatis igitur, Dominus Deus, de humo cunctis animantibus terræ et uni-*

____

(1) Encyclopédie, art. Langues (origine des).
(2) Genèse II, 19, 20.

versis volatilibus cœli, adduxit ea ad Adam, ut vide-
ret quid vocaret ea; omne enim quod vocavit Adam
animæ viventis, ipsum est nomen ejus: appel-
lavitque Adam nominibus suis cuncta animantia,
et universa volatilia cœli, et omnes bestias terræ.

« Le Seigneur Dieu, après avoir formé de limon
« tous les animaux de la terre et tous les oiseaux
« du ciel, les fit venir devant Adam, afin qu'il vît
« comment il les nommerait, et que chacun d'eux
« portât le nom qu'Adam lui aurait donné, et
« Adam donna leur nom aux animaux domestiques,
« aux oiseaux du ciel, et aux bêtes sauvages. »

Avec un témoignage si respectable et si bien
établi de la véritable origine de la société et du
langage, comment se trouve-t-il encore parmi
nous, disent toujours les théologiens, des hommes qui osent interpréter l'œuvre de Dieu par les
délires de leur imagination, et substituer leurs
pensées aux documens que l'esprit saint lui-même
nous a fait passer? A moins d'introduire le pirrho-
nisme historique le plus ridicule et le plus scanda-
leux tout à la fois, le récit de Moïse a droit de
subjuguer la croyance de tout homme raisonnable, plus que tout autre historien (1).

(1) Encyclopédie, art. Langues (origine des).

§ I.

Nécessité des études profanes.

III. Dans la religion chrétienne, la foi, dit très-bien Vauvenargues (1), est la consolation des misérables et la terreur des heureux. L'arracher aux uns et aux autres, c'est leur rendre un bien mauvais service, et ce n'est nullement mon intention; mais la raison a aussi ses droits (a).

Sans doute si la Genèse était une enciclopédie, si Dieu se fût proposé de nous enseigner l'histoire et la description du monde entier dans cet ouvrage, il n'y aurait rien à répliquer aux assertions formelles des théologiens faites au nom d'une religion sainte que tout nous engage à respecter; mais c'est ce qui n'est nullement vraisemblable. L'étude des sciences est nécessaire même pour celle de l'Écriture sainte, dont elle doit donner l'intelligence (a). «Tous les bons esprits », dit saint Grégoire de Nazianze (2) «s'accordent à dire que «la science tient le premier rang parmi les biens «accordés à la condition humaine. Je ne parle pas « seulement, » ajoute-t-il, « de la science propre à

(1) OEuvres complétes de Vauvenargues. Édition de M. Suard. Paris 1806. II, 72.

(2) Bibliothèque choisie des pères de l'église grecque et latine par Marie-Nicolas-Silvestre Guillon. Paris 1825, VI, 467. Éloge funèbre de saint Basile., par saint Grégoire de Nazianze.

« notre ministère, sublime comme lui, laquelle,
« dédaignant les vains ornemens du langage, n'a
« pour but que le salut des ames, pour objet que
« ces nobles études qui éclairent la raison et l'in-
« telligence; je parle même de cette science étran-
« gère qu'une prévention trop commune parmi
« nous, rejette comme dangereuse, n'y voyant
« que les écueils dont elle est semée, et la regar-
« dant comme propre à détourner de la religion.
« C'est l'usage que l'on fait des choses qui en dé-
« termine l'utilité ou le danger. Bien loin d'être
« nuisibles en elles-mêmes, les études profanes
« nous aident à pénétrer plus avant dans la con-
« naissance du divin auteur de la nature; elles
« abaissent, selon l'expression de l'apôtre (1), notre
« entendement sous le joug de Jésus-Christ, nous
« apprennent à démasquer l'erreur. Gardons-nous
« donc de déprimer la science, parce qu'il y a des
« hommes qui la négligent; esprits faux et témé-
« raires, qui voudraient que tout le monde leur
« ressemblât, pour se faire de l'ignorance générale
« une excuse de leur ignorance propre, et une
« sorte de rempart contre les reproches qu'ils mé-
« ritent. »

C'est ainsi que parle l'ami et le panégiriste de
saint Basile. Pour bien juger l'Écriture sainte, il
ne faut donc pas négliger les règles de la critique,

(1) IIe épitre de saint Paul aux Corinthiens. X, 5.
— Épitre du même aux Colossiens. III, 24.

et il faut étudier la Genèse comme un livre historique très-respectable sans doute, à tous égards,
mais soumis à l'examen de notre raison qui nous
a été donnée par Dieu même pour nous diriger
en toute occasion. Moïse raconte dans ce livre des
événemens arrivés 2433 ans avant qu'il naquît.
Tel est en effet, selon la chronologie d'Ussérius,
prise sur le texte hébreu, l'intervalle entre la création du monde, par le récit de laquelle commence la Genèse, et la naissance de Moïse. Le calcul
des septante éloignerait encore cette époque, en
portant l'intervalle à 4000 ans. Tel que le donne
Ussérius, il est encore presqu'aussi grand que
celui de la fondation de Rome jusqu'à nous (1). Il
faut lire la Genèse dans l'esprit du tems auquel elle
a été composée. Dieu, par l'organe de Moïse, parlait aux juifs leur langage; il n'avait pas l'intention
de leur donner une géographie complète, ni de
leur expliquer comment il y avait des Antipodes,
ni de leur apprendre ce qui s'était passé en Égipte
et à la Chine. Les Égiptiens ont tracé leur histoire
sur des monumens presqu'impérissables. Les Chinois ont aussi leurs annales, qu'ils étudient avec
d'autant plus de soin et de facilité, qu'ils ne sont
pas obligés de recourir, comme nous à des
peuples étrangers et à plusieurs langues diffé-

(1) Conjectures sur les mémoires originaux dont il paraît que
Moïse s'est servi. Bruxelles, 1753, p. 3. Voyez la suite de ce passage
dans l'ouvrage cité.

rentes. C'est dans leurs propres écrits qu'ils s'instruisent, et ils seraient bien surpris s'ils croyaient que nous voulons leur enseigner leur propre histoire. On peut donc soutenir que Moïse, au commencement de la Genèse, n'a parlé que d'un déluge partiel après lequel s'est conservée la nation dont il donne l'histoire ou plutôt la famille dont il rapporte la généalogie. Mais prenant les formes poëtiques des premiers historiens, il a transformé cette régénération d'une société particulière en création du genre humain, ces souvenirs de l'homme qui a le courage d'entreprendre le rétablissement d'anciennes institutions, en conversations de la Divinité à laquelle le régénérateur s'associe par ses bienfaits.

Cette conjecture, pour être énoncée dans le sein d'une Académie aussi respectable que la nôtre, doit être appuyée sur l'autorité d'un de nos prédécesseurs dont la mémoire nous est encore présente et chère; son nom suffit pour appeler notre attention et même notre assentiment. M. Larcher, qui s'est montré partisan zélé de la religion pendant le cours entier d'une longue vie, s'est cru avec raison suffisamment autorisé, par divers exemples puisés dans l'Ancien et le Nouveau Testament, à donner les conclusions suivantes. Je rapporterai les propres expressions de cet habile critique.

§. II.

Les écrivains sacrés n'ont point été inspirés pour les faits purement historiques. Monument de Yu.

IV. « Les sciences et l'*histoire*, » dit M. Larcher (1), « n'étant point nécessaires au salut, il y a grande « apparence que Dieu a abandonné à eux-mêmes « les écrivains sacrés, lorsqu'ils ont eu l'occasion « d'en parler. Toutes les écoles et toutes les aca- « démies soutiennent le mouvement de la terre, « malgré l'autorité de l'Écriture. Quoique je ne « voie pas que toutes les particularités historiques « énoncées dans les livres saints soient de foi, on « ne doit cependant pas les rejeter, qu'on n'ait les « raisons les plus fortes pour le faire.

« A l'égard du dogme et de la morale, comme « ils sont de la dernière conséquence, l'inspiration « devient alors nécessaire, et l'on ne peut la reje- « ter sous aucun prétexte.

« On craint en n'admettant qu'une inspiration « partielle, de prêter des armes aux incrédules; « mais, en la rejetant, on leur donne bien plus « beau jeu. Quels avantages peuvent-ils donc ti-

(1) Supplément à la philosophie de l'histoire. Amsterdam, 1769, p. 181 et suivantes. On trouvera le passage tout entier dans les Mémoires pour servir à l'histoire ancienne du Globe. VII, 107 et suivantes.

« rer des contradictions qu'ils remarquent dans
« les évangélistes (1)? Que le monument où l'on
« mit Jacob ait été acheté par ce patriarche ou par
« Abraham (2), qu'Emmor soit fils de Sichem ou
« qu'il en soit le père (3), en bonne foi, qu'est-ce
« que cela fait au fond de l'histoire? Ces légères
« contradictions et bien d'autres encore qu'on
« pourrait trouver dans les évangélistes, prou-
« vent, suivant la remarque de Théophilacte, leur
« véracité. S'ils s'étaient accordés jusque dans les
« plus petites circonstances, on aurait pu les soup-
« çonner de collusion. »

Tous ces raisonnemens de M. Larcher me paraissent mettre hors de doute qu'en histoire la
Bible ne doit pas être considérée comme infail-
lible, et que les chrétiens eux-mêmes peuvent lui
appliquer les règles de la critique, lorsqu'ils y
trouvent des faits opposés à ceux que rapportent
des écrivains profanes qui ont pu être mieux
instruits sur certains objets.

Il ne faut donc pas admettre légèrement la
croyance d'un déluge universel contre le témoignage des écrivains chinois, qui lui est directement contraire. En effet, ils ont conservé une
histoire détaillée de ce déluge, qui n'a submergé
qu'une partie de leur empire. C'est chez eux qu'il

(1) M. Larcher détaille ces contradictions qu'il trouve dans
saint Paul, saint Luc, saint Jean et les Actes des Apôtres.

(2) Genèse, XXXIII, 19; Josué, XXIV, 32.

(3) Genèse, XXIII, 8, 15 et 27.

faut étudier l'Antiquité. La littérature chinoise remonte bien plus haut que la nôtre (1). Nous possédons des ouvrages chinois dont la composition est placée sous l'an 2,600 ou du moins l'an 2,000 avant l'ère chrétienne; leur forme extérieure prouve que ce n'étaient pas les premiers essais des Chinois en fait de travaux littéraires, puisque l'écriture y avait déjà atteint un certain degré de perfection; les changemens qui ont eu lieu par la suite, ne les ont pas rendus méconnaissables. On sait par une tradition généralement reçue, qu'il y a eu des livres plus anciens que les anciens qui nous sont parvenus. Ce n'était pas seulement dans les livres que les premiers essais de l'écriture ont été faits; tout porte à croire que l'écriture a d'abord été employée aux inscriptions sur des rochers et sur des pierres. On en a conservé ou retrouvé un grand nombre, parmi lesquelles l'inscription de Yu, faite l'an 2,287 avant notre ère, onze ans après le déluge, paraît la plus importante.

On voit encore près de la source du fleuve Jaune, c'est-à-dire du Hoang-Ho, une apparence d'inscription gravée sur le rocher percé, dans

(1) Leur premier homme, qu'ils appellent Pankou, vivait, selon les Bonzes Taossé, 96, 961, 740 ans avant la mort de Confucius. Or Confucius est mort l'an 479 avant notre ère (1). Ainsi cette époque de Pankou correspond à l'an 96, 962, 219 avant notre ère.

(1) Histoire générale de la Chine, traduite par le père de Mailla. Paris, 1777, t. I. tableau placé en regard de la page I.

lequel Yu la fit entrer. Soit que le tems l'ait effacée, soit que le rocher, en croissant, en ait altéré les caractères, on ne peut plus la lire; la tradition universelle en fait honneur à Yu, etil paraît par l'histoire qu'on la lisait encore à la fin du seizième siècle de notre ère. Les copies que l'on en avait faites n'étaient point parvenues aux missionaires en 1782; mais le savant orientaliste, M. Joseph Hager, s'en étant procuré une, l'a publiée en 1802 (1), sous le titre de monument de Yu. M. Klaproth en a fait depuis une nouvelle publication (2), qui a paru en 1811 (3).

C'est au père Amiot, à qui la littérature chinoise avait déjà tant d'obligations, que le public doit et la copie du monument tel qu'il existe aujourd'hui, et le développement des caractères qui le composent; et, ce qui est encore plus important, la valeur de ces mêmes caractères, traduits par des antiquaires chinois en caractères modernes, et expliqués en français par ce célèbre missionaire. M. Hager, en fesant jouir le public de ce trésor, partage à juste titre, la reconnaissance due au père Amiot (4).

(1) À Paris, chez Didot l'aîné, in-folio avec figures.

(2) Extrait d'un écrit de Henri Kurz, daté de Paris, avril 1830, inséré dans le *Morgenblatt* et dans le Journal général de la Littérature étrangère. Mars 1831, p. 89.

(3) *Inschrift des Yü, von Julius von* Klaproth. Berlin, 1811, in-4°.

(4) Magasin encyclopédique, 8ᵉ année, 1802, tome II, p. 282 et 283.

Afin que l'on puisse comparer les caractères du monument de Yu avec les autres sistèmes de caractères anciens qui ont été en usage à la Chine, M. Hager y a joint 1° d'anciens caractères attribués pareillement à Yu, et gravés sur des pierres antiques conservées au collège impérial de Pékin ; 2° un spécimen des trente-deux sortes d'écritures chinoises, dans lesquelles a été publié, par ordre de l'empereur Kienlong, son poëme sur Moukden, traduit par le père Amiot, et publié par M. de Guignes, en 1780 ; 3° divers vases tirés d'ouvrages publiés à la Chine (1).

§ III.

Définition des Langues.

V. La digression que je viens de faire prouve que le récit de la Genèse était inconnu dans un pays aussi anciennement civilisé que la Chine. Les Chinois parlent aussi d'un premier homme, mais dans des tems infiniment plus reculés, comme on a pu le voir dans l'article précédent. Au reste, dire que le premier homme a connu toutes les sciences et les a enseignées à ses descendans, ce n'est que reculer la difficulté. Si ces descendans ont en effet tout appris d'un père commun, ils

(1) Magasin encyclopédique p. 283. Je traiterai spécialement de l'écriture chinoise dans le chapitre onzième.

n'ont pu transmettre leurs connaissances à toute leur postérité, puisque nous voyons encore aujourd'hui des nations plongées dans une telle ignorance que l'art de la parole leur est presqu'inconnu. Mais les hommes sont tous doués de la faculté de s'instruire, et nous prendrons certainement une idée plus claire des sciences en les puisant à leur source, et en suivant leurs progrès dans l'étude de l'histoire; c'est ce que nous ferons ici.

La question que je me propose d'examiner, du moins sommairement, est trop importante pour ne pas mériter une discussion approfondie, et il faut d'abord bien s'entendre sur les mots.

Une *langue* est l'ensemble des termes propres à une nation pour exprimer ses pensées par l'organe de la voix.

Cette définition est nécessaire pour bien comprendre la distinction que nous allons faire de plusieurs expressions analogues à celle qui est ici notre principal objet.

§ IV.

Distinction entre la langue, les dialectes, le patois, l'idióme et le langage.

VI. Si une langue est parlée par une nation composée de plusieurs peuples égaux et indépendans les uns des autres, tels qu'étaient anciennement les Grecs, et tels que sont aujourd'hui les Italiens et les Allemands, avec l'usage général des mêmes mots et de la même sintaxe, chaque peuple peut avoir des usages particuliers sur la prononciation et sur les terminaisons des mêmes mots. Ces usages subalternes, également légitimes, constituent les *dialectes* de la langue nationale. Tels étaient les dialectes des Grecs; tels sont aujourd'hui les diverses modifications de la langue italienne employées par Goldoni dans ses comédies.

Si, comme les Romains autrefois, et comme les Français aujourd'hui, la nation est une par rapport au gouvernement, il ne peut y avoir, dans sa manière de parler, qu'un usage légitime; tout autre qui s'en écarte dans la prononciation, dans les terminaisons, ou en quelque façon que ce puisse être, ne fait ni une langue à part, ni un dialecte de la langue nationale; c'est un *patois* abandonné à la populace des provinces, et chaque province a le sien.

Si, dans la totalité des usages de la voix, propres à une nation, on ne considère que l'expression de la communication des pensées, d'après les vues de l'esprit les plus universelles et les plus communes à tous les hommes, le nom de *langue* exprime parfaitement cette idée générale. Mais si l'on prétend encore envisager les vues particulières à cette nation, et les tours réguliers qu'elles occasionent nécessairement dans son élection, le terme d'*idiôme* est alors celui qui convient le mieux à l'expression de cette idée moins générale et plus restreinte.

La différence qui vient d'être assignée entre *langue* et *idiôme*, est encore bien plus considérable entre *langue* et *langage*, quoique ces deux mots paraissent beaucoup plus rapprochés par l'identité de leur origine. C'est le matériel des mots et leur ensemble qui déterminent une langue ; elle n'a rapport qu'aux idées ou aux conceptions, à l'intelligence de ceux qui la parlent, le langage paraît avoir plus de rapport au caractère de celui qui exprime ses idées, à ses vues, à ses intérêts ; c'est l'objet du discours qui détermine le langage. Chacun a le sien selon son caractère et ses passions (1). Ainsi la même nation avec la même *langue*, peut, dans des tems différens, tenir divers *langages*, si elle a changé de mœurs, de vues, d'intérêts ; deux nations, au contraire, avec différentes langues, peuvent tenir le même langage, si elles ont les mêmes vues, les mêmes intérêts, les mêmes mœurs, c'est que les mœurs nationales tiennent aux passions nationales, et que les unes demeurent stables ou changent comme les autres ; il en est des hommes comme des nations. On dit langage des ieux, du geste, parce que les ieux et les gestes sont destinés par

(1) Essai sur l'origine des connoissances humaines, (par l'abbé de Condillac). Amsterdam, 1746, II⁰ partie, 1ʳᵉ section ; chap. XV. p. 197.

la nature à suivre les mouvemens qu'impriment les passions, et conséquemment à les exprimer avec d'autant plus d'énergie, que la correspondance est plus grande entre le signe et la chose signifiée.

Chaque homme a son langage, et la langue des peuples se forme du langage le plus ordinaire à ceux qui le composent. Dans le latin, par exemple, les termes d'agriculture emportent des idées de noblesse, qu'ils n'ont point dans notre langue. Quand les Romains jetèrent les fondemens de leur empire, ils ne connaissaient encore que les arts les plus nécessaires (1). Ils les estimèrent d'autant plus, qu'il était également essentiel à chaque membre de la république de s'en occuper; et l'on s'accoutuma de bonne heure à regarder du même œil l'agriculteur et le général. Par là les termes de cet art s'approprièrent les idées accessoires qui les ont anoblis. Ils les conservèrent encore quand la république romaine donnait dans le plus grand luxe; parce que le caractère d'une langue, surtout s'il est fixé par des écrivains célèbres, ne change pas aussi facilement que les mœurs d'un peuple. Chez nous les dispositions d'esprit ont été toutes différentes de celles qui existaient à l'établissement de notre monarchie. L'estime des Francs pour l'art militaire, auquel ils devaient un puissant empire, ne pouvait

(1) Essai sur l'origine des connoissances humaines, p. 198.

que leur faire mépriser des arts qu'ils n'étaient pas obligés de cultiver par eux-mêmes, et dont ils abandonnaient le soin à des esclaves. Dès lors les idées accessoires que l'on attacha aux termes d'agriculture, durent être bien différentes (1) de celles qu'ils avaient dans la langue latine (2).

Après avoir ainsi fait connaître l'origine du caractère des langues, après avoir déterminé le véritable sens du mot *langue*, et de ses expressions analogues par la définition la plus exacte qu'il a été possible d'en donner, après avoir exposé avec précision les différences qui la distinguent des mots qui lui sont sinonimes ou subordonnés, je passe aux principes généraux de l'origine des langues.

§ V.

Principes généraux de l'origine des langues (3).

VII. Tous les Anciens et le plus grand nombre des Modernes ont pensé que les premiers hommes, nés muets par le fait, vécurent quelque tems comme les animaux dans les cavernes et dans les forêts, isolés, sans liaison entr'eux, ne pronon-

(1) Essai sur l'origine des connoissances humaines, p. 199.
(2) *Id.* p. 200.
(3) Voyez l'Essai sur l'origine et la formation des Langues (par M. l'abbé Copineau). Paris, 1774.

çant que des sons vagues et confus, jusqu'à ce que, réunis par la crainte des bêtes féroces, par la voix pressante du besoin, par la nécessité des secours mutuels, et par l'inclination d'un sexe pour l'autre, ils arrivèrent par degrés à articuler plus distinctement leurs sons, à les prendre, en vertu d'une convention unanime, pour signes de leurs idées ou des choses mêmes qui en étaient les objets, et enfin à se former une langue. Cette opinion est celle qu'ont admise les anciens auteurs grecs, et spécialement celui qui nous a laissé la première histoire que nous connaissions écrite en cette langue; c'est d'après lui que nous allons parler.

§ VI.

Expérience d'un roi d'Égipte sur l'origine des langues.

VIII. Voici l'anecdote curieuse que nous a transmise Hérodote au sujet de l'origine des langues.

. Avant le règne de Psammtiique (1), qui gouverna l'Égipte, avec onze autres rois, l'an 704 avant notre ère, et seul de l'an 689 à l'an 650 (2), ou plutôt de l'an 671 (3) à l'an 656 avec ses onze collègues,

(1) En grec *Psammitikhos.*
(2) Table chrouologique d'Hérodote, par M. Larcher. Paris, 1802, p. 74.
(3) *Id.* p. 603.

et seul de 656 (1) à l'an 617 (2), les Égiptiens se regardaient comme le premier de tous les peuples (3). Ils attribuaient à Hermès ou Thoth l'invention de l'écriture, et montraient plusieurs livres dont ils le disaient l'auteur. Mais Psammitique ayant introduit en Égipte les Ioniens et les Cariens, les premiers peuples étrangers qui, selon lui, y eussent été admis (4), ceux-ci qui parlaient une autre langue, et qui avaient aussi leurs prétentions, puisqu'ils avaient dépendu des Assiriens, conquérans de l'Égipte sous Ninus et Sémiramis, prétendirent aussi à la plus haute antiquité.

« Depuis Psammitique », dit toujours Hérodote (5), « qui voulut approfondir quelle était « réellement la race d'hommes la plus ancienne, « les Phrigiens furent reconnus pour l'être, et les « Égiptiens ne vinrent plus qu'après eux. Voici « comment ce roi, peu satisfait des recherches « qu'il avait faites sur cette question, et qui ne lui « avaient rien fourni de positif, parvint à la ré- « soudre. Il fit remettre deux enfans nouveaux- « nés, pris au hazard, entre les mains d'un berger « chargé de les élever au milieu de ses troupeaux,

---

(1) Table chronologique d'Hérodote, p. 604.

(2) *Id.* p. 609. On voit que l'auteur se contredit lui même Je préfère sa dernière date conforme à celle que donne Volney, si rarement d'accord avec M. Larcher. L'Art de vérifier les dates fait aussi mourir Psammitique l'an 617.

(3) Hérodote, histoire, livre II §2.

(4) *Id.* § 154.

(5) *Id.* § 2.

« avec injonction de ne jamais proférer devant eux
« une seule parole, et de les laisser constamment
« seuls dans une habitation séparée. Il devait leur
« amener des chèvres à de certains intervalles, les
« faire téter, et ne plus s'en occuper ensuite. Psam-
« mitique en prescrivant ces diverses précautions,
« se proposait de connaître, lorsque le tems des
« vagissemens du premier âge serait passé, dans
« quel langage ces enfans commenceraient à s'ex-
« primer.

« Les choses s'étant exécutées comme il l'avait
« ordonné, il arriva qu'après deux années écoulées,
« au moment où le berger, qui s'était exactement
« conformé aux instructions qu'il avait reçues, ou-
« vrait la porte et se préparait à entrer, les deux en-
« fans, tendant les mains vers lui, se mirent à crier
« ensemble *Bécos*. Le berger n'y fit pas d'abord beau-
« coup d'attention ; mais en réitérant ses visites et
« ses observations, il reconnut que les enfans répé-
« taient toujours le même mot, et en instruisit le
« Roi, qui ordonna de les amener en sa présence.
« Psammitique, ayant ouï de leur bouche le mot
« *bécos*, fit rechercher si cette expression avait un
« sens dans la langue de quelque peuple, et apprit
« que les Phrigiens s'en servaient pour dire du pain.
« Les Égiptiens, après avoir pesé les conséquences
« de cette expérience, consentirent depuis à re-
« garder les Phrigiens comme issus d'une race
« plus ancienne que la leur.

« C'est de cette manière, » ajoute Hérodote, « que

« le fait m'a été rapporté par les prêtres d'Héphaïs-
« tos (1), à Memphis. Les Grecs racontent sur le
« même sujet beaucoup d'absurdités, entr'autres
« que Psammitique avait donné les enfans à nourrir
« à des femmes auxquelles il avait fait couper la
« langue. »

Ces enfans, suivant toutes les apparences, tâ-
chaient d'imiter le cri des chèvres, en prononçant
le mot *béc*, comme l'observe très-bien le scoliaste
d'Apollonios de Rhodes (2), . *os* étant une termi-
naison particulière à la langue grecque et ajoutée
par Hérodote. On reconnaît facilement qu'ils parlaient comme la chèvre leur nourrice, que les
Grecs nommèrent βήκη (bêkè) par une onoma-
topée ou imitation du cri de cet animal, et ce
cri ne ressemblait peut-être que par hazard au *béc*
(pain) des Phrigiens.

C'est au récit d'Hérodote que fait allusion Clément d'Alexandrie, lorsqu'il dit (3) : « Les chèvres
« ne prouvent-elles pas l'ancienneté des Phrigiens ? »
En effet, on sait qu'après la prise de Troie, qui
n'était antérieure que de quatre siècles au règne de
Psammitique, les Phrigiens firent un grand nombre
d'émigrations qui les avaient rendus célèbres, et
qui avaient fait connaître l'ancienneté de leur
histoire, liée à celle des Assiriens, chez lesquels

____

(1) Appelé *Vulcain* par les Latins.
(2) *Scholiast, Apollonii Rhodii ad versum* 262 *libri* IV, p. 204.
(3) *Clementis Alexandrini cohortatio ad gentes*, p. 6, l. 29.

Pline dit (1) que l'usage des lettres avait eu lieu de tout tems.

La preuve que les deux enfans donnèrent de cette antiquité, était sans doute bien équivoque : mais elle était fondée sur ce que l'on croyait autrefois qu'il y avait de certains noms dictés par la nature. « Les premiers dialectes, » dit encore Clément d'Alexandrie (2), « ceux qui ont donné nais-« sance aux autres, sont barbares, la nature les « leur a dictés ». Il est en effet possible que les Phrigiens, peuple pasteur, aient passé le nom de leur aliment le plus ordinaire, dans le cri des chèvres et des brebis qui les nourrissaient de leur lait et de leur chair (a). On verra dans la suite (art. L) que leur langue était en effet très-ancienne.

§ VII.

Essai sur la formation d'une langue.

IX. Pour savoir comment a pu se former une langue, supposons deux enfans échappés à un naufrage dans une île déserte. Je suppose encore qu'ils sont d'un sexe différent, et que des arbres venus naturellement dans cette île leur fournissent des alimens qui suffisent pour les nourrir (a).

(1) Histoire naturelle de Pline, VII , 56.
(2) *Clementis Alexandrini Stromatum lib.* I , p. 405 , l. 18.

Tant que ces deux enfans ont vécu séparément, l'exercice des opérations de leur esprit a été borné à celui de la perception et de la conscience, qui ne cesse point quand on est éveillé; à celui de l'attention, qui avait lieu toutes les fois que quelques perceptions les affectaient d'une manière plus particulière; à celui de la réminiscence, quand des circonstances qui les avaient frappés se représentaient à eux, avant que les liaisons qu'elles avaient formées dans leurs idées eussent été détruites; et à un exercice fort peu étendu de l'imagination. La perception d'un besoin se liait, par exemple, avec celle d'un objet qui avait servi à le satisfaire. Mais ces sortes de liaisons, formées par hazard et n'étant pas entretenues par (1) la réflexion, ne subsistaient pas long-tems. Un jour, le sentiment de la faim rappelait à ces enfans l'arbre chargé de fruits qu'ils avaient vu la veille : le lendemain cet arbre était oublié, et le même sentiment leur rappelait un autre objet. Ainsi l'exercice de l'imagination n'était point à leur pouvoir, il n'était que l'effet des circonstances où ils se trouvaient (2).

Quand ils vécurent ensemble, ils eurent occasion de donner plus d'exercice à ces premières opérations, parce qu'un commerce réciproque

(1) Essai sur les connoissances humaines, II, 4.
(2) Ce qui est dit ici sur les opérations de l'esprit de ces enfans est prouvé dans la première partie de l'Essai cité, sect. 2, ch. 1, 2, 3, 4, 5, et sect. 4.

leur fit attacher aux cris de chaque passion les perceptions dont ils étaient les signes naturels, ils les accompagnaient ordinairement de quelque geste, de quelqu'action ou d'un mouvement prononcé, dont l'expression était encore plus (1) sensible. Par exemple, celui qui souffrait parce qu'il était privé d'un objet qu'il regardait comme nécessaire, ne s'en tenait pas à pousser des cris; il fesait des efforts pour l'obtenir; il agitait sa tête, ses bras, et toutes les parties de son corps. L'autre ému à ce spectacle, fixait les ieux sur le même objet; et, sentant passer dans son ame des sentimens dont il n'était pas encore capable de se rendre raison, il souffrait de voir souffrir son semblable. Dès ce moment, il se sent intéressé à le soulager; et il obéit à cette impression, autant qu'il est en son pouvoir. Aussi, par le seul instinct, ces hommes se demandaient et se prêtaient des secours. Je dis, « par le seul instinct, » car la réflexion n'y pouvait encore avoir part. L'un ne disait pas : « il faut m'agiter de telle manière, « pour lui faire connaître ce qui m'est nécessaire, « et pour l'engager à me secourir; » ni l'autre : « je vois à ses mouvemens qu'il veut telle chose, « je vais lui en donner la jouissance; » mais tous deux agissaient en conséquence (2) du besoin qui les pressait davantage.

(1) Essai sur les connoissances humaines, II, 5.
(2) *Id.* p. 6.

Cependant les mêmes circonstances ne purent se répéter souvent, qu'ils ne s'accoutumassent enfin à attacher aux cris des passions, et aux différentes actions du corps, des perceptions qui y étaient exprimées d'une manière si sensible. Plus ils se familiarisèrent avec ces signes, plus ils furent en état de se les rappeler à leur gré. Leur mémoire commença à prendre quelqu'exercice; ils purent disposer eux-mêmes de leur imagination, et ils parvinrent insensiblement à faire avec réflexion ce qu'ils n'avaient fait que par instinct. D'abord tous deux se firent une habitude de connaître à ces signes, les sentimens que l'autre éprouvait dans le moment; ensuite ils s'en servirent pour se communiquer les sentimens qu'ils avaient éprouvés. Celui, par exemple, qui voyait un (1) lieu où il avait été effrayé, imitait les cris et les mouvemens qui étaient les signes de la frayeur, pour avertir l'autre de ne pas s'exposer au danger qu'il avait couru.

L'usage de ces signes étendit peu à peu l'exercice des opérations de l'ame; et à leur tour celles-ci, ayant plus d'exercice, perfectionèrent les signes, et en rendirent l'usage plus familier. Ce fut ainsi que les cris des passions contribuèrent au développement des opérations de l'ame, en occasionant naturellement le langage d'action : langage qui, dans ses commencemens, pour être

(1) Essai sur les connoissances humaines, II, 7.

proportioné au peu d'intelligence (1) de ce couple, ne consistait vraisemblablement qu'en contorsions et en agitations violentes.

Cependant l'habitude de lier des idées à des signes arbitraires par des cris naturels, fournit des modèles pour créer un nouveau langage. Les deux habitans de l'île déserte articulèrent de nouveaux sons; en les répétant plusieurs fois et les accompagnant de quelque geste qui indiquait les objets qu'ils voulaient faire remarquer, ils s'accoutumèrent à donner des noms aux choses (2). Ce fut ainsi que du langage des gestes, ils passèrent à celui de la voix, et que la parole naquit.

On sent que les peuples peu civilisés qui venaient d'inventer leurs langues avaient conservé plus de mots imités de ces premiers cris qui avaient été articulés avec les gestes. Aussi Platon, discourant dans le Cratile (3) sur la conformité des premiers noms avec la nature, en apporte pour raison que les Grecs en avaient reçu plusieurs de quelques peuples barbares; et que les barbares sont plus anciens qu'eux. En effet les Grecs convenaient qu'ils devaient l'écriture aux Phéniciens; peut-être avaient-ils aussi puisé dans leur langue quelques expressions. Mais il paraît que la langue des Phéniciens était originaire de Babilone, comme celle des Phrigiens. Pour former une langue, il faut

(1) Essai sur les connoissances humaines, II. 8.
(2) *Id*., II, 9. Voyez la suite pour les développemens.
(3) Édition de Serranus, t. 1, p. 325, E.

un vaste empire et une capitale bien peuplée ; or,
Diodore de Sicile nous donne une grande idée de
l'empire de Ninus qui ne fut qu'une partie de celui de Babilone. Mais on verra dans la suite que
l'écriture des Phéniciens fut inventée en Égipte
(art. LXIV).

Malgré la décision de leur prince porté à
favoriser les étrangers, les Égiptiens, ne renon-
cèrent pas à leurs prétentions d'ancienneté, et ils
firent bien. Leurs traditions historiques remontent bien plus haut que celles des Phrigiens. Pour
juger la vérité de cette assertion qui ne peut leur
être contestée légitimement, examinons quel est
le degré de confiance que nous devons accorder
à l'histoire (a).

CHAPITRE II.

CONFIANCE DUE A L'HISTOIRE.

X. Je me suis efforcé dans le chapitre précédent de faire connaître l'origine des langues, et j'ai observé que pour déterminer celle de l'écriture, il fallait recourir à l'histoire. Ce sujet a sans doute de grandes difficultés. On a été jusqu'à nier l'existence d'Homère et l'authenticité de ses ouvrages. Il s'agit de combattre une disposition malheureusement trop commune aujourd'hui, qui nous fait révoquer en doute tout ce qu'ont cru nos ancêtres. Le tems, en éclaircissant quelques vérités, en obscurcit d'autres, et les événemens qui s'éloignent de nous, deviennent souvent plus difficiles à comprendre. La probabilité diminue à mesure que les faits viennent se placer à une plus grande distance; la raison de cette décroissance peut être facilement expliquée.

D'abord, cet affaiblissement paraît incontestable quand la probabilité s'appuie sur un simple témoignage verbal de génération en génération, de même qu'un fait arrivé dans notre tems et dans l'ordre le plus commun, est d'autant moins certain pour nous, qu'il se trouve plus de personnes entre celui qui raconte et celui qui dit avoir vu. Car pour croire ce fait, il faut supposer que chaque témoin intermédiaire l'a réellement ouï dire à celui qui le lui a transmis; puisque s'il en est un seul qui ne l'ait pas réellement ouï dire ou qui ait altéré le récit, dès lors la chaîne de la tradition est rompue: il est donc évident que les raisons de douter se multiplient à mesure qu'il y a plus de témoins intermédiaires. Or le même motif de doute a lieu pour les faits qui sont transmis de bouche d'une génération à l'autre; il est même plus fort dans le second cas, parce que les témoins inter-médiaires n'existant plus, comme ils existent dans l'hipothèse d'un fait arrivé de notre tems, il est impossible de s'assurer s'ils ont dit en effet ce qu'on leur attribue.

Il n'en est pas de même quand le fait est trans-mis par écrit. Tout se réduit alors à savoir si l'ou-vrage qui nous le transmet n'est ni supposé, ni altéré; car alors cet ouvrage doit obtenir de nous la même croyance que si l'auteur nous racontait directement le fait dont il est ou dont il prétend avoir été le témoin; il ne s'agira plus ensuite que d'examiner quel degré de confiance on doit à ce té-moin. Ce degré doit être mesuré sur la nature du témoin et sur celle du fait qu'il raconte. Dès qu'on ne pourra raisonnablement douter que Tite-Live, par exemple, n'ait écrit son histoire, l'existence de Scipion ne sera guère plus douteuse dans dix siècles qu'elle ne l'est aujourd'hui (1).

Je conviendrai sans peine que les traditions sont quelquefois altérées par l'addition de circonstances merveilleuses, et même absurdes, si l'on veut; mais en même tems je demanderai si l'on est en droit pour cela de les rejeter absolument. Avec cette dialectique, qui permet ainsi de généraliser les conséquences, on rejettera bientôt aussi les témoignages contemporains; car enfin l'histoire fondée sur ces témoignages n'est pas à couvert d'un tel reproche: le merveilleux et les fables dont elle est souvent remplie, empêchent-ils que l'on ajoute foi à ce qu'elle contient de vraisemblable? Agissons-en de même avec la tradition historique: rejetons ce qu'elle contient de merveilleux, d'incroyable et d'absurde; ne recevons que ce que nous y verrons de raisonnable; mais pensons que si nous récusions absolument son témoignage, parce qu'il ne faut pas le recevoir sans quelque précaution, ce même motif nous obligerait aussi à rejeter absolument celui de l'histoire (2).

Séparons du récit principal ces circonstances incroyables que l'amour du merveilleux ajoute presque toujours aux grands événemens; mais ne distinguons point sur cet article la tradition de l'his-

____

(1) Mélanges de littérature, d'histoire et de philosophie, par d'Alembert. Amsterdam, 1767. Tome V, p. 81-84.

(2) Mémoires de l'Académie des Inscriptions, VI, 156 et 157 Mémoire de Fréret.

toire. Rejetons également, dit le savant Fréret (1), les fables mêlées à l'histoire de Sémiramis, de Thésée, de Romulus, de Cirus, d'Alexandre, de Scipion, de Mahomet, de Genghiskan, de Tamerlan, de Fernand Cortez, et de presque tous les grands hommes que leurs exploits ont rendu célèbres; mais ne nions pas le reste de leur histoire.

« De tous les astres, » dit Pline, « celui qui ex-« cite le plus notre admiration, et avec qui en « quelque sorte nous vivons, c'est le plus voisin « de nous; c'est celui que la nature a destiné pour « remédier aux ténèbres, la lune: la multiplicité de « ses formes et de ses révolutions a mis à la torture « les esprits de ceux qui la contemplent, indignés « que l'astre qui est le plus à notre portée, soit « celui que nous connaissons le moins. Sans cessé « adolescente ou décrépite, elle est tantôt courbée « en arc, tantôt divisée en deux portions égales, « tantôt arrondie en orbe; terne en certains en-« droits et bientôt radieuse; son globe immense « et plein disparaît tout à coup; tantôt vigilante « toute la nuit, tantôt tardive, quelquefois elle « luit une partie du jour et se fait l'auxiliaire du « soleil; souvent éclipsée, et cependant visible « dans l'éclipse, invisible en revanche au bout de « son cours, lorsqu'elle semble se reposer. Souvent « elle est voisine de l'horizon, ensuite élevée près

(1) Mémoires de l'Académie des Inscriptions. VI, 157.
(2) Hist. natur. Liv. II, chap. 6.

« des cieux, ou près de la cime des monts, quelque-
« fois dans les hautes régions du nord, puis abaissée
« vers le sud. Endimion le premier saisit ces phé-
« nomènes, et par cette raison passa pour l'amant de
« la lune. Nous sommes vraiment des ingrats pour
« ceux dont les travaux et les recherches ont éclairci
« cette source de lumières. Telle est l'étonnante lèpre
« de l'esprit humain : des scènes de carnage et de
« sang envahissent nos annales, et les crimes des
« hommes sont la seule leçon offerte à qui ignore
« le monde qu'il habite ».

Malgré cette juste leçon de Pline, Endimion est devenu un personage purement mithologique, dont l'histoire n'a plus osé parler. Tzetzès est le seul (1) qui nous en ait dit quelque chose. Selon cet auteur, Endimion vécut après les astronomes arcadiens, que l'on a dit par cette raison antérieurs à la lune ; mais il fut antérieur à Thalès qui profita de ses découvertes.

§. I.

De l'amour du merveilleux.

XI. C'est ainsi que la fable étouffe l'histoire. L'amour du merveilleux a régné dans tous les tems avec une égale force : il n'a varié que pour se conformer aux différens goûts des hommes. Des

(1) Voyez sa deuxième Chiliade, vers 877 et suivans.

monumens incontestables nous apprennent que, du tems d'Alexandre, de Scipion et de Genghis-kan, les peuples ajoutaient foi aux fables qui donnaient une origine divine à ces héros. Pour Alexandre, on le voit dans Plutarque (1), Ar-rien, etc.; pour Genghiskan, consultez l'histoire d'Arménie du moine Hayton, et l'ouvrage de Marco-Polo, tous deux presque contemporains de ce conquérant. Enfin pour Scipion, dans Tite-Live (2), qu'on lise le discours prononcé par Pu-blius Scipion Nasica devant le peuple; dans ce discours, il dit en parlant de celui dont il s'hono-rait de porter le nom, qui était même son pa-rent très-proche, puisqu'ils étaient fils de deux frères (3): « Scipion l'Africain a tellement surpassé « la réputation de son père, qn'il a fait croire que « son origine devait être rapportée non pas à un « homme, mais à un dieu. » *Publium Africanum tantùm paternas superavisse laudes, ut fidem fecerit non sanguine humano, sed stirpe divinâ satum se esse.*

Malgré ce témoignage bien formel, nous re-jetterons cette opinion populaire, comme celle qui fait Thésée fils de Neptune, Romulus fils de Mars, et Sémiramis fille de Dercéto. Mais aussi de même que ces fables mêlées à l'histoire

---

(1) Vie d'Alexandre, où cet écrivain dit que le roi de Macédoine passa pour le fils de Jupiter.
(2) Liv. XXXVIII, § 58.
(3) Mais non pas *frères*, comme le dit Frérel.

d'Alexandre, de Scipion et de Genghiskan, ne nous font point regarder comme fabuleux les autres événemens de leur vie, qui ne contiennent rien de semblable ; de même aussi les fictions qui ont embelli et défiguré la vie de Sémiramis, celle de Thésée et celle de Romulus, ne nous feront point rejeter la tradition constante et unanime des peuples qui les croyaient fondateurs d'un grand empire, et de deux états aussi célèbres que ceux d'Athènes et de Rome (1).

Tite-Live entasse les prodiges dans son histoire, et rapporte exactement ceux même dont il nous apprend la fausseté. Tacite affecte de répandre sur les évènemens un merveilleux politique, qui fait dépendre le succès de cette prudence scélérate que Machiavel a réduite en sistème. Les écrivains postérieurs à l'établissement du christianisme, je dis même les plus vertueux et les plus religieux, comme Grégoire de Tours, ont rempli leurs ouvrages de miracles quelquefois puérils. Faudra-t-il, parce que le témoignage de ces écrivains est le plus souvent faux sur les faits d'une certaine espèce, le rejeter indistinctement sur toutes sortes d'événemens? on ne doit pas craindre que les esprits vraiment justes tombent dans ces excès; mais la tradition est comme l'histoire, elle a besoin de la

______

(1) Mémoire de Fréret dans le tome VI des Mémoires de l'Académie des Inscriptions et Belles-Lettres, p. 157.

même précaution; et sans admettre ni rejeter indistinctement son autorité, les faits qu'elle rapporte obtiendront ou n'obtiendront pas notre croyance, suivant que ces mêmes faits, examinés avec attention et sans préjugé, nous paraîtront la mériter. Il faut examiner tout, peser les divers degrés de probabilité, rejeter le faux, et assigner à chaque fait le degré de vérité ou de vraisemblance qui lui appartient: les soupçons vagues et généraux ne doivent pas nous induire à tout rejeter, mais seulement à ne recevoir pas tout indistinctement. Il y a plusieurs traditions fausses, il y en a d'incertaines et de douteuses: mais toutes ne le sont pas; et il y en a peut-être telle qui, par son universalité, opère en nous une persuasion aussi forte dans son genre, que celle de beaucoup de faits établis sur des témoignages contemporains (1).

Il arrive même quelquefois que nous sommes obligés de reconnaître la vérité de plusieurs récits qui nous avaient paru absurdes. Telles sont les pluies de pierres, que nous rapportait Tite-Live, que nous ne pouvions concevoir, que nous refusions d'admettre, et dont une expérience réitérée nous a démontré la possibilité; en sorte que notre incrédulité, en cette occasion comme en plusieurs autres, n'a prouvé que notre ignorance (a).

(1) Mémoire de Fréret dans le tome VI des Mémoires de l'Académie des Inscriptions, p. 158.

C'est surtout en parlant de l'origine du monde que l'amour du merveilleux a dû se montrer. Diodore de Sicile, qui vivait plusieurs siècles après Hérodote, mais qui a été mieux instruit que lui des opinions des Égiptiens, indique d'après eux la formation du monde et celle du langage, dans sa Bibliothèque universelle qu'il commence ainsi :

§ II.

Opinion des Anciens sur l'origine du monde; et d'abord de ceux qui l'ont cru éternel.

XII. « Il y a, » dit cet historien (1), « deux « opinions différentes sur l'origine des hommes « parmi les phisiciens, » (le texte dit les phisiologues ou les interprètes de la nature), « et les « historiens les plus fameux. Les uns, croyant le « monde éternel et incorruptible, prétendent que « le genre humain a toujours été, et qu'il est im- « possible de remonter au premier homme. »

Tel est le sistème d'Ocellus Lucanus, l'auteur grec le plus ancien que nous connaissions, qui ait parlé de la nature de l'univers. Il était né dans la Lucanie, sur les côtes de la mer Tirrhéniène, et vivait vers l'an 480 avant notre ère (2). Il avait

____

(1) Livre I, chap. 6 dans l'édition de Wesseling, et chap. 2 dans la traduction de Terrasson.

(2) Histoire de la littérature grecque, par M. Schœll. Paris, 1824. II, 311.

été disciple de Pithagore (1). Cependant il ne cite personne, et se dit seulement instruit sur certaines parties par des signes évidens, et guidé sur d'autres par le raisonnement et le rapport des idées (2).

« Je pense d'abord, » dit-il (3), « que l'univers « (ou le tout, τὸ πᾶν) est indestructible et improduit, car il a toujours été et sera toujours. S'il « eût commencé, il ne serait pas encore : il est « donc improduit et indestructible. Si l'on disait « qu'il a été produit, il ne se trouverait rien en « quoi il pût se réduire et se dissoudre dans sa « destruction : car comme ce de quoi il aurait été « produit, aurait été avant le tout ; ce en quoi il « serait réduit, après qu'il serait anéanti, serait « encore après le tout. »

« Si le tout eût été produit, il l'eût été avec « toutes ses parties ; et s'il était détruit, il le se- « rait avec toutes ses parties : ce qui répugne. Donc « le tout (ou l'univers) n'a point eu de commence- « ment, et n'aura point de fin : cela ne peut être « autrement.

« Tout être qui a commencé par génération, et « qui doit finir par dissolution, a nécessairement « deux progressions : la première, du moins au « plus et du pis au mieux ; le mouvement de celle-

____

(1) Ocellus Lucanus, avec la traduction de l'abbé Batteux. Paris, 1768. Page 1.
(2) Id. page 15.
(3) Id. ibidem, et pages suivantes.

« ci s'appelle *génération*, et son terme *perfection* ;
« la seconde du plus au moins, du mieux au pis ;
« son mouvement se nomme *corruption*, et son
« terme *destruction*.

« Si donc l'univers ou le tout, » (ici le grec emploie aussi les deux sinonimes τὸ ὅλον καὶ τὸ πᾶν)
« a été produit, et qu'il soit destructible, il a
« passé du moins au plus et du pis au mieux, et il
« reviendra du plus au moins et du mieux au pis.
« Donc, si le monde a été produit, il a pris ac-
« croissement jusqu'à ce qu'il soit devenu parfait,
« et il décroîtra jusqu'à ce qu'il soit corrompu ou
« entièrement détruit ; car dans toute nature su-
« jette à progression, il y a trois termes et deux
« intervalles : les termes sont la naissance, l'état de
« perfection et la destruction ; les intervalles sont,
« l'un depuis la naissance jusqu'à l'état de perfec-
« tion ; l'autre depuis l'état de perfection jusqu'à
« la destruction.

« Or l'univers ou le tout ne nous présente rien
« de pareil. Nous ne l'avons point vu naître, ni
« s'améliorer, ni croître, ni se détériorer, ni dé-
« croître ; il continue d'être toujours le même,
« toujours de la même manière, toujours égal,
« toujours semblable à lui-même.

« Les signes évidens et les preuves de la muta-
« bilité sont les arrangemens nouveaux des par-
« ties, les simétries, les configurations, les posi-
« tions, les distances, les degrés de force, les
« vitesses et les lenteurs comparées, les nombres

« et les périodes des tems : ce sont tous ces rap-
« ports qui sont susceptibles de changement et de
« diminution dans les mutations de la nature en-
« gendrée ; car ce qui a une fois commencé à s'ac-
« croître et à s'améliorer, se porte, par sa vigueur
« même, à sa perfection propre ; et ce qui s'affai-
« blit et décroît, se porte aussi, par son affaiblis-
« sement même, à sa propre destruction ; (or, rien
« de tel ne convient à l'univers.)

« J'appelle univers et tout, le monde pris dans
« sa totalité ; car c'est pour cela qu'il a été nommé
« ainsi, parce que c'est un composé régulier de
« tout ce qui est ; un sistème ordonné, parfait et
« complet de toutes les natures ; car rien n'est hors
« de lui. Si quelque chose est, il est compris dans
« lui ; tout est dans le tout, ou comme partie, ou
« comme production. »

Ce commencement de l'ouvrage d'Ocellus Lucanus suffit pour faire voir qu'il a cru le monde
éternel, et qu'il a fait de tous les êtres sensibles
un seul corps qu'il a désigné par le nom τὸ ὅλον
καὶ τὸ πᾶν, l'univers et le tout, sans distinguer
l'intelligence de la matière (a).

Timée de Locres, qui a vécu cent ans après lui,
l'an 380 avant notre ère (1), s'est donc cru obligé
de faire un traité de l'ame du monde (2), où il distingue l'intelligence, cause de tout ce qui se fait

(1) Cours de littérature grecque, par M. Schœll. II, 313.
(2) Voyez Timée de Locres, de l'ame du monde, avec la traduction de l'abbé Batteux. Paris, 1768.

avec dessein ; de la nécessité, cause de ce qui est
forcé par les qualités du corps. « De ces deux
« causes, » ajoute-t-il, « l'une a la nature du bon,
« et se nomme Dieu, Θεος, principe de tout bien,
« l'autre (ou plutôt les autres) qui marchent après
« la première, et qui agissent avec elle, se rap-
« portent à la nécessité. »

§ III.

Opinion de ceux qui ont cru à un premier homme.

XIII. Après avoir indiqué l'opinion que nous
venons d'exposer, Diodore de Sicile ajoute (1) :
les autres donnent un commencement et une fin
à toutes choses, soumettant les hommes à la même
loi, et expliquent ainsi la formation de leur espèce (2). Ce sistème est celui d'Anaxagoras que
nous appelons Anaxagore, natif de Clazomène,
l'une des six villes Ioniènes, situées sur le golfe de
Smirne. Il naquit dans la soixante et onzième
olimpiade, commencée l'an 492 avant notre ère,
et vécut 72 ans. Diogènes Laërce a écrit sa vie. Il
fut disciple de Thalès : c'était un philosophe il-

(1) Livre I, chap. 6.
(2) Voyez dans les OEuvres morales de Plutarque, traduites par
Ricard, Paris, 1790, t. XII, le traité intitulé : Opinion des philosophes. Plutarque les appelle *physiciens* ou naturalistes. On a vu
(art. xi) que Diodore de Sicile dit *Physiologues*, ce qui est à peu
près la même chose.

lustre par sa naissance, par ses biens qu'il abandonna à sa famille, et par l'étude des sciences naturelles. Plutarque (1) explique très-bien son sistème en ces termes.

« Anaxagore de Clazomène admettait les *homéo-*
« *méries* », c'est-à-dire des parties similaires, « pour
« principe de toutes choses. Il lui paraissait im-
« possible d'expliquer autrement comment ce qui
« n'est point, peut donner l'existence à quelque
« chose, ou ce qui existe, se réduire au néant.
« nous prenons, » disait-il, « une nourriture simple
« et uniforme, comme du pain et de l'eau : et cette
« nourriture donne de l'aliment à nos cheveux,
« à nos veines, à nos artères, à nos nerfs, à nos
« os, et à toutes les autres parties de notre corps.
« D'après cela, il faut reconnaître que cette nour-
« riture contient des substances de toute espèce,
« qui donnent l'accroissement à tous les corps ; que
« par conséquent elle renferme des parties propres
« à produire du sang, des nerfs, des os, et toutes
« les autres substances que la raison nous fait aper-
« cevoir en nous ; car il ne faut pas nous borner
« aux parties sensibles qui sont formées par le pain
« et l'eau ; il y en a qui ne sont connues que par

(1) Livre I, chap. 3 de cet ouvrage. Voyez la Vie d'Anaxagore, très-détaillée par Heinius, dans l'Histoire de l'académie de Berlin pour 1752, p. 313. Seulement il faut corriger les années avant notre ère, qui doivent y être avancées de deux unités, le commencement de l'an 1 de la 1re olimpiade correspondant à l'an 776 avant notre ère, et non à l'an 774 comme l'a cru Heinius.

« l'intelligence : comme il y a donc dans les ali-
« mens des parties semblables à celles qui sont
« produites dans nos corps, il les a appelées *homéo-*
« *méries*, et en a fait les principes de tous les
« êtres. Ces parties similaires sont la matière d'où
« les corps sont tirés, et l'intelligence suprême qui
« donne à tout l'ordre convenable, est la cause ef-
« ficiente. Voici comment il débute dans l'expo-
« sition de son système : toutes choses étaient dans
« un état de confusion ; l'intelligence les a divisées
« et les a mises en ordre. Par ces mots, *toutes choses*,
« il entend les êtres qui ont été formés. Anaxagore
« a eu raison de joindre à la matière une intelli-
« gence qui l'a mise en ordre. »

Quoiqu'en dise Diogènes Laërce, Anaxagore n'a-
vait pas été le premier qui eût reconnu cette cause
intelligente, distincte du principe matériel et passif des êtres ; mais il l'avait mieux fait connaître
que ses prédécesseurs, ce qui lui en avait fait attribuer l'invention (1). Thalès, chef de l'école io-
niène, à laquelle appartenait Anaxagore, pensait
que l'eau était l'élément ou le principe qui avait
produit tous les êtres et qui les conservait (2),
mais principe matériel ou passif, différent d'un
principe actif que Thalès admettait aussi ; être intelligent qui donnait à tout la forme et la vie (3).

(1) M. Ricard, note sur sa traduction des OEuvres morales de
Plutarque. XII, 88.

(2) Voyez Aristote, *Métaph.* liv. I, c. 3, où il expose la doctrine
de Thalès.

(3) OEuvres morales de Plutarque, trad. par Ricard. XII, 20.

Cicéron (1) dit que Thalès admettait l'eau comme principe de toutes choses, et un dieu, être intelligent, *mentem*, qui tirait de l'eau tous les êtres. Aristote (2) reconnaît qu'aucun des philosophes qui avaient précédé Anaxagore, n'avait pu penser que la matière fût seule cause productrice de l'univers; Thalès était phénicien (3) et avait puisé ce dogme chez les philosophes de sa nation, plus ancienne que la nation grecque. On a vu dans l'article précédent qu'Ocellus Lucanus, qui a cru à l'éternité du monde, n'a vécu qu'après lui, et n'était pas Grec, mais natif du pays qu'on appelait la grande Grèce au midi de l'Italie.

Lucrèce, qui dans la suite adopta les principes d'Ocellus, exposa le sistème d'Anaxagore, et le réfuta (4) quant à ses parties similaires.

« Approfondissons maintenant, » dit-il, « l'in-
« génieux sistème d'Anaxagore, que les Grecs ont
« revêtu du nom d'*Homœomérie*, et pour lequel
« la stérilité de notre langue (latine) n'en fournit
« point; mais il est facile de donner une idée claire
« de l'hipothèse de ce philosophe grec : les corps
« résultent de principes analogues; les os se forment
« d'un nombre infini de petits os; pour former

(1) Livre I. *De naturá deorum*. C. 10.
(2) *Métaphys*. Livre I, c. 3.
(3) Hérodote, livre I, § 170.
(4) *De naturá rerum* Livre I, c. 83, p. 59 du tome I dans l'édition de Panckouke, 1829. Trad. de M. de Pongerville, vers 829 du texte.

« l'intestin, mille intestins se rassemblent, et la
« réunion de principes sanguins donne naissance
« à ce fluide coloré qui coule dans nos veines ; des
« molécules d'or forment ce métal ; le feu naît de
« particules ignées ; et l'eau de principes aqueux ;
« tous les corps, en un mot, sont le résultat d'é-
« lémens similaires. »

La réfutation que Lucrèce donne ensuite est
fort longue, et je ne la rapporterai point ici. Cependant les parties similaires d'Anaxagore ne dif-
féraient pas beaucoup des atômes d'Épicure dont
Lucrèce a défendu le sistème. L'opinion des deux
philosophes grecs n'était cependant pas la même, et
Diodore de Sicile semble expliquer celle d'Épicure
dans le chapitre qui va suivre (1).

§ IV.

Formation du monde, selon les Égiptiens.

XIV. « Toute la nature, » selon ces derniers,
« ayant été dans le chaos et la confusion, le ciel
« et la terre mêlés ensemble, ne fesaient qu'une
« masse informe ; mais les corps s'étant séparés
« peu à peu les uns des autres, le monde parut
« enfin dans l'ordre où nous le voyons. L'air de-
« meura dans une agitation continuelle ; sa partie

____

(1) Bibliothèque, livre I, chap. vii dans l'édition de Wesseling ;
ii dans la trad. de Terrasson.

« la plus vive et la plus légère s'éleva au plus haut
« lieu de l'univers, et devint un feu pur et sans
« mélange. Le soleil et les astres formés de ce
« nouvel élément sont emportés par le mouve-
« ment perpétuel de la sphère du feu. La matière
« terrestre demeura encore quelque tems mêlée
« avec l'humide, par la pesanteur de l'une et de
« l'autre ; mais ce globe particulier roulant sans
« cesse sur lui-même, se partagea par le moyen
« de cette agitation, en eau et en terre ; de telle
« sorte pourtant, que la terre demeura molle et
« fangeuse. Les rayons du soleil donnant sur elle
« en cet état, causèrent différentes fermentations
« à sa superficie ; il se forma dans les endroits les
« plus humides, des excroissances couvertes d'une
« membrane déliée, ainsi qu'on le voit encore
« arriver dans les lieux marécageux, lorsqu'un
« soleil ardent succède immédiatement à un air
« frais. Ces premiers germes reçurent leur nour-
« riture des vapeurs grossières qui couvrent la
« terre pendant la nuit, et se fortifièrent insensi-
« blement par la chaleur du jour. Étant arrivés
« enfin à leur point de maturité, et s'étant déga-
« gés des membranes qui les enveloppaient, ils
« parurent sous la forme de toutes sortes d'ani-
« maux. Ceux en qui la chaleur dominait, s'éle-
« vèrent dans les airs ; ce sont les oiseaux. Ceux
« qui participaient davantage de la terre, comme
« les hommes, les quadrupèdes, et les reptiles,
« demeurèrent sur sa surface ; et ceux dont la

« substance était plus aqueuse, c'est-à-dire les
« poissons, cherchèrent dans les eaux le séjour
« qui leur était propre. Peu de tems après, la
« terre s'étant entièrement desséchée, ou par l'ar-
« deur du soleil, ou par les vents, perdit la fa-
« culté de produire des animaux parfaits, et les
« espèces déjà produites ne s'entretinrent plus
« que par voie de génération. Euripides, disciple
« du phisicien Anaxagore, paraît avoir adopté sur
« l'origine des êtres le sentiment que nous ve-
« nons d'exposer ; car il parle ainsi dans sa Ména-
« lippe, » tragédie de laquelle Denis d'Halicar-
nasse fait une mention assez étendue dans sa
Rhétorique (1), mais qui est aujourd'hui perdue :

« Tout était confondu ; mais le seul mouvement
« Ayant du noir chaos tiré chaque élément,
« Tout prit forme ; bientôt la nature féconde
« Peupla d'êtres vivans le ciel, la terre et l'onde,
« Fit sortir de son sein les ornemens divers,
« Et donna l'homme enfin pour maître à l'univers.

On voit que ce sistème est bien analogue à celui d'Anaxagore dont Euripides était disciple.
Mais ce même sistème se trouve aussi conforme à
celui d'Épicure, tel que Plutarque l'explique (2).
On observera qu'Euripides est né l'an 480 avant

(1) *Dionysii Halic. opera*, édition de Reiske. *Rhet.*, chap, 10,
p. 300.

(2) Chapitre 4 du traité intitulé : Opinions des philosophes.

notre ère (1), et Épicure l'an 341 (2), c'est-à-dire 139 ans après le poëte tragique, et 151 ans après Anaxagore. Ainsi Euripides a pu connaître Anaxagore, mais non Épicure.

Si Euripides a cru que les êtres animés étaient sortis du chaos, il n'a pas révoqué en doute que l'intervention de Dieu ne fût nécessaire, puisqu'il dit ailleurs (3) :

Ces globes dont l'éclat pare le firmament,
Annoncent aux mortels un être intelligent (4).

Le poëte latin Manilius a très-bien développé cet argument d'Euripides, au premier livre de son poëme sur l'astronomie (5), où il dit :

« Les étoiles fixes ne varient jamais sur le lieu
« de leur lever et de leur coucher ; l'heure de leur
« lever est pareillement déterminée pour chaque
« jour de l'année ; le tems de leur apparition et
« de leur disparition est réglé sur des lois invaria-
« bles. Dans ce vaste univers, rien n'est si éton-
« nant que son uniformité et l'ordre constant qui
« en règle tous les ressorts ; le nombre des parties
« ne cause aucune confusion, rien ne se déplace ;
« les mouvemens ne se précipitent jamais, jamais
« ils ne se ralentissent, ils ne changent jamais de
« direction. Peut-on concevoir une machine plus

(1) Histoire de la littérature grecque , par Schœll. II , 44.
(2) Id. III , 321.
(3) Fragment du Sisyphe , t. II , p. 472 dans l'édition de Leipsick.
(4) Plutarque , Opinions des philosophes , livre I , ch. 6.
(5) Vers 463 et suivans.

« composée dans ses ressorts, plus uniforme dans
« ses effets? je ne pense pas qu'il soit possible de
« démontrer avec plus d'évidence que le monde
« est gouverné par une puissance divine, qu'il est
« dieu lui-même, que ce n'est point un hazard
« créateur qui l'a produit, comme a prétendu
« nous le persuader ce philosophe (1), qui s'ima-
« gina le premier que ce bel univers n'était dû
« qu'au concours fortuit d'atômes impercepti-
« bles, dans lesquels il devait un jour se résoudre;
« qui enseigna que ces atômes étaient les vrais
« principes de la terre, de l'eau, des feux célestes,
« de l'air même, qui, par cela seul, avait la puis-
« sance de former une infinité de mondes, et d'en
« détruire autant d'autres; qui ajouta que tout
« retournait à ces premiers principes, et chan-
« geait sans cesse de forme. A qui persuadera-t-on
« que ces masses immenses sont l'ouvrage de lé-
« gers corpuscules, sans que la divinité s'en soit
« mêlée, et que le monde a été créé par un aveugle
« hazard? si c'est le hazard qui l'a formé, qu'on
« dise donc que c'est le hazard qui le gouverne.
« Mais pourquoi le lever successif des astres est-il
« si régulier? comment leur marche est-elle assu-
« jétie à des lois si constantes? pourquoi aucun
« d'eux ne hâte-t-il le pas? pourquoi les nuits
« d'été sont-elles constamment éclairées par les
« mêmes étoiles; et pourquoi en est-il de même

____

(1) Épicure, en cela cependant précédé par Démocrite.

« des nuits d'hiver ? pourquoi les mêmes jours de
« l'année nous ramènent-ils constamment les
« mêmes figures célestes; pourquoi en font-ils
« invariablement disparaître d'autres?.... Depuis
« la guerre de Troie, combien de trônes ont été
« renversés! combien de peuples réduits en cap-
« tivité! combien de fois la fortune inconstante
« a-t-elle fait succéder la puissance à l'esclavage, la
« servitude à l'autorité! quel vaste empire elle a
« fait naître des cendres oubliées de Troie! la
« Grèce, enfin, a été soumise au sort qu'elle avait
« fait éprouver à l'Asie. Je ne finirais pas, si je
« voulais compulser les fastes de tous les siècles,
« et détailler les vicissitudes étonnantes que les
« feux du soleil ont éclairées. Tout ce qui est créé
« pour finir est sujet au changement. Après quel-
« ques années les nations ne se reconnaissent plus
« elles-mêmes, chaque siècle change leur état et
« leurs mœurs. Mais le ciel est exempt de ces ré-
« volutions; ses parties n'éprouvent aucune alté-
« ration, la succession des âges n'en augmente
« pas, la vieillesse n'en diminue pas le nombre; il
« sera toujours le même, parce qu'il a toujours
« été le même. »

C'est ainsi que Manilius semble avoir fait le
commentaire du psaume de David (1): « Les cieux
« racontent la gloire de Dieu, et le firmament an-
« nonce l'œuvre de ses mains. »

____

(1) Psaume xviii, verset 1.

CHAPITRE III.

DU LANGAGE D'ACTION.

XV. A mesure que le langage des sons articulés devint plus abondant, il devint plus apte à exercer de bonne heure l'organe de la voix, et à lui conserver sa première flexibilité. Il parut alors aussi commode que le langage d'action : on se servit également de l'un et de l'autre: enfin l'usage des sons articulés devint si facile, qu'il prévalut.

Il y a donc eu un tems où la conversation était soutenue par un discours mêlé de mots et d'actions (1). L'usage et la coutume, dit Warburton (2), ainsi qu'il est arrivé dans la plupart des autres choses de la vie, changèrent ensuite en ornement ce qui était dû à la nécessité: mais la pratique subsista encore long-tems après que la nécessité eut cessé: singulièrement parmi les orientaux, dont le caractère s'accommodait naturellement d'une forme de conversation qui exerçait si bien

______

(1) Essai sur l'origine des connoissances humaines. Amsterdam 1746. II, 11.

(2) Essai sur les Hiéroglyphes, § 8 et 9.

leur vivacité par le mouvement, et la satisfesait si complètement par une représentation perpétuelle d'images sensibles.

Nos livres sacrés nous fournissent des exemples sans nombre de cette sorte de conversation. En voici quelques-uns. Quand le faux prophète Sédécias agite ses cornes de fer, pour marquer la déroute entière des Siriens (1); quand Jérémie, par l'ordre de Dieu, cache sa ceinture de lin dans le creux d'un rocher près de l'Euphrates (2); quand il brise un vase de terre en présence du peuple (3); quand il met à son cou une chaîné et un joug de fer pour représenter l'assujétissement où devaient être réduits les princes étrangers sous Nabuchodonosor (4); quand il jette son livre au milieu de l'Euphrates pour faire voir que Babilone sera submergée (5); par ces actions, les prophètes instruisaient le peuple de la volonté du Seigneur, et conversaient en signes.

Quelques personnes, pour n'avoir pas su que le langage d'action était chez les juifs une manière commune et familière de converser, ont traité d'absurdes et de fanatiques ces actions des prophètes. Warburton (6) détruit parfaitement cette accusa-

______

(1) Troisième livre des Rois. XXII, 11.
(2) Prophéties de Jérémie. Chap. XIII, 4.
(3) *Id.* XIX, 10.
(4) *Id.* XXVIII, 10 et 14.
(5) *Id.* LI, 63.
(6) Essai sur les hiéroglyphes, § 9.

tion. L'absurdité d'une action, dit-il, consiste en ce qu'elle est bizarre et ne signifie rien. Or l'usage et la coutume rendaient sages et sensées celles des prophètes. A l'égard du fanatisme d'une action, il est indiqué par ce tour d'esprit qui fait qu'un homme trouve du plaisir à faire des choses qui ne sont point d'usage, et à se servir d'un langage extraordinaire; mais un pareil fanatisme ne peut plus être attribué aux prophètes, quand il est clair que leurs actions étaient des actions ordinaires, et que leurs discours étaient conformes à l'idiôme de leur pays.

Ce n'est pas seulement dans l'Histoire Sainte que nous rencontrons des exemples de discours exprimés par des actions. L'Antiquité profane en est pleine. Les premiers oracles se rendaient de cette manière, comme nous l'apprenons de ce que disait Héraclite d'Éphèse, philosophe qui florissait l'an 502 avant notre ère (1): « Que le roi, dont « l'oracle est à Delphes, ne parle, ni ne se tait; mais « s'exprime par signes (2):» preuve certaine que c'était anciennement un moyen facile de se faire entendre, que de substituer des actions aux paroles (3).

Il paraît que ce langage fut surtout conservé

(1) *Theophili Christophori Harles, introductio in historiam linguæ græcæ. Altenburgi*, 1778. T. 1, p. 89.

(2) Dialogue de Plutarque : Pourquoi la Pythie ne rend plus ses oracles en vers.

(3) Essai sur les Hiéroglyphes, § 10.

pour instruire le peuple des choses qui l'intéres-
saient davantage ; telles que la police et la religion.
C'est qu'agissant sur l'imagination avec plus de
vivacité, il fesait une impression plus durable. Son
expression avait même quelque chose de fort et
de grand, dont les langues, encore stériles, ne
pouvaient approcher. Les Anciens appelaient ce
langage du nom de *danse* : voilà pourquoi il est
dit que David dansait devant l'arche.

Les hommes, en perfectionnant leur goût, donnèrent à cette *danse* plus de variété, plus de grace
et plus d'expression. Non-seulement on assujétit
à des règles les mouvemens des bras et les attitudes
du corps, mais encore on traça les pas que les piés
devaient former (1). La danse fut ainsi naturellement divisée en deux arts qui lui furent subordonnés : l'un, qu'on permette une expression conforme au langage de l'Antiquité, fut la *danse des
gestes* ; il fut conservé pour concourir à communiquer les pensées des hommes : l'autre fut principalement la *danse des pas* ; on s'en servit pour
exprimer certaines situations de l'ame, et particulièrement la joie ; on l'employa dans les occasions de réjouissance, et son principal objet fut
le plaisir.

La danse des pas provient donc de celle des
gestes : aussi en conserve-t-elle encore le caractère.
Chez les Italiens, parce qu'ils ont une gesticula-

_____

(1) Essai sur l'origine des connoissances humaines. II, 15.

tion plus vive et plus variée, elle est pantomime. Chez nous, au contraire, elle est plus grave et plus simple. Si c'est là un avantage, il paraît être cause que le langage de cette danse est moins riche et moins étendu. Un danseur, par exemple, qui n'aurait d'autre objet que de donner des graces à ses mouvemens et de la noblesse à ses attitudes, pourrait-il, lorsqu'il figure (1) avec d'autres, avoir le même succès que lorsqu'il danse seul? n'aurait-on pas lieu de craindre que sa danse, à force d'être simple, ne fût si bornée dans son expression, qu'elle ne lui fournît pas assez de signes pour le langage d'une danse figurée? si cela est, plus on simplifiera cet art, plus on en bornera l'expression (2).

§ I.

De la prosodie des premières langues.

XVI. La parole, en succédant au langage d'action, en conserva le caractère. Cette nouvelle manière de communiquer nos pensées ne pouvait être imaginée que sur le modèle de la première. Ainsi, pour tenir la place des mouvemens violens du corps, la voix s'éleva et s'abaissa par des intervalles très-sensibles.

(1) Essai sur l'origine des connoissances humaines. II, 16.
(2) *Id.* p. 17.

Ces langages ne se succédèrent pas brusque-
ment: ils furent long-tems mêlés ensemble, et la
parole ne prévalut que fort tard. Or chacun peut
éprouver par lui-même qu'il est naturel à la voix
de varier ses inflexions à proportion que les gestes
sont diversifiés.

En effet, quand les hommes commencèrent à articuler des sons, la rudesse des organes ne leur (1)
permit pas de le faire par des inflexions aussi
faibles que les nôtres.

En second lieu, les inflexions sont tellement
nécessaires, que nous avons quelque peine à comprendre ce qu'on nous lit sur un même ton. Si
c'est assez pour nous que la voix se varie légèrement, c'est que notre esprit est fort exercé par le
grand nombre d'idées que nous avons acquises, et
par l'habitude où nous sommes de les lier à des
sons. Voilà ce qui manquait aux hommes qui
eurent les premiers l'usage de la parole: leur esprit était dans toute sa grossièreté; les notions, aujourd'hui les plus communes, étaient nouvelles
pour eux. Ils ne pouvaient donc s'entendre qu'autant qu'ils conduisaient leurs voix par des degrés
fort distincts. Nous-mêmes nous éprouvons que
moins une langue, dans laquelle on nous parle,
nous est familière, plus on est obligé d'appuyer
sur chaque sillabe, et de les distinguer d'une manière sensible.

(1) Essai sur l'origine des connoissances humaines. II, 19.

En troisième lieu, dans l'origine des langues, les hommes trouvant (1) trop d'obstacles à imaginer de nouveaux mots, n'eurent long-tems, pour exprimer les sentimens de l'ame, que les signes naturels, auxquels ils donnèrent le caractère des signes d'institution. Or les cris naturels introduisent nécessairement l'usage des inflexions violentes; puisque différens sentimens ont pour signe le même son, varié sur différens tons. *Ah,* par exemple, selon la manière dont il est prononcé, exprime l'admiration, la douleur, le plaisir, la tristesse, la joie, la crainte, le dégoût, et presque tous les sentimens de l'ame.

On pourrait ajouter enfin que les premiers noms des animaux en imitèrent vraisemblablement le cri : observation qui convient également à ceux qui furent donnés aux vents, aux rivières, et à tout ce qui fait quelque bruit. Il est évident que cette imitation suppose que les sons se succédaient par des intervalles très-marqués.

Ce ne serait pas s'exprimer exactement que de donner le nom de chant à cette manière (2) de prononcer, ainsi que l'usage le donne à toutes les prononciations qui ont beaucoup d'accent. Il ne suffit point pour un chant que les sons s'y succèdent par des degrés très-distincts, il faut encore qu'ils soient assez soutenus pour faire distinguer leur

(1) Essai sur l'origine des connoissances humaines, II, 20.
(2) *Id.* p. 21.

mélodie, et que les intervalles en soient appré-
ciables. Il n'était pas possible que ce caractère fût
ordinairement celui des sons par lesquels la voix
se variait à la naissance des langues : mais aussi il
ne pouvait pas être bien éloigné de leur convenir.
Avec quelque peu de rapport que les deux sons
se succèdent, il suffira de baisser ou d'élever fai-
blement l'un des deux, pour y trouver un intervalle tel que l'harmonie le demande. Dans l'origine
des langues, la manière de prononcer admettait
donc des inflexions de voix si distinctes, qu'un
musicien eût pu la noter en ne fesant que de
légers changemens ; ainsi elle participait du
chant (1).

Cette prosodie a été si naturelle aux premiers
hommes, qu'il y en a eu auxquels il a paru plus
facile d'exprimer différentes idées avec le même
mot prononcé sur différens tons, que de multiplier
le nombre des mots à proportion de celui des idées.
Ce langage se conserve encore chez les Chinois. Ils
n'ont que trois cent vingt-huit monosillabes, qu'ils
varient sur cinq tons, ce qui équivaut à seize cent
quarante signes. On a remarqué que nos langues
ne sont pas plus abondantes (2). Au reste les Chinois
n'ont pas de lettres proprement dites ; les signes de
leur écriture, pris en général, n'expriment pas des
prononciations, mais des idées. La langue parlée et

(1) Essai sur l'origine des connoissances humaines, II, p. 22.
(2) *Id.* p. 23.

la langue écrite sont donc bien distinctes et bien séparées ; toutefois chaque mot de l'une répond au signe de l'autre qui représente la même idée, et réciproquement (1).

D'autres peuples, nés sans doute avec une imagination plus féconde, préférèrent de nouveaux mots à de nouveaux signes, et voulurent surtout frapper les oreilles. La prosodie, chez eux, s'éloigna peu à peu du chant, et à mesure que les raisons qui l'en avaient fait approcher davantage, cessèrent d'avoir lieu. Mais elle fut long-tems avant de devenir aussi simple qu'elle l'est aujourd'hui. C'est le sort des usages établis, de subsister encore après que les besoins qui les ont fait naître ont cessé (2).

§ II.

Prosodie des langues grecque et latine.

XVII. Il est constant que les Grecs et les Romains notaient leur déclamation, et qu'ils l'accompagnaient d'un instrument (3) : elle était donc un vrai chant. Cette conséquence sera évidente pour

(1) Élémens de la grammaire Chinoise, par M. Abel Rémusat. Paris 1822. p. 1.

(2) Essai sur l'origine des connoissances humaines. II, 23.

(3) L'abbé Dubos en donne les preuves dans le troisième volume de ses réflexions critiques sur la poësie et la peinture.

tous ceux qui auront quelque connaissance des
principes de l'harmonie, ils n'ignorent pas 1° qu'on
ne peut noter un son, qu'autant qu'on a pu l'ap-
précier; 2° qu'en harmonie rien n'est (1) appré-
ciable que par la résonnance des corps sonores;
3° enfin que cette résonnance ne donne d'autres
sons ni d'autres intervalles, que ceux qui entrent
dans le chant.

Il est encore constant que cette déclamation
chantante n'avait rien de choquant pour les Anciens.
Nous n'apprenons pas qu'ils se soient jamais ré-
criés qu'elle fût peu naturelle; si ce n'est dans des
cas particuliers, comme nous fesons nous - mêmes,
quand le jeu d'un comédien nous paraît outré.
Ils croyaient au contraire le chant essentiel à la
poësie. « La versification des meilleurs poëtes li-
« riques, » dit Cicéron (2), « ne paraît qu'une simple
« prose, quand elle n'est pas soutenue par le chant.»
Cela ne prouve-t-il pas que la prononciation, alors
naturelle au discours familier, participait si fort
du chant, qu'il n'était pas possible d'imaginer un
milieu tel que notre déclamation (3), froide et
monotone encore aujourd'hui pour les Italiens(a).

En effet, notre unique objet, quand nous décla-
mons, c'est de rendre nos pensées d'une manière
plus sensible, mais sans nous écarter beaucoup de

(1) Essai sur l'origine des connoissances humaines. II, 25.
(2) *Orator.* § 55 *quos quàm cantu spoliaveris, undè pœnè rema-*
net oratio.
(3) Essai sur l'origine des connoissances humaines. II, 26.

celle que nous jugeons naturelle. Si la prononciation des Anciens avait été semblable à la nôtre, ils se seraient contentés comme nous d'une simple déclamation. Mais il fallait qu'elle fût bien différente, puisqu'ils n'en pouvaient augmenter l'expression que par le secours de l'harmonie.

On sait d'ailleurs qu'il y avait dans le grec et dans le latin des accens, qui indépendamment de la signification d'un mot ou du sens de la phrase entière, déterminaient la voix à s'abaisser sur certaines sillabes, et à s'élever sur d'autres. Pour comprendre comment ces accens ne se trouvaient jamais en contradiction avec l'expression du discours, il n'y a pas deux moyens. Il faut absolument reconnaître que, dans la prononciation des Anciens, les inflexions qui rendaient la pensée étaient si variées et si sensibles (1), qu'elles ne pouvaient être contrariées par celles qui demandaient les accens.

Au reste, ceux qui se mettront à la place des Grecs et des Romains, ne seront point étonnés que leur déclamation fût un véritable chant. Ce qui fait que nous jugeons le chant peu naturel, ce n'est pas parce que les sons s'y succèdent conformément aux proportions qu'exige l'harmonie; mais parce que les plus faibles inflexions nous paraissent ordinairement suffisantes pour exprimer nos pensées. Des peuples accoutumés à conduire

____

(1) Essai sur l'origine des connoissances humaines. II, 27.

leur voix par des intervalles marqués, trouve-
raient notre prononciation d'une monotonie sans
ame; tandis qu'un chant qui ne modifierait ces intervalles qu'autant qu'il le faudrait pour en ap-
précier les sons, augmenterait, à leur égard, l'expression du discours, et ne saurait leur paraître
extraordinaire (1).

On trouve encore dans la prosodie des Anciens
la raison d'un fait que, sans ce secours, il serait
impossible d'expliquer. Il s'agit de savoir comment
les orateurs Grecs et Romains, qui haranguaient
dans la place publique, pouvaient être entendus
de tout le peuple.

Les sons de notre voix se portent assez facilement aux extrémités d'une place d'assez grande
étendue; toute la difficulté est d'empêcher qu'on
ne les confonde. Mais cette difficulté doit être
moins grande à proportion que par le caractère
de la prosodie d'une langue, les sillabes de chaque
mot se distinguent d'une manière plus sensible.
Dans le grec comme dans le latin, elles diffé-
raient par la qualité du son, par l'accent qui,
indépendamment du sens, exigeait que la voix
s'élevât ou s'abaissât, et par la quantité : nous
manquons d'accens, notre langue (2) n'a presque
point de quantité, et beaucoup de nos sillabes
sont muettes. Un Grec, un Romain pouvaient

______

(1) Essai sur l'origine des connoissances humaines, II, 28.
(2) *Id.* p. 5o.

donc se faire entendre distinctement dans une place où un Français ne le pourrait que difficilement, et peut-être point du tout (1).

Avant les orateurs, vinrent les chanteurs et les poëtes (*a*). Dans l'origine des langues, la prosodie étant fort variée, toutes les inflexions de la voix lui étaient naturelles; le hazard ne pouvait donc manquer d'y amener quelquefois des passages dont l'oreille était flattée; on les remarqua, et l'on se fit une habitude de les répéter. Telle est la première idée que l'on eut du chant et de l'harmonie (2).

§ III.

Des chanteurs ou bardes Grecs.

XVIII. Les tems où la civilisation commence à naître sont ceux où la musique a le plus de charme, et produit les plus grands effets. C'est ce qui est arrivé en Grèce où les chanteurs furent très-estimés dans les tems héroïques. Le critique anglais Payne Knight observe qu'à l'époque du siège de Troie, chaque roi et chaque homme puissant nourrissait dans sa maison un *barde*; nous lui donnons ce nom qui est à peu près l'équivalent du grec ἀοιδός. Le barde, pendant les repas, offrait

(1) Essai sur l'origine des connoissances humaines, II, 51.
(2) *Id.* p. 69.

aux convives un délassement agréable ; il nourrissait dans les citoyens le goût de la piété et de la vertu, en célébrant dans ses chants les louanges des dieux et le récit des belles actions des hommes ; il s'accompagnait des sons de la lire. Les bardes qui se distinguaient par leur art et par leur esprit, ne se contentaient pas de l'estime d'un prince ou d'une nation : ils entreprenaient de longs voyages pour acquérir de la gloire, et en voyant de nouveaux peuples et de nouveaux objets, ils perfectionnaient leur art. Tel fut Thamiris, de Thrace (1), qui, comme le dit Homère, « fut rencontré par les Muses lorsqu'il revenait « du palais d'Eurutos, roi d'OEchalie. Thamiris se « vantait d'obtenir le prix, même sur les Muses, « filles du puissant Jupiter. Enflammées de colère, « les déesses le rendirent aveugle, lui ravirent la « voix, et Thamiris oublia l'art divin de la Lire ». Le caractère et la forme des vers d'Homère ne permet guère de douter que ce poëte n'ait aussi exercé la profession de barde.

Les bardes grecs visitaient donc les domiciles des princes, les palais des rois et les assemblées des peuples, où leurs chants célébraient les actions des dieux et des hommes ; tels étaient le Phémios et le Démodocos d'Homère.

Ce serait une erreur grave que de méconnaître

______

(1) Homère, Iliade, II, 595. Je parlerai de lui plus en détail dans un autre mémoire.

ces anciens bardes, semblables à nos troubadours d'autrefois, et de les comparer à nos chanteurs des carrefours. Ceux-ci ne sont écoutés que par la populace, tandis que les premiers étaient honorés, et marchaient de pair avec les héros. Car leur art, selon la croyance universelle de ces tems reculés, annonçait une bienveillance singulière des dieux, et une sorte d'inspiration dont ils étaient doués.

Ces faits sont prouvés par le témoignage d'Homère qui, chez le roi Alcinoüs, fait placer Démodocos (1) au milieu de la table dans un festin, appuyé contre une colonne (2). Ulisses envoie à ce barde une partie de ce qu'on lui a servi, en disant : « Héraut, prends cette partie de la portion « dont on m'a jugé digne, et donne-la de ma part « à Démodocos, l'assurant que quelqu'affligé que « je sois, je l'admire et l'honore; les chantres tels « que lui doivent être *glorifiés* et respectés par « tous les hommes : c'est en effet une muse qui « leur a enseigné leurs chants, qui les aime et les « favorise (3) ».

Homère emploie la même expression lorsqu'il s'agit d'Agamemnon, en fesant dire à Ulisses dans l'Iliade (4) : « La colère d'un roi puissant est ter-

____

(1) Je donnerai dans la suite une notice sur ce barde.
(2) Homère, Odyss. VIII, 472.
(3) *Id.* vers 477 et suiv.
(4) *Id.* II, 196 et 197.

« rible : toute *gloire* vient de Jupiter, et ce dieu
« chérit Agamemnon ».

C'est dans les deux discours le mot τιμὴ, honneur, respect, qui exprime le sentiment dû à
Démodocos comme au grand Agamemnon, et
c'est toujours Ulisses qui le prononce.

Mais si le barde est impie, les muses le pu-
nissent en le privant de l'art de chanter (1), ainsi
que nous venons de le voir pour Thamiris.

Ces bardes étaient donc des hommes distingués
qui, par leurs chants et leur musique, ensei-
gnaient la vertu et réprimaient les passions qui
lui sont opposées. C'étaient les philosophes de
l'antiquité. Strabon le dit formellement dans le
premier livre de sa Géographie (2), en combat-
tant Ératosthènes. Ce dernier avait prétendu que
les poëtes ne cherchent qu'à nous amuser, et nullement à nous instruire. « Les Anciens », dit Strabon, « ont cru précisément tout le contraire. Ils
« font de la poësie une sorte de philosophie pri-
« mitive qui instruit l'homme dès l'enfance, et
« règle avec charme les mœurs, les sentimens, les
« actions. Nos Stoïciens vont jusqu'à dire que le
« Sage seul est poëte; par cette raison, chez les
« Grecs, la poësie est pour l'enfant la meilleure
« leçon, non de pur amusement, mais de sagesse.
« Que dis-je? les simples musiciens qui nous ap-

(1) Iliade. II , 595.
(2) Page 15 de l'édition de Casaubon.

« prennent à chanter, à pincer la lire, à jouer de
« la flûte, prétendent au même avantage, puisqu'ils
« se donnent comme propres à former l'esprit, à
« régler les mœurs : et que cette prétention de
« leur part soit fondée, les Pithagoriciens ne sont
« pas les seuls qui le pensent, Aristoxènes aussi
« le prononce. Homère a regardé les chanteurs
« (ἀοιδοὺς) comme des maîtres de sagesse : tel était
« le gardien de Clitemnestre,

« Qu'en partant pour se rendre aux rivages troyens
« Atride avait chargé de veiller sur la reine (1),

et qui la soutint contre les séductions d'Égiste,
jusqu'au moment où

Ce chantre relégué dans une île déserte,
La laissa sans défense (2)............

Alors par son amant cette épouse égarée
Suivit enfin ses pas (3)............

On voit qu'Homère a bien su relever l'honneur
et la gloire de son art. Il fait voir dans ce passage
de quel secours est pour la vertu le commerce des
Sages, puisque pour conduire dans la route du
crime une femme honnête, il faut d'abord éloi-
gner d'elle un ami vertueux (4).

(1) Odyssée, livre III, vers 267.
(2) *Ibid.* vers 266.
(3) *Id.* vers 270.
(4) Madame Dacier. Note sur ce passage de l'Odyssée.

§ IV.

Du pouvoir de la mémoire.

XIX. Avant l'invention de l'écriture, des poëmes pouvaient-ils être construits dans l'esprit d'un barde, sans que les matériaux nécessaires à l'écriture vinssent à son secours pour inscrire les pensées qui se succédaient rapidement et continuellement dans son esprit? c'est ce qu'il est assez difficile de décider. En effet, sommes-nous de bons juges du point de perfection que peuvent atteindre l'invention et la mémoire combinées ensemble dans un siècle et chez un peuple plus simples, nous qui vivons dans ces tems de lectures si variées et au milieu de tant d'affaires qui nous préoccupent? nous sommes accoutumés à mettre toute notre confiance dans les auxiliaires que nous avons à nos ordres; à sauter du haut en bas de notre lit, comme on dit que le fesait Pope pour chercher une plume et du papier, de crainte que les pensées de la nuit n'abandonnent notre mémoire malheureuse avec les rêves du matin.

Pouvons-nous mesurer les profondeurs dans lesquelles reposaient les produits de l'imagination féconde d'un poëte privé de tout autre secours? la quantité d'idées et de mots que les tablettes de l'esprit sont capables de contenir? la puissance d'arranger, de combiner, de mettre en harmonie dans un esprit créateur, ce qui y était né? pouvons nous, avec justesse et raison, assigner des limites à la facilité ou à la fidélité avec laquelle un poëte d'un esprit parfaitement calme, dévoué de toute son ame au développement de ses facultés, habitué à réciter constamment ses chants, peut avoir tracé de suite le plan hardi d'une grande épopée, et en avoir ensuite rempli toutes les parties avec la plus stricte simétrie! ou bien, comme cela serait plus probable, après avoir décidé sur quel intérêt principal l'effet de l'ensemble devait reposer, ne peut-il pas avoir donné un libre cours à son invention, la laissant continuellement s'écarter de sa marche si quelqu'incident remarquable l'y engageait, mais aussi ramenant toujours ses épisodes à l'unisson en conservant le grand sens prédominant du chant? si donc nous pouvons concevoir la composition, pourquoi nous serait-il plus difficile d'admettre la conservation d'une telle production dans le sein paternel, surtout avec le secours de la mémoire technique du vers, imprimée plus profondément dans l'esprit par un récit fréquemment réitéré? il y a sans doute quelque chose de curieux, et peut-être ce sujet n'a-t-il pas été assez approfondi, dans la composition et la conservation de poëmes fort étendus, chez des peuples comparativement très-peu civilisés. César, en nous parlant des Gaules, et Strabon des tribus

espagnoles connues sous le nom de Turdétans (1),
nous disent qu'elles ont possédé des poëmes de
plusieurs milliers de vers. Les nations asiatiques
étaient encore plus fécondes, quoiqu'il ne fût pas
tout-à-fait juste de parler des poëmes épiques indiens comme en fesant partie; car ceux-là naqui-
rent chez une caste bien plus civilisée; je parle ici
du *Mahabarata* et du *Ramayuna* qui semblent
être dans la même proportion avec l'Iliade et
l'Odissée, que les Piramides avec le Parthénon.
Cependant tous ces ouvrages ont dû être composés là où les matériaux nécessaires à l'écriture devaient encore être rares, s'ils étaient d'un usage
général, et devaient être employés très-probable-
ment avec la plus stricte économie. Car notre pro-
digalité de papier était un luxe inconnu des Anciens. Soit qu'ils écrivissent, comme au tems de
Job, avec une plume de fer sur des planches de
plomb, ou sur des feuilles de palmier de la Sibille,
ou sur des peaux lisses ($\delta\iota\varphi\theta\acute{\epsilon}\rho\alpha\iota$), qui, à ce que
nous dit Hérodote (2), étaient, de son tems,
d'un commun usage chez les Grecs et chez les
Barbares, et qui, nous avons de bonnes raisons
pour le croire, étaient conservées comme des documens pratiques dans les archives des Perses; ou
sur des tablettes de bois, comme celles qui contenaient les lois de Solon, ou enfin sur des livres

_____

(1) Strabon, livre III, p. 139, dans l'édition de Casaubon.

(2) Livre V, chap. 39. Je reviendrai sur ce sujet dans le chapitre suivant.

de toile, les *lintei libri*, de l'ancienne Rome ; toujours est-il qu'avant l'usage commun du parchemin, de la *charta pergamena* ou du *papyrus* égiptien, les livres ont dû être les conservateurs rares et coûteux des ouvrages achevés, plutôt que l'instrument sur lequel le poëte composait, effaçait et corrigeait. Sans doute jusqu'à l'introduction générale du stilet et des tablettes de cire, le *multa litura*, ou ce que Pope qualifie du plus noble des arts, « l'art d'effacer », aussi bien que l'autre précepte du critique poétique :

Sæpè stylum vertas, iterùm quæ digna legi sunt Scripturus (1).

« retouchez souvent votre stile, si vous voulez « écrire quelque chose qui soit digne d'être lu, » n'ont pu, si nous en croyons quelques modernes, être au pouvoir des auteurs que néanmoins nous admirons à juste titre comme des modèles de pureté (2); mais cette assertion des modernes est entièrement dépourvue de vraisemblance, ainsi que nous allons le prouver.

(1) *Satyr. lib.* I, *Sat.* 10, vers 72.
(2) *The quarterly review.* p. 145 et 146.

CHAPITRE IV.

DU LANGAGE DES SIGNES.

XX. Pour bien connaître les ressorts et l'usage de la mémoire, il faut examiner le secours qu'elle retire du langage des signes.

On distingue trois sortes de signes : 1° les signes *accidentels*, ou les objets que diverses circonstances particulières ont liés avec quelques-unes de nos idées; en sorte qu'ils sont propres à nous en rappeler le souvenir : 2° les signes *naturels*, ou les cris que la nature a établis pour les sentimens de joie, de crainte, de douleur, etc.... : 3° les signes *d'institution*, ou ceux que nous avons choisis nous mêmes, et qui n'ont qu'un rapport arbitraire avec nos idées.

Ces signes ne sont point (1) nécessaires pour l'exercice des opérations qui précèdent la réminiscence; car la perception et la conscience ne

(1) Essai sur l'origine des connoissances humaines. Amsterdam 1746. I, 65.

peuvent manquer d'avoir lieu (1) tant qu'on est éveillé; et l'attention n'étant que la conscience qui nous avertit plus particulièrement de la présence d'une perception, il suffit, pour l'occasioner, qu'un objet agisse sur les uns avec plus de vivacité que les autres. Jusque-là les signes ne seraient propres qu'à fournir des occasions plus fréquentes d'exciter l'attention.

Mais supposons un homme qui n'ait l'usage d'aucun signe arbitraire. Avec le seul secours des signes accidentels, son imagination et sa réminiscence pourront déjà avoir quelqu'exercice; c'est-à-dire qu'à la vue d'un objet, la perception avec laquelle il est lié pourra se réveiller, et qu'il pourra la reconnaître pour celle qu'il a déjà eue. Il faut cependant observer que cela n'arrivera qu'autant que quelque cause étrangère lui mettra cet objet sous les ieux. Quand l'objet est absent, l'homme que je suppose n'a pas de moyens pour se le rappeler de lui-même, puisqu'il n'a à sa disposition aucune des choses qui pourraient y être liées: il ne dépend donc point de lui de réveiller l'idée qui y est attachée. Ainsi l'exercice de son imagination n'est point encore en son pouvoir.

Quant aux cris naturels, cet homme les formera aussitôt qu'il éprouvera les sentimens auxquels

(1) L'édition des OEuvres de Condillac, Paris 1822. I, 55, dit *ne peuvent avoir lieu*, ce qui est un contresens évident. Il y a plusieurs autres fautes semblables dans cette édition, qui est très-défectueuse.

ils sont affectés; mais ils ne seront pas, dès la première fois, des signes à son égard; puisqu'au lieu
de réveiller en lui des perceptions, ils n'en seront
que des suites.

Lorsqu'il aura souvent éprouvé le même sentiment, et qu'il aura, tout aussi souvent, poussé
le cri qui doit naturellement l'accompagner, l'un
et l'autre se trouveront si vivement liés dans son
imagination, qu'il n'entendra plus le cri sans
éprouver le sentiment en quelque manière. C'est
alors que ce cri deviendra pour lui un signe;
mais ce signe ne donnera de l'exercice à l'imagination de cet homme que (1) quand le hazard
le lui fera entendre. Cet exercice ne sera donc pas
plus à sa disposition que dans le cas précédent.

Il ne faudrait pas m'opposer qu'à la longue il
aurait la faculté d'employer ces cris, pour se retracer à son gré les sentimens qu'ils expriment. C'est
ce qui n'est pas douteux; mais alors ces signes ces-
seraient d'être naturels, puisque j'ai donné ce
nom aux signes dont le caractère est de faire connaître par eux-mêmes, et indépendamment du
choix que nous en avons fait, l'impression que
nous éprouvons, en occasionant quelque chose
de semblable chez les autres. Ce seraient des sons
que cet homme aurait choisis comme nous avons
fait ceux de crainte, de joie, etc. : ainsi il aurait

______

(1) Essai sur l'origine des connoissances humaines. Amsterdam
1746., 67.

l'usage de quelques signes d'institution, ce qui est contraire à la supposition dans laquelle je raisonne actuellement.

La mémoire ne consiste que dans le pouvoir de nous rappeler les signes de nos idées, ou les circonstances qui les ont accompagnées; et ce (1) pouvoir n'a lieu qu'autant que, par l'analogie des signes que nous avons choisis, et par l'ordre que nous avons mis entre nos idées, les objets que nous voulons nous retracer tiennent à quelques-uns de nos besoins présens. Enfin nous ne saurions nous rappeler une chose qu'autant qu'elle est liée, par quelqu'endroit, à quelques-unes de celles qui sont à notre disposition. Or un homme qui n'a que des signes accidentels et des signes naturels n'en a point qui soient à ses ordres. Ses besoins ne peuvent donc occasioner que l'exercice de son imagination, ainsi il doit être sans mémoire (2).

Afin de nous convaincre encore mieux de ce principe très-important pour l'objet qui nous occupe ici, examinons ce qui arrive aux animaux qui n'ont véritablement que des souvenirs, mais non le pouvoir de les recueillir et d'y attacher des signes pour se les représenter au besoin. C'est ce dont nous allons nous convaincre aisément par

____

(1) Essai sur l'origine des connoissances humaines. Amsterdam 1746, I, 68.

(2) *Id.* p. 69.

quelques observations qui découlent naturellement des réflexions précédentes (*a*).

§ I.

De l'instinct des animaux.

XXI. En effet on peut conclure de ces réflexions
que les animaux n'ont point de mémoire, et qu'ils
n'ont qu'une imagination de laquelle ils ne sont
point maîtres de disposer. Ils ne se représentent
une chose absente qu'autant que, dans leur cerveau, l'image en est étroitement liée à un objet
présent. Ce n'est pas la mémoire qui les conduit
dans un lieu où, la veille (1), ils ont trouvé de la
nourriture : mais c'est que le sentiment de la
faim est si fort lié avec les idées de ce lieu et du
chemin qui y mène, que celles-ci se réveillent
aussitôt qu'ils l'éprouvent. Ce n'est pas la mémoire
qui les fait fuir devant d'autres animaux qui leur
font la guerre; mais quelques animaux de leur
espèce ayant été dévorés à leurs ieux, les cris dont
ils ont été frappés à ce spectacle, ont réveillé
dans leur ame des sentimens de douleur dont
ces cris sont les signes naturels, et ils ont fui.
Lorsque ces terribles animaux reparaissent, ils
retracent en eux les mêmes sentimens, parce que

(1) Essai sur l'origine des connoissances humaines. Amsterdam
1746. I , p. 69.

ces sentimens ayant été produits, la première fois, à leur occasion, la liaison en est résultée. Ils reprennent donc encore la fuite.

Quant à ceux qui n'en auraient vu périr aucun de cette manière; on peut, avec fondement, supposer que leur mère, ou quelqu'autre animal de leur espèce, les ont, dans les commencemens, engagés à fuir avec eux, en leur communiquant, par des cris, la (1) frayeur qu'ils conservent, et qui se réveille toujours à la vue de leur ennemi. Si l'on rejette toutes ces suppositions, on n'expliquera point ce qui peut les porter à prendre la fuite.

Peut-être demandera-t-on qui leur a enseigné à reconnaître les cris, signes naturels de la douleur? c'est l'expérience. Il n'y a pas un animal qui n'ait éprouvé la douleur de bonne heure : et qui par conséquent, n'ait eu occasion d'en lier le cri avec le sentiment. On ne doit pas s'imaginer qu'ils ne puissent fuir qu'autant qu'ils auraient une idée précise du péril qui les menace : il suffit que les cris des animaux de leur espèce réveillent en eux le sentiment d'une douleur quelconque.

On voit que si, faute de mémoire, les animaux ne peuvent pas, comme nous, se rappeler d'eux-mêmes, et à leur gré, les perceptions qui sont liées dans leur cerveau, l'imagination y supplée

(1) Essai sur l'origine des connoissances humaines. Amsterdam 1749. I, 70.

parfaitement. Car, en leur retraçant les perceptions (1) mêmes des objets absens, elle les met
dans le cas de se conduire comme s'ils avaient ces
objets sous les ieux; et par là, de pourvoir à leur
conservation plus promtement et plus sûre-
ment que nous ne fesons quelquefois nous-mêmes
avec le secours de la raison. Nous pouvons remarquer en nous quelque chose de semblable
dans les occasions où la réflexion serait trop lente
pour nous faire échapper à un danger. A la vue,
par exemple, d'un corps prêt à nous écraser,
l'imagination nous retrace l'idée de la mort, ou
quelque chose d'approchant; et cette idée nous
porte aussitôt à éviter le coup qui nous menace.
Nous péririons infailliblement si, dans ces momens, nous n'avions que le secours de la mémoire
et de la réflexion.

L'imagination produit même souvent en nous
des effets qui paraîtraient devoir appartenir à la
réflexion la plus présente. Quoique fort occupés
d'une idée, les objets qui nous environnent con-
tinuent (2) d'agir sur nos sens : les perceptions
qu'ils occasionnent en réveillent d'autres auxquelles elles sont liées, et celles-ci déterminent
certains mouvemens dans notre corps. Si toutes
ces choses nous affectent moins vivement que
l'idée qui nous occupe, elles ne peuvent nous en

(1) Essai sur l'origine des connoissances humaines. Amsterdam,
1749. tome I , p. 71.
(2) *Id.* p. 72.

distraire; et par là il arrive que sans réfléchir sur ce que nous fesons, nous agissons de la même manière que si notre conduite était raisonnée. Il n'y a personne qui ne l'ait éprouvé. Un homme traverse Paris, et évite tous les embarras.avec les mêmes précautions que s'il ne pensait qu'à ce qu'il fait. Cependant il est certain qu'il s'occupait de toute autre chose. Bien plus : il arrive même souvent que, quoique notre esprit ne soit point à ce qu'on nous demande, nous y répondons exactement : c'est que les mots qui expriment la question sont liés à ceux qui forment la réponse, et que les derniers déterminent les mouvemens propres à articuler. La liaison des idées est le principe de tous ces phénomènes (1).

Nous connaissons donc par notre expérience, que l'imagination, lors même que nous ne sommes pas maîtres d'en régler l'exercice, suffit pour expliquer des actions qui paraissent raisonnées quoiqu'elles ne le soient pas. C'est pourquoi on a lieu de croire qu'il n'y a point d'autre opération dans les animaux. Quels que soient les faits que l'on en rapporte, les hommes en fourniront d'aussi surprenans, et qui pourront s'expliquer par le principe de la liaison des idées.

En suivant les explications que l'on vient de lire, on se fait une idée nette de ce qu'on appelle

(1) Essai sur l'origine des connoissances humaines. Amsterdam, 1749. p. 73.

l'*instinct*. C'est une imagination qui, à l'occasion d'un objet, réveille les perceptions qui y sont immédiatement liées, et, par ce moyen, dirige, sans le secours de la réflexion, toutes sortes d'animaux (1).

§ II.

Caractère spécial de la mémoire.

XXII. Faute d'avoir connu les analises que je viens de faire, et surtout le principe de la liaison des idées, les philosophes, avant l'abbé de Condillac, qui a très bien développé ce principe, ont été fort embarrassés pour expliquer l'instinct des animaux (2). N'étant pas remontés à l'origine des choses, ils n'ont pu trouver un juste milieu; ils se sont égarés dans les deux extrémités. Les uns ont mis l'instinct à côté ou même au-dessus de la raison : les autres ont rejeté l'instinct et ont pris les animaux pour de purs automates. Ces deux opinions sont également ridicules, pour ne rien dire de plus. La ressemblance qu'il y a entre nous et les autres animaux, nous prouve qu'ils ont une ame; et la différence qui s'y rencontre fait voir qu'elle est inférieure à la nôtre. Les analises pré-

(1) Essai sur l'origine des connoissances humaines. Amsterdam, 1749. p. 74.
(2) *Id. Ibidem.*

cédentes rendent la chose sensible; puisque les opérations de l'ame des autres animaux ou des *bêtes* se bornent à la perception, à la conscience, à l'attention, à la réminiscence, et à une imagination qui n'est point à leur commandement; et que la nôtre a d'autres opérations dont je vais exposer la génération.

Il faut appliquer à la contemplation ce que je viens de dire de l'imagination et de la mémoire, selon (1) qu'on la rapportera à l'une ou à l'autre. Si on la fait consister à conserver les perceptions, elle n'a, avant l'usage des signes d'institution, qu'un exercice qui ne dépend pas de nous; et elle n'en a point du tout, si on la fait consister à conserver les signes mêmes.

Tant que l'imagination, la contemplation et la mémoire n'ont point d'exercice, ou que les deux premières n'en ont qu'un dont on n'est pas maître; on ne peut disposer soi-même de son attention. En effet, comment en disposerait-on, puisque l'ame n'a point encore d'opération à son pouvoir? elle ne va donc d'un objet à l'autre, qu'autant qu'elle est entraînée par la force de l'impression que les choses font sur elles.

Mais aussitôt qu'un homme commence à attacher une idée à des signes que lui même a choisis, on voit se former en lui la mémoire. Celle-ci

____

(1) Essai sur l'origine des connoissances humaines. Amsterdam, 1749. p. 75.

acquise, il commence à disposer par lui-même de son imagination, et à lui donner un nouvel (1) essor. Car, par le secours des signes qu'il peut rappeler à son gré, il réveille, ou du moins il peut réveiller souvent, les idées qui y sont liées. Dans la suite, il acquerra d'autant plus d'empire sur son imagination, qu'il inventera davantage de signes, parce qu'il se procurera un plus grand nombre de moyens pour l'exercer.

Voilà où l'on commence à apercevoir la supériorité de notre ame sur celle des bêtes. Car, d'un côté, il est constant qu'il ne dépend point d'elles d'attacher leurs idées à des signes arbitraires; et, de l'autre, il paraît certain que cette impuissance ne vient pas uniquement de l'organisation. Leur corps n'est-il pas aussi propre au langage d'action que le nôtre? plusieurs d'entr'elles n'ont-elles pas tout ce qu'il faut pour l'articulation des sons? pourquoi donc, si elles étaient capables des mêmes opérations que nous, n'en donneraient-elles pas des preuves?

Ces détails démontrent comment l'usage des différentes sortes de signes (2) concourt aux progrès de l'imagination, de la contemplation et de la mémoire (3). Ce sont ces signes qui composent le langage de la parole, objet du premier

(1) Essai sur l'origine des connoissances humaines. Amsterdam, 1749. p. 76.
(2) *Id.* p. 77.
(3) *Id.* p. 78.

chapitre de ce mémoire. J'ai parlé dans le chapitre précédent de la prosodie des langues; elle a fait naître la musique dont je crois devoir aussi dire un mot ici.

§ III.

De la Musique.

XXIII. Dans l'origine des langues la prosodie étant fort variée, toutes les inflexions de la voix lui étaient naturelles. Le hazard ne pouvait donc manquer d'y amener quelquefois des passages dont l'oreille était flattée; on les remarqua, et l'on se fit une habitude de les répéter. Telle est la première idée qu'on eut de la mélodie.

L'ordre diatonique, c'est-à-dire celui où les sons se succèdent par tons et par demi-tons, paraît aujourd'hui si naturel, qu'on croirait qu'il a été connu le premier : mais si nous trouvons des sons dont (1) les rapports soient beaucoup plus sensibles, nous aurons droit d'en conclure que la succession en a été remarquée auparavant.

Puisqu'il est démontré que la progression par tierce, par quinte et par octave tient immédiatement au principe où l'harmonie prend son origine, c'est-à-dire à la résonnance des corps sonores; et

(1) Essai sur l'origine des connoissances humaines. Amsterdam, 1749. t. II. p. 69.

que l'ordre diatonique s'engendre de cette progression : c'est une conséquence que les rapports
des sons doivent être bien plus sensibles dans la
succession harmonique, que dans l'ordre diatonique. Celui-ci, en s'éloignant du principe de
l'harmonie, ne peut conserver des rapports entre
les sons, qu'autant qu'ils lui sont transmis par la
succession qui l'engendre. Par exemple, *re*, dans
l'ordre diatonique, n'est lié à *ut* que parce que *ut*
re est produit par la progression *ut sol*; et la liaison de ces deux derniers sons naît de l'harmonie
des corps sonores dont ils font partie. L'oreille
confirme ce raisonnement; car elle sent mieux le
rapport des (1) sons *ut*, *mi*, *sol*, *ut*, que celui des
sons *ut*, *re*, *mi*, *fa*. Les intervalles harmoniques
ont donc été remarqués les premiers.

Il y a encore ici des progrès à observer : car
les sons harmoniques formant des intervalles plus
ou moins faciles à entonner, et ayant des rapports plus ou moins sensibles, il n'est pas naturel que ces sons aient été aperçus et saisis aussitôt
les uns que les autres. Il est donc vraisemblable
qu'on n'a eu cette progression entière, *ut*, *mi*, *sol*,
ut, qu'après plusieurs expériences. Celle-là connue, on en fit d'autres sur le même modèle, telles
que *sol*, *si*, *re*, *sol*. Quant à l'ordre diatonique,
on ne le découvrit que peu à peu et après beau-

______

(1) Essai sur l'origine des connoissances humaines. Amsterdam.
1749. p. 70.

coup de tâtonnemens, puisque la génération n'en a été montrée qu'en 1712 par Rameau (1).

Les premiers progrès de cet art ont donc été le fruit d'une (2) longue expérience. On en a multiplié les principes, tant qu'on n'en a pas connu les véritables. Rameau est le premier qui ait vu l'origine de toute l'harmonie dans la résonnance des corps sonores, et qui ait rappelé la théorie de cet art à un seul principe. Les Grecs, dont on vante si fort la musique, ne connaissaient point, non plus que les Romains, la composition à plusieurs parties. Il est cependant vraisemblable qu'ils ont de bonne heure pratiqué quelques accords, soit que le hazard les leur eût fait remarquer, soit qu'en pinçant au même instant deux cordes d'un instrument, ils en eussent senti l'harmonie.

Les progrès de la musique ayant été aussi lents, on fut long-tems avant de songer à la séparer des paroles : elle eût paru tout-à-fait dénuée d'expression. D'ailleurs, la prosodie s'étant saisie de tous les tons que la voix peut former, et ayant seule fourni l'occasion de remarquer leur harmonie, il était naturel (3) de ne regarder la musique que

---

(1) Voyez la génération harmonique de cet auteur dans son Traité de l'harmonie, publié cette année ; et séparément en 1737. L'article Rameau dans la Biographie universelle, par M. de Croix, mérite d'être consulté.

(2) Essai sur l'origine des connoissances humaines. II, 71.

(3) *Id.* p. 72.

comme un art qui pouvait donner plus d'agrément ou plus de force au discours. Voilà l'origine du préjugé des Anciens qui ne voulaient pas qu'on la séparât des paroles. Elle fut, à peu près, à l'égard de ceux chez qui elle prit naissance, ce qu'est la déclamation par rapport à nous : elle apprenait à régler la voix ; au lieu qu'auparavant on la conduisait au hazard. Il devait paraître aussi ridicule de séparer le chant des paroles, qu'il le serait aujourd'hui de séparer de nos vers les sons de notre déclamation.

§ IV.

Du Chant séparé des paroles.

XXIV. Peu à peu la musique se perfectionna : insensiblement elle parvint à égaler l'expression des paroles ; ensuite elle tenta de la surpasser. C'est alors qu'on put s'apercevoir que par elle-même, elle était susceptible de beaucoup d'expression. Il ne devait donc plus paraître ridicule de la séparer des paroles. L'expression que les sons avaient dans la prosodie qui participait du chant, celle qu'ils avaient dans la déclamation (1) qui était chantante, préparaient celle qu'ils devaient avoir lorsqu'ils seraient entendus seuls. Deux rai-

_____

(1) Essai sur l'origine des connoissances humaines, p. 73.

sons assurèrent même le succès à ceux qui, avec quelque talent, s'essayèrent dans ce nouveau genre de musique. La première, c'est que sans doute ils choisissaient les passages auxquels, par l'usage de la déclamation, on était accoutumé d'attacher une certaine expression, ou que, du moins, ils en imaginaient de semblables. La seconde, c'est l'étonnement que, dans sa nouveauté, cette musique ne pouvait manquer de produire. Plus on était surpris, plus on devait se livrer à l'impression qu'elle pouvait occasioner. Aussi vit-on ceux qui étaient moins difficiles à émouvoir, passer successivement, par la force des sons, de la joie à la tristesse, ou même à la fureur. A cette vue, d'autres, qui n'auraient point été remués, le furent presqu'également. Les effets de cette musique devinrent le sujet des conversations, et l'imagination s'échauffait au seul récit qu'on entendait (1) faire. Chacun voulait en juger par lui-même; et les hommes, aimant communément à voir confirmer les choses extraordinaires, venaient entendre cette musique avec les dispositions les plus favorables. Elle répéta donc souvent les mêmes miracles.

Aujourd'hui notre prosodie et notre déclamation sont bien loin de produire les effets que notre musique devrait produire. Le chant n'est pas, à notre égard, un langage aussi familier qu'il l'é-

____

(1) Essai sur l'origine des connoissances humaines. p. 74.

tait pour les Anciens ; et la musique, séparée des paroles, n'a plus cet air de nouveauté qui seul peut beaucoup sur l'imagination. D'ailleurs, au moment où elle s'exécute, nous gardons tout le sang-froid dont nous sommes capables, nous n'aidons point le musicien à nous en retirer, et les sentimens que nous éprouvons naissent uniquement de l'action des sons sur l'oreille. Mais les sentimens de l'ame sont ordinairement si faibles, quand l'imagination ne réagit pas elle-même sur les sens (1), qu'on ne devrait pas être surpris que notre musique ne produisît pas des effets aussi étonnans que celle des Anciens. Il faudrait, pour juger de son pouvoir, en exécuter des morceaux devant des hommes qui auraient beaucoup d'imagination, pour qui elle aurait le mérite de la nouveauté, et dont la déclamation, faite d'après une prosodie qui participerait du chant, serait elle-même chantante. Mais cette expérience serait inutile, si nous étions aussi disposés à admirer les choses qui sont à notre portée, que celles qui sont loin de nous.

Le chant fait pour des paroles est aujourd'hui si différent de notre prononciation ordinaire et de notre déclamation, que l'imagination se prête difficilement à l'illusion de nos tragédies mises en musique. D'un autre côté, les Grecs étaient bien plus sensibles que nous, parce qu'ils avaient l'ima-

---

(1) Essai sur l'origine des connoissances humaines. p. 75.

gination plus vive (1). Enfin les musiciens prenaient les momens les plus favorables pour les émouvoir. Alexandre (2), par exemple, était à table, et, comme le remarque M. Burette (3), il était vraisemblablement échauffé par les fumées du vin, quand une musique propre à inspirer la fureur lui fit prendre ses armes (4). Il est vraisemblable que nous avons des soldats à qui le seul bruit des tambours et des trompettes en ferait faire autant. Ne jugeons donc pas de la musique des Anciens par les effets qu'on lui attribue; mais jugeons-en par les instrumens dont ils avaient l'usage, et l'on aura lieu de présumer qu'elle devait être inférieure à la nôtre.

On peut observer que la musique, séparée des paroles, a été préparée chez les Grecs par des progrès semblables à ceux auxquels les Romains ont dû l'art des pantomimes, et que ces deux arts ont, à leur naissance, causé la même surprise chez ces deux peuples, et produit des effets aussi merveilleux. Cette conformité (5) paraît curieuse et confirme les conjectures précédentes.

On vient de voir que les Grecs avaient l'imagination plus vive que nous : la véritable raison de

---

(1) M. Burette en donne plusieurs exemples dans les Mémoires de l'Académie des Inscriptions, t. V, p. 135 et suivantes.

(2) Essai sur l'origine des connoissances humaines. II, 76.

(3) P. 144 du mémoire ci-dessus cité.

(4) Plutarque, second discours sur la fortune ou la vertu d'Alex.

(5) Essai sur l'origine des connoissances humaines. II. 77.

cette différence ne doit pas être attribuée uniquement au climat. En supposant que celui de la Grèce se fût toujours conservé tel qu'il était, l'imagination de ses habitans devait peu à peu s'affaiblir. On va voir que c'est un effet naturel des changemens qui arrivent au langage.

L'imagination agit bien plus vivement sur des hommes qui n'ont point encore l'usage des signes d'institution : par conséquent, le langage d'action étant immédiatement l'ouvrage de cette imagination, il doit avoir plus de feu. En effet, pour ceux auxquels il est familier, un seul (1) geste équivaut souvent à une longue phrase. Par la même raison, les langues faites sur le modèle de ce langage doivent être les plus vives; et les autres doivent perdre de leur vivacité, à proportion que, s'éloignant davantage de ce modèle, elles en conservent moins le caractère. Or ce que j'ai dit sur la prosodie fait voir que, par cet endroit, la langue grecque se ressentait plus qu'aucune autre des influences du langage d'action, et les inversions qui s'y rencontrent habituellement prouvent que ce n'étaient pas là les seuls effets de cette influence. Cette langue était donc très-propre à exercer l'imagination. La nôtre, au contraire, est si simple dans sa construction et dans sa prosodie, qu'elle demande presqu'uniquement l'exercice de la mémoire. Nous nous contentons, quand

____

(1) Essai sur l'origine des connoissances humaines, p. 78.

nous parlons des choses, d'en rappeler les signes; et nous en réveillons rarement les idées. Ainsi l'imagination, moins souvent remuée, devient naturellement plus difficile à émouvoir. Nous devons donc l'avoir moins vive que les Grecs (1).

La prévention pour la coutume a été, de tout tems, un obstacle au progrès des arts : la musique s'en est surtout ressentie (2). A Lacédémone, où Licurgue avait joint la musique aux exercices militaires (3), il n'était permis de faire aucun changement dans l'ancienne musique. Il arriva que Terpandre, le meilleur joueur de Lire de son tems, qui excellait dans l'art de célébrer les actions héroïques, quoique fort instruit des anciens usages, ajouta une corde à la Lire pour varier les tons. Les Éphores condamnèrent cette nouveauté, et clouèrent sa Lire à un mur; tant on était attaché à la simplicité des accords ! Le musicien Timothée ayant aussi ajouté deux cordes à sa Lire, lorsqu'il disputa le prix aux jeux Carnéens, un des Éphores vint, un couteau à la main, lui demander de quel côté il voulait que fussent coupées les cordes qui excédaient le nombre de sept (4).

On voit par ces faits l'importance que les An-

---

(1) Essai sur l'origine des connoissances humaines. p. 79.

(2) *Id.* p. 80.

(3) Plutarque, apophtegmes des Lacédémoniens, chap. 31.

(4) *Id.* chap. 82. Voyez Athénée, livre xiv, chap. 40, avec la note de Schweighæuser où le décret est rapporté d'après Casaubon.

ciens attachaient à la musique, au chant et même
aux instrumens. Ces signes d'institution étaient
en effet destinés à perfectionner le premier de
tous, qui était le langage. Mais tous deux ne suf-
fisaient pas pour conserver la mémoire des événemens passés. L'écriture était absolument nécessaire, non-seulement pour l'histoire, mais pour
la composition de tous les ouvrages où la connaissance des faits était indispensable, et, par
conséquent, pour la composition des poëmes
épiques (*a*).

CHAPITRE V.

INVENTION DE L'ÉCRITURE.

XXV. Les hommes, rassemblés en familles, s'étaient communiqué leurs pensées par des gestes, par des sons et par l'usage de la parole et du chant, comme on l'a vu dans les chapitres précédens. Bientôt ils sentirent la nécessité d'imaginer de nouveaux signes propres à conserver le souvenir de certains faits et à les faire connaître à des personnes absentes (1). Telle fut l'origine de l'écriture, véritable source de toutes les sciences historiques, et même de toutes nos connaissances. Ce fut par ce moyen qu'ils se rappelèrent à eux-mêmes l'invention des arts utiles qu'ils craignaient d'oublier, et les vertus des grands hommes qu'ils voulaient transmettre à leur postérité comme des exemples encore vivans. Au moyen des bois, des pierres, des marbres et des métaux, ils tracèrent quelques signes de convention qui représentaient les objets ou qui en étaient l'em-

(1) Essai sur l'origine des connoissances humaines. sect. II. c. 13.

blême. C'est ce que nous appelons *l'écriture des pensées*, bien différente de *l'écriture des sons*, puisque celle-ci se prononce et que l'autre ne peut pas s'articuler (1).

L'imagination ne représenta aux hommes que les mêmes images qu'ils avaient déjà exprimées par des actions et par des mots, et qui avaient, dès le commencement, rendu le langage métaphorique et figuré. Le moyen le plus naturel fut donc de dessiner les images des choses. Pour exprimer l'idée d'un homme ou d'un cheval, on représenta la forme de l'un ou l'autre, et le premier essai de l'écriture ne fut qu'une simple peinture.

C'est vraisemblablement à la nécessité de tracer ainsi nos pensées que la peinture doit son origine, et cette nécessité concourut sans doute à conserver le langage d'action, comme celui qui pouvait se peindre le plus aisément (2).

L'écriture des pensées signifiait donc, au lieu de sons, un ensemble d'objets, une action, un événement avec toutes ses circonstances, quelquefois même, au moyen de certaines nuances, le jugement qu'on en devait porter (3).

Malgré les inconvéniens qui naissaient de cette méthode, les peuples les plus polis de l'Amérique

(1) Dictionnaire raisonné de diplomatique, par Dom de Vaines. Paris 1774, art. Écritures. I. 412 et 413.

(2) Essai sur les connoissances humaines. Sect. II, chap. 13.

(3) Dictionnaire de diplomatique, art. Écritures.

n'en avaient pas su inventer de meilleure. Les sauvages du Canada n'en ont pas d'autre. Les Mexicains l'employaient encore quand ils furent conquis par les Espagnols.

Les Égiptiens, plus ingénieux, ont été les premiers (1) à se servir d'une voie plus abrégée à laquelle on a donné le nom d'hiérogliphes. Les hiérogliphes se distinguent en propres et simboliques. Les propres se subdivisent en curiologiques et en tropiques. Les *curiologiques* substituaient une partie au tout, et les *tropiques* représentaient une chose par une autre qui avait avec elle quelque ressemblance ou analogie connue. Les unes et les autres servaient à divulguer. Les hiérogliphes simboliques servaient à tenir caché; on les distinguait aussi en deux espèces, en *tropiques* et en *énigmatiques*. Pour former les simboles tropiques, on employait les propriétés les moins connues des choses, et les énigmatiques étaient composées du mistérieux assemblage de choses différentes et de parties de divers animaux (2).

On peut donc classer les écritures de pensées en cinq espèces, dont la première et la plus simple était *hiérogliphique représentative:* voulait-on faire concevoir l'idée d'une montagne,

______

(1) Peut-être cependant ont-ils été précédés par les Éthiopiens, comme on le verra dans le chap. suivant.

(2) Voyez l'essai sur les Hiéroglyphes par Warburton, § 20 et suivans.

d'un fleuve, d'un arbre ? on peignait ces objets. Celle-ci, ainsi que la suivante, ne pouvait s'exercer que sur les choses matérielles.

L'autre était *hiérogliphique imitative :* ainsi un cercle signifiait le soleil ; un croissant, la lune, en quelqu'état qu'elle se trouvât.

Les notations chronologiques peuvent être placées dans cette classe. Or M. Champollion affirme que ces notations ont été employées dans le dix-neuvième siècle avant notre ère, telles qu'elles l'ont été depuis ; et il le prouve par des monumens encore existans.

Une troisième écriture était *simbolique* et *emblématique* ou *allégorique.* On s'en est servi de trois manières, qui, à consulter la nature de la chose, paraissent avoir été trouvées par dégrés et dans trois tems différens. La première consistait à employer la principale circonstance d'un sujet pour tenir lieu du tout. Deux mains, par exemple, dont l'une tenait un bouclier et l'autre un arc, représentaient une bataille. La seconde, imaginée avec plus d'art, consistait à substituer l'instrument réel ou métaphorique de la chose à la chose même. Ainsi le soleil annonçait la divinité ; l'œil peignait un monarque ; une épée représentait un tiran ; un œil, placé d'une manière éminente, était destiné à peindre la science infinie de Dieu ; une sauterelle, animal que l'on croyait alors sans bouche, représentait une personne initiée dans les mistères et obligée au secret. Enfin, on fit plus : on se servit, pour représenter une chose, d'une autre où l'on voyait quelque ressemblance ou quelqu'analogie ; et ce fut la troisième manière d'employer cette écriture. L'univers, par exemple, était représenté par un serpent, et la bigarrure de ses taches désignait les étoiles (1).

La quatrième écriture était purement *énigmatique*. Le premier objet de ceux qui avaient imaginé les hiérogliphes, était de conserver la mémoire des événemens, et de faire connaître les lois, les réglemens, et tout ce qui avait rapport aux matières civiles. On avait donc eu soin, dans les commencemens, de n'employer que les figures dont l'analogie était le plus à la portée de tout le monde : mais cette méthode fit donner dans le raffinement, à mesure que les philosophes s'appliquèrent aux matières de spéculation. Aussitôt qu'ils crurent avoir découvert dans les choses des qualités plus abstruses, quelques-uns, soit par singularité, soit pour cacher leurs connaissances au vulgaire, se plurent à choisir pour caractères des figures dont le rapport aux choses qu'ils voulaient exprimer n'était point connu. Pendant quelque tems ils se bornèrent aux figures dont la nature offre des modèles ; mais par la suite elles ne leur parurent ni suffisantes ni assez commodes pour le grand nombre d'idées que

(1) Essai sur les connoissances humaines. Sect. II, chap. 13.

leur imagination leur fournissait. Ils formèrent donc leurs hiérogliphes de l'assemblage mistérieux de choses différentes, ou de parties de divers animaux : ce qui les rendit tout-à-fait énigmatiques.

Enfin l'usage d'exprimer les pensées par des figures analogues, et le dessein d'en faire quelquefois un secret et un mistère, engagea à représenter les modes mêmes des substances par des images sensibles ; c'est ce qui fit naître la cinquième écriture appelée *hiérogliphique caractéristique*. On exprima la franchise par un lièvre ; l'impureté, par un bouc sauvage ; l'impudence par une mouche ; l'impudence jointe à la cruauté par l'hippopotame ; la science, par une fourmi, etc.; en un mot on imagina des marques simboliques pour toutes les choses qui n'ont point de forme. On se contenta, dans ces occasions, d'un rapport quelconque : c'est la manière dont on avait déjà procédé en donnant des noms aux idées qui s'éloignaient des sens (1).

Cette écriture des pensées en général a été fort en vogue chez les Égiptiens et chez les Chinois : elle l'est encore chez ces derniers ; ils ont même des caractères arbitraires qui dénotent des pensées, sans signifier en même tems des mots (2).

—

(1) Essai sur les connoissances humaines. Sect. II, chap. 13.
(2) Dictionnaire raisonné de diplomatique, par Dom de Vaines. Paris 1774, art. Écritures. I, 412 et 413.

§ I.

De l'Écriture des sons.

XXVI. Tant que l'écriture des pensées a été seule en usage, l'animal, ou la chose qui servait à représenter les idées, avait été dessiné au naturel. Mais lorsque l'étude de la philosophie, qui avait occasioné l'écriture simbolique, eut porté les Savans d'Égipte à écrire beaucoup sur divers sujets, ce dessin exact, multipliant trop les volumes, parut ennuyeux. On se servit donc, par dégrés, d'un autre caractère, que nous pouvons appeler l'écriture courante des hiérogliphes. Il ressemblait aux caractères chinois ; et après avoir d'abord été formé du seul contour de la figure, il devint à la longue une sorte de marque. L'effet naturel que produisait cette écriture courante, fut de diminuer beaucoup de l'attention que l'on donnait au simbole, et de la fixer à la chose signifiée. Par ce moyen, l'étude de l'écriture simbolique se trouva fort abrégée, n'y ayant alors presque autre chose à faire qu'à se rappeler le pouvoir de la marque simbolique ; au lieu qu'auparavant il fallait être instruit des propriétés de la chose ou de l'animal qui était employé comme simbole. En un mot, cela réduisit cette sorte d'écriture à l'état où est présentement celle des Chinois (1).

Ces caractères ayant essuyé autant de variations, il n'était pas aisé de reconnaître comment ils provenaient d'une écriture qui n'avait été qu'une simple peinture. C'est pourquoi quelques Savans sont tombés dans l'erreur de croire que l'écriture des Chinois n'a pas commencé comme celle des Égiptiens.

Voilà l'histoire générale de l'écriture, conduite par une gradation simple, depuis l'état de la peinture jusqu'à celui de la lettre ; car les lettres sont les derniers pas qui restent à faire après les marques chinoises, qui, d'un côté, participent de la nature des hiérogliphes égiptiens, et, de l'autre, participent des lettres, précisément de même que les hiérogliphes participaient des peintures mexicaines et des caractères chinois. Ces caractères sont si voisins de notre écriture, qu'un alfabet diminue simplement l'embarras de leur nombre, et en est l'abrégé succinct (2). La difficulté d'exprimer une infinité de pensées intellectuelles et métaphisiques a fait inventer *l'écriture des sons*. Au lieu d'une infinité de traits et de caractères qui, étant isolés, avaient un sens déterminé et fort étendu, on se restreignit à vingt-quatre, ou

____

(1) Voyez les élémens de la grammaire chinoise , par M. Abel-Rémusat, p. 1, où les caractères peints et les caractères figurés sont représentés.

(2) Essai sur l'origine des connoissances humaines. Sect. II , c. 13.

à peu près, de ces signes, auxquels on donna un son de convention ; puis, par les divers assemblages et les différentes combinaisons de ces caractères sonores rapprochés, on forma premièrement des mots univoques ou monosillabiques, expressifs pourtant eux-mêmes, mais qui furent ensuite les racines de plusieurs autres mots composés de ces monosillabes. Les uns et les autres servirent à représenter les pensées et à les différencier selon leur dégré de ressemblance, d'analogie ou de disparité. Telle est la marche graduelle de l'esprit humain dans l'invention de l'écriture (1).

Nous avons quelque peine à bien comprendre cette dernière invention dans celles de nos langues modernes qui en ont perdu les avantages parce qu'elles sont dérivées du latin. Si la langue française est préférable à toutes les autres à cause de sa clarté, de sa précision et de son élégance, dit très-bien un auteur moderne, quoiqu'allemand (2) ; si la langue espagnole se distingue par sa pompe et sa magnificence, et l'italienne par son harmonie, la langue allemande ou teutonique a un caractère qui lui est propre et qui, sous ce rapport, la place au-dessus de toutes celles qui dérivent du latin. Dans ces dernières, tous les

(1) Dictionnaire raisonné de diplomatique, par Dom de Vaines. Paris 1774, art. Écritures. I, 414.

(2) M. Schœll, Cours d'histoire des États européens. I, 247.

mots semblent avoir reçu du hazard ou du caprice de ceux qui les ont employés les premiers, la signification qui leur est propre, de manière que, pour le vulgaire qui ne sait pas le latin, il n'existe pas de raison, autre que le hazard, pour que le mot *révolution*, par exemple, ait été destiné à exprimer le mouvement d'une planète, plutôt que le mot *contribution*. Il n'en était pas ainsi pour le Romain, de qui nous avons emprunté ces termes. A mesure qu'il prononçait ces mots : *re-volu-tio* et *con-tribu-tio*, chacune de leurs sillabes fesait naître dans l'ame de celui qui l'écoutait une idée particulière, quoiqu'imparfaite, et la réunion de toutes ces idées, pour ainsi dire, partielles, formait l'idée parfaite et composée qui devait être exprimée. Ainsi *re-volu-tio* signifiait une action (*tio*) par laquelle un certain objet fait un mouvement de rotation (*volu*), au moyen duquel il revient au point d'où il est parti (*re*). *Con-tribu-tio* exprimait l'idée d'une action (*tio*) par laquelle plusieurs se réunissent (*con*) pour prendre part à une certaine dépense (*tribu*). On peut consulter sur ces étimologies un dictionnaire latin-anglais, sous le titre de *Stemmata latinitatis* (1). Les deux origines dont je viens de parler y sont rapportées aux mots *volvo* et *tribus*, dont ils dérivent.

_____

(1) *By* Nicolas Salmon. *London*, 1796.

§ II.

Originalité de la langue allemande.

XXVII. La langue allemande possède le même avantage que la langue latine, mais à un dégré bien supérieur : toutes ses racines sont monosillabiques ; chaque sillabe de plus, ajoutée à la fin du mot, est tantôt un simple crément qui indique un rapport de déclinaison ou de conjugaison ; tantôt elle exprime une modification qui fait prendre à l'idée radicale le caractère d'une action ou d'une qualité, ou désigne l'instrument de l'action, ou la cause de la qualité, et qui fait paraître alternativement le mot comme substantif, adjectif, adverbe ou verbe. Un grand nombre de particules ajoutées au commencement de la sillabe radicale, modifient aussi l'expression. La réunion de plusieurs racines exprime une idée composée (1).

Tout est significatif dans cette langue, qui est éminemment parlante. Chacune des sillabes dont ces mots se composent a une signification qui modifie celle des autres. Un mot tel que le français *plantation* n'aurait pu y entrer, parce qu'au-

(1) Cours d'histoire des États européens, par Max. Samson Fréd. Schœll. Paris 1830. I, 248.

cune des trois sillabes *plan-ta-tion* ne dit rien à l'imagination de l'Allemand (1). Il se sert, pour exprimer la même idée, d'*an-pflanz-ung*, dont la dernière sillabe exprime une action, la seconde, le genre de cette action, et la première, ses circonstances.

Chaque syllabe ayant sa signification particulière, il est impossible que l'Allemand ne soit pas frappé de la différence de valeur qui existe entre les significations respectives des sillabes (2). Dans le mot qui nous sert d'exemple, la sillabe radicale *pflanz* joue un rôle bien plus important que les sillabes *an* et *ung*, qui n'ont d'autre objet que de déterminer l'emploi de cette racine. Pour rendre sensible cette différence de valeur, l'Allemand appuie bien plus long-tems sur la seconde sillabe qui, elle seule, est si importante, que les deux autres ne reçoivent leur signification que de leur combinaison avec elle, et que, séparées d'elle, elles deviennent des sons vagues.

Le mot *anpflanzung* est susceptible d'un plus grand perfectionnement. Pour exprimer l'idée d'une plantation de bois, l'Allemand réunira le bois au terme plantation, et dira *holzanpflanzung*. Par ce mot composé, l'idée vague d'une plantation quelconque a été particularisée; nous sa-

____

(1) Il dérive évidemment du Latin *planta-tio* (action de planter), mot employé dans Pline.

(2) Cours d'histoire des états Européens, p. 249.

vons qu'on a planté des arbres. En examinant ce mot philosophiquement, nous ne trouvons pas que la valeur relative des syllabes ait changé; dans *anpflanzung*, comme dans *holzanpflanzung*, l'idée principale est toujours exprimée par la racine *pflanz* ; seulement de générale elle est devenue particulière par la sillabe *holz*, qui nous dit que la plantation a eu pour objet de faire venir du bois ou une forêt. Mais, dans la logique de celui qui parle allemand, les rôles des sillabes ont changé; la sillabe *holz*, en déterminant le genre de la plantation, est devenue plus importante que la racine même, et il exprime ce nouveau rapport en transportant sur la sillabe *holz* l'importance qu'il donnait à celle de *pflanz* ; il dira en conséquence : Holz-*an-pflanz-ung*, s'arrêtant sur la première sillabe, glissant rapidement sur les trois autres.

La langue allemande, par le moyen de son accent, a de plus l'avantage d'être un instrument très-mobile, dont l'emploi varie sous la langue de celui qui s'en sert. En prononçant un mot de plusieurs sillabes, l'Allemand peut à son gré changer les valeurs respectives des sillabes (1). Trois mots composés, ayant la même racine, nous serviront d'exemple.

Du mot *buch*, livre, et des trois verbes *binden, halten, handeln*, lier, tenir, fabriquer, on for-

____

(1) Cours d'histoire des États européens, p. 249.

mera les trois mots composés *buchbinder, buch-halter, buchhaendler*, relieur, teneur de livres, libraire. Dans tous les trois, la sillabe *buch*, qui détermine l'objet du verbe, et qui exprime ce que l'un *relie*, l'autre *tient*, et le troisième *vend*, ce sont des livres, est frappée de l'accent, et l'on dit : Buch*binder*, Buch*halter*, Buch*haendler*. Mais supposons qu'un étranger, trompé par la ressemblance des trois mots, propose à un teneur de livres, ou à un libraire, de lui relier quelques volumes ; il recevra cette réponse : Je suis bien teneur de livres, ou je suis bien libraire, mais je ne suis pas relieur. Le teneur de livres ou le libraire exprimera cette idée en changeant l'accent du mot, qui indique son état, et il dira : *Ich bin wohl buchhalter*, ou *buch haend ler* ; mais je ne suis pas *buch binder* (1).

J'ai cru devoir entrer dans tous ces détails sur une langue moderne, afin de mieux faire comprendre les langues et les écritures anciennes (*a*).

§ III.

Des Langues et des Écritures anciennes.

XXVIII. Si l'on a bien entendu ce qui a été dit dans l'article précédent sur la langue allemande, il sera facile de comprendre ce qu'étaient les lan-

(1) Cours d'histoire des États européens, p. 251.

gues anciennes et leurs écritures. Les idées primitives étaient exprimées par un monosillabe dans l'écriture des sons ou *phonétique*, et par un signe représentatif dans l'écriture des pensées ou *hiérogliphique*. C'est pour cela que, dans l'écriture chinoise, il y a deux cent quatorze clés (1), ou caractères primitifs, ou même un plus petit nombre, si l'on observe que, de ces deux cent quatorze radicaux, il n'y en a que six composés d'un seul trait, vingt-trois composés de deux traits, trente-un de trois traits, et ainsi de suite jusqu'au dernier ou deux cent quatorzième radical, qui est composé de dix-sept traits (2).

Quel que soit le nombre des traits, chaque caractère n'est énoncé que par un monosillabe qui en donne la signification. Ces expressions monosillabiques forment leur écriture phonétique. Ces deux écritures ont donc une analogie qui, dans leur origine, a dû être exacte, et qui s'est dénaturée avec le tems. Les peuples qui employaient l'une de ces écritures, pouvaient aisément comprendre et employer l'autre. J'ai fait voir dans l'article précédent que l'écriture phonétique avait succédé à l'écriture hiérogliphique, et la première est en effet dérivée de la seconde.

L'écriture hiérogliphique des Égiptiens était

(1) On en trouvera le tableau dans la grammaire chinoise de M. Abel-Remusat, entre les pages 10 et 11.
(2) Voyez cette grammaire, p. 11 — 21.

figurative et conséquemment irrégulière : mais l'écriture hiérogliphique régulière, comme celle des Chinois, est formée par deux cent quatorze signes simples dont l'agglomération de deux, trois, et même six ou huit signes, modifiée par des traits, compose jusqu'à quatre-vingt mille caractères, et représente conséquemment quatre-vingt mille idées.

L'écriture phonétique régulière, comme dans la langue allemande et dans la langue grecque, se forme par environ deux cents monosillabes dont l'aggrégation compose de huit à dix mille mots.

L'écriture des sons ou des mots est ainsi le signe auditif de l'écriture des pensées. Mais celle-ci est très-supérieure à l'autre. Il est fâcheux que la langue chinoise ne réunisse pas les deux avantages. Il serait curieux d'essayer de traduire les caractères primitifs chinois par des monosillabes allemands ou grecs et de former ainsi des aggrégations de mots allemands ou grecs par le moyen des caractères chinois composés.

On voit que l'avantage qu'a la langue allemande lui est commun avec la langue grecque et les langues plus anciennes (a).

Il n'est pas facile de connaître à qui l'invention de l'écriture appartient primitivement. Cependant on peut dire que de toutes les écritures alfabétiques, l'éthiopiène, la caldaïque, l'égiptiène et la samaritaine ou phéniciène, sont les seules qui

puissent entrer en lice pour disputer l'antiquité (1).

On est d'accord que l'alfabet arabe actuel n'est
autre chose dans son origine que l'alfabet siriaque,
introduit à la Mecke et à Médine dans le VIe siècle
de notre ère ; on convient encore que le siriaque
d'alors n'était qu'une altération ou une variété
du *babilonien* ou *caldéen* qui est notre hébreu
actuel ; et que, plus anciennement, les uns et les
autres ne furent que l'altération du *phénicien*,
représenté par le caractère dit *samaritain*, lequel
a été l'hébreu primitif dont s'est servi Moïse, et
dont l'usage a subsisté comme national jusqu'à la
captivité des Juifs à Babilone (2). Voyez le *Tal-
mud de Babilone*, traité sanhédrin chapitre II,
qui désigne le samaritain, par *Khetab Ibri* (3) (écriture Ibri, que nous appelons Hébraïque), et l'hébreu par *Khétab Assiri* (4), écriture des Assiriens.
Voici la traduction de ce passage :

« *Mar-Zuthra*, et selon d'autres, *Mar-Ukba*,
« dit : Au commencement, Dieu donna aux Israë-
« lites la loi dans l'écriture *Ibri* et dans la langue
« sainte ; ensuite il a donné pour la seconde fois
« cette même loi, du tems d'Esdras, en écriture
« assiriène et en langue araméène. Les Israëlites

----

(1) Dictionnaire raisonné de diplomatique. 1, 414 et 415.
(2) OEuvres complètes de Volney. Paris 1821, VIII, 363.
כתב עברי. (3)
כתב אשורי. (4)

« ont choisi pour eux l'écriture assiriène et la
« langue sainte ; et ils ont laissé aux ignorans l'é-
« criture Ibri et la langue araméène. Quels sont
« ces ignorans ? Rabbin Hasdai dit : Ce sont les
« Samaritains (1). »

Voyez aussi Azarias de Rubeïs, Méor-Anaïm,
chapitre LVI, page 178 *recto* de *l'édition* de Man-
toue, 1574, in-4°.

§ IV.

La langue hébraïque est celle que l'on parlait au-
delà ou sur la rive droite de l'Euphrates.

XXIX. Plusieurs ont cru qu'Héber étant un des
aïeux des Hébreux, c'était de lui qu'Abraham et,
après lui, ses descendans, avaient été appelés *Hé-*
breux ; mais il y a beaucoup plus d'apparence
que le nom d'*Hébreux* a été donné à Abraham et
à sa race, parce qu'ils étaient venus dans la terre
de Chanaan, de delà l'Euphrates ; en sorte que
Hebræus ne voudrait dire autre chose, dans son
origine, qu'un homme venu de delà l'Euphrates.
Heber ou *Ibri*, en hébreu, signifie *au-delà*, ou

______

(1) ‏אמר מר זוטרא איתימא מר עוקבא . בתחלה נתב תורה‎
‏לישראל בכתב עברי ולשון הקדש חזרה ונתנה להם בימי עזרא‎
‏בכתב אשורי ולשון ארמי . וברדו להם לישראל כתב אשורי ולשון‎
‏הקדש . והניחו להדיוטות כתב עברי ולשון ארמי : מאן הדיותות‎
‏אמר רב חסדאי כותאי (שמרונים) :‎

simplement le passage. Pourquoi Abraham, qui n'est que le sixième depuis Héber, aurait-il pris son nom de ce patriarche plutôt que d'un autre de ses aïeux? pourquoi ne le pas prendre plutôt de Sem, par exemple, qui est qualifié par Moïse père de tous les enfans d'Héber, ou de delà l'Euphrates, que d'Héber, dont la vie n'est relevée par aucune circonstance dans la Bible? La première fois qu'Abraham est nommé Hébreu (1), c'est environ dix ans depuis qu'il fut arrivé dans la terre de Chanaan, et à l'occasion de la guerre de Codorlahomor et de ses alliés. Les Septante et Aquila traduisent l'hébreu *hébéri* par *pératès* ou *péraïtès*, qui signifie un passager, un homme de delà le fleuve. Si l'on veut approfondir cette question, on peut lire les Prolégomènes de Walton, et les autres livres que l'on a écrits sur cette matière, ainsi que le commentaire de Dom Calmet sur la Genèse (2).

Les commentateurs anciens et modernes ont encore été partagés sur cette question, dans le cas où la langue hébraïque tirerait son nom d'Héber, si, à la confusion des langues arrivée à Babel, elle demeura dans la famille d'Héber et de ses descendans. La confusion des langues ayant été considérée comme la punition de la témérité de ceux qui entreprirent de bâtir cette tour, il

(1) Genèse XIV, 13.
(2) Chapitre X, verset 24.

semble qu'on a raison de présumer que la race d'Héber, qui était dès lors destinée par Dieu pour être la souche de la race sainte et la dépositaire de la vraie religion, observe Dom Calmet, n'eut point de part à cette entreprise, ni, par conséquent, à la peine qu'elle mérita.

On répond à cela deux choses : 1.° qu'on n'a aucune preuve que la famille d'Héber n'ait pas eu de part à la construction de la tour de Babel ; et 2.° qu'il est indubitable que la langue hébraïque a été commune à des peuples qui n'avaient aucune liaison avec la famille d'Héber ; par exemple, les Phéniciens ou Chananéens, les Siriens, les Philistins qui, du tems d'Abraham, parlaient hébreu, ou une langue très-peu différente de l'hébraïque. On ne peut donc pas dire que cette langue soit demeurée dans la seule famille d'Héber.

Mais, dira-t-on, d'où vient donc qu'on l'appelle langue hébraïque ? est-ce à cause qu'on la parlait au-delà de l'Euphrates ? Nous avons dit plus haut qu'Abraham avait reçu le nom d'Hébreu, parce qu'il venait de delà le fleuve. Je réponds donc 1.° qu'en effet il y a beaucoup d'apparence qu'on parlait cette langue dans (1) la Caldée et la Mésopotamie, du tems d'Abraham, puisque ce patriarche, en entrant dans la terre des Chananéens, n'eut pas la moindre peine à se faire en-

______

(1) Dictionnaire historique de la bible par Dom Calmet. Genéve. 1730. II, 550.

tendre et à comprendre la langue du pays; et lorsque Jacob alla de la terre de Chanaan en Mésopotamie, il parla, entendit, et se fit entendre sans truchement. Ses deux femmes, Rachel et Liah, donnent à leurs enfans des noms hébreux. Il n'est donc pas hors d'apparence que le nom de langue *hébraïque* vient de ce qu'on la parlait au-delà de l'Euphrates.

Mais, comme on la parlait aussi en deçà de ce fleuve, et que même on l'y parla plus long-tems et plus purement que dans la Caldée et la Mésopotamie, ainsi qu'on le prouve, parce que Jacob et Laban, ayant érigé un monument sur le mont de Galaad, lui donnèrent chacun un nom différent selon l'usage de leur langue (1): cela prouve que dès-lors la langue siriaque n'était pas la langue hébraïque ou phénicienne; au lieu que jusqu'au règne des Grecs, la langue hébraïque, chananéène ou phéniciène, et celle des Philistins et des Samaritains, subsistaient dans toute leur pureté en Palestine. Il semblerait donc que le nom de langue hébraïque vient plutôt des Hébreux descendans d'Abraham que des peuples de delà l'Euphrates, dont la plupart ne descendaient pas d'Héber.

Au reste, il ne faut pas s'imaginer que la langue connue sous le nom d'Hébraïque ait été ordinairment ainsi appelée chez les profanes : ils la con-

______

(1) Genèse, XXXI, 47.

naissaient sous le nom de phénicienne, siriaque, punique, ou langue des Juifs. Elle n'est devenue si célèbre parmi nous, sous le nom de langue hébraïque et de langue sainte, que parce que c'est l'idiôme dans lequel sont écrits les livres de l'Ancien Testament. L'écriture même qui passe aujourd'hui pour la vraie et l'ancienne écriture hébraïque, est plutôt l'écriture caldéenne. Les vrais caractères hébreux ou phéniciens ne se sont conservés que sur les médailles et dans le Pentateuque des Samaritains (1).

On voit que les peuples en deçà de l'Euphrates sont ceux qui habitaient la rive gauche de ce fleuve, et conséquemment la Mésopotamie et l'Assirie, ou les deux rives du Tigre, tandis que ceux qui habitaient au-delà de l'Euphrates étaient les habitans de la Sirie et de la Palestine ainsi que les Arabes (a).

Les Samaritains, en tant qu'ils habitaient la ville de Samarie, capitale des dix tribus, étaient donc au delà de l'Euphrates ; mais les auteurs sacrés ne donnent communément ce nom qu'à ces peuples étrangers que les rois d'Assirie envoyèrent de delà l'Euphrates, lorsqu'ils en eurent emmené captifs les Israélites qui y habitaient auparavant(2). Salmanasar, qui les emmena, leur assigna des

(1) **Dictionnaire de la Bible par Dom Calmet. Genève, 1730.** II, 551.

(2) *Id.* IV, 65.

terres au-delà de l'Euphrates et dans l'Assirie, pour y demeurer. Les étrangers, par le moyen desquels il repeupla Samarie, étaient pour la plupart des Chutéens, peuples descendus de Chus, et qui sont vraisemblablement du nombre de ceux que les Anciens ont connus sous le nom de Scithes (1).

(1) Dictionnaire de la Bible par Dom Calmet. Genève, 1730. tome IV p. 66.

CHAPITRE VI.

ANCIENNETÉ DE L'ÉCRITURE.

XXX. L'art d'écrire est une invention très-utile et très-ancienne, qui a cela de commun avec l'établissement des plus grands empires, que les commencemens en sont généralement incertains. Ce n'est pas qu'on n'ait sur ce sujet un grand nombre d'ouvrages, de traités, de dissertations : mais c'est cela même qui prouve l'incertitude où l'on est sur cette question ; car les Savans n'écrivent jamais tant que sur les matières qu'ils connaissent le moins. On peut donc, si on le juge à propos, consulter, entre beaucoup d'autres, Polydore Virgile, *de rerum Inventoribus, lib.* I, *cap.* 6; Athanase Kircher, *in Œdipo Ægyptiaco*, tome II, class. II, chap. 1; Thomas Bangius; *in Cœlo orientis, Exercitat.* 1; Joseph Scaliger, *in Animadversionibus in chronolog. Eusebii, pag. m.* 109; Samuel Bochart, *Chanaan, lib.* I, *cap.* 20; Étienne Morin, *de linguâ primævâ, Exercitat.* 2; *de Literis ;* Gaspard Schott, *Mirabilium lib.* VII, *cap.* 7, *de scriptoriæ artis Inventione ;* Jean-Henri Heidegger, *Histor. Patriarcharum*, tome I (1),

____

(1) Conjectures sur les mémoires originaux etc., Bruxelles, 1753. p. 280.

Exercitat. 16 ; Herman Hugo, *de primâ scribendi Origine ;* Pierre Holm, *Disputatione de scripturâ et scriptione, in analectis Thomæ Crenii* (1) ; et surtout : *Joh. Nicolai Funccii Marburgensis de scripturâ veterum commentatio, Marburgi et Riutelii,* 1743 (a). Il suffit d'indiquer ces auteurs et ces ouvrages : ce serait une grande et pénible entreprise que de vouloir les compiler. Je remarquerai seulement qu'il en résulte :

1° Qu'on est extrêmement partagé sur l'origine des lettres, et sur ceux à qui nous avons obligation de leur invention ;

2° Que quelques-uns en font honneur à Moïse, comme saint Cirille d'Alexandrie (2), Eupolème, cité par Clément d'Alexandrie (3) et par Eusèbe (4); enfin Isidore de Séville (5); mais ce dernier n'attribue à Moïse que l'invention des lettres hébraïques (a);

3° Que selon d'autres les lettres ont été inventées par Abraham, comme Philon et Suidas au mot Ἀϐραὰμ ; et d'autres par Seth, comme Flavius Joseph au premier livre de ses Antiquités Judaïques, chapitre 4, et Suidas lui-même au mot Σήθ ; selon Isidore de Séville, Abraham inventa

(1) Conjectures sur les mémoires originaux etc., Bruxelles, 1753. p. 281.

(2) *Lib.* VII *contrà Julianum.*

(3) *Lib. I Stromatum, cap.* 23.

(4) *Præparat. evangelicæ lib.* IX, *cap.* 7.

(5) *Origin. lib. I, cap.* 3. J'ai donné la traduction de ce chapitre dans la Bibliographie alfabétique, p. 132.

les lettres siriennes et caldéennes, qui, ajoute-t-il, s'accordent avec les hébraïques par le nombre et par le son, et n'en diffèrent que par la forme ;

4° Mais que l'opinion la plus commune a toujours été que les lettres avaient été connues d'Adam, et ce (1) sentiment a été suivi par saint Augustin (2); par Suidas, très-inconstant dans son opinion, ou plutôt simple compilateur sans critique, au mot Ἀδὰμ; et l'était encore dans le dernier siècle par la foule des commentateurs et des critiques (3). L'ouvrage que les Sabiens disent composé par Adam subsiste encore aujourd'hui. On dit que le caractère des lettres est tout-à-fait extraordinaire (4).

On voit par là que tous ceux qui attribuent l'invention des lettres à Abraham, à Seth, à Adam, regardent l'art d'écrire comme plus ancien que Moïse. S'il ne fallait donc que compter les suffrages, la question serait bientôt décidée contre ceux qui en font honneur au législateur des Juifs. Mais ne comptons pas les opinions

______

(1) *Conjectures sur les mémoires originaux*, etc. p. 283.

(2) *Questione LXIX super exodum.*

(3) *Conjectures*, etc., p. 284.

(4) Dictionnaire de la Bible, par Dom Calmet. Genève 1730, art. lettres. Voyez Jean Albert Fabricius *in codice pseudepigrapho veteris testamenti*. Ce livre a été publié par Mathias Norberg en 1815 et 1816. Adam ne peut l'avoir composé. Voyez un art. du Journal des Savans, de 1819, par M. Silvestre de Sacy, et le Nécrologe de 1827, 2° partie, p. 573.

un peu arbitraires, et discutons les principes.

Ces principes se réduisent à ce dilemme : ou c'est Dieu qui a appris l'art d'écrire à Adam, ou l'invention de cet art est uniquement due à l'industrie des hommes qui en ont senti la nécessité, et qui en ont imaginé les moyens.

La première de ces opinions est plus conforme au sistème de la foi catholique. Dieu apprit à Adam la langue dans laquelle il imposa des noms à tous les animaux (1). Il est donc naturel qu'en lui enseignant cette langue, il lui ait enseigné en même tems l'art de l'écrire. Cette raison, qui a été sentie par la plupart des critiques, les a presque tous ramenés à l'opinion d'après laquelle Adam a connu les lettres. Ils n'ont fait en cela que suivre le sentiment de saint Augustin (2), selon l'avis duquel il ne faut pas croire ce qui a été imaginé par quelques-uns, qu'il n'y a que la langue hébraïque qui ait été conservée par Héber, de qui les hébreux tiennent leur nom, et qui ait passé de lui à Abraham, en sorte que les caractères de l'écriture hébraïque n'aient commencé qu'à la loi qui fut donnée à Moïse. Il vaut mieux admettre que cette langue a été conservée avec ses caractères par la succession des patriarches. *Non est credendum quod nonnulli arbitrantur, hebræam tantùm linguam, per illum qui vocatur Heber,*

____

(1) Conjectures ,etc., p. 284. Voyez la Genèse, II, 19.
(2) Conjectures, etc., p. 285.

*undè Hebræorum vocabulum est, fuisse servatam,
atque indè pervenisse ad Abrahamum; hebræas
autem literas à lege cœpisse, quæ data est per
Mosem; sed potiùs per illam successionem pa-
trum memoratam linguam cum suis literis custo-
disse* (1). Une opinion prononcée aussi formellement suffit pour fermer la bouche à tout
catholique, et prouve la haute ancienneté de l'é-
criture qu'Héber a seulement conservée, et que
rien n'empêche de faire remonter jusqu'au premier homme (*a*).

§ I.

L'écriture est plus ancienne que Moïse.

XXXI. Si l'on refuse d'admettre qu'Adam a
connu l'écriture, si l'on soutient que Dieu n'est
point intervenu d'une manière immédiate dans
l'invention des lettres, mais que la connaissance
en a été abandonnée à la seule industrie des
hommes (2), on pourra se convaincre, dans cette
supposition même, que l'invention des lettres a
précédé le tems de Moïse, et, conséquemment,
que l'on a commencé d'écrire long-tems avant
lui.

Pour le prouver, je n'alléguerai ni l'autorité des

____

(1) *Augustinus de civitate dei, Lib.* XVIII., *cap.* 39
(2) Conjectures sur la Genèse, 5. p. 285.

différens écrits attribués aux anciens patriarches avant Moïse, quoiqu'appuyés de suffrages respectables. J'ai parlé dans l'article précédent de l'ouvrage prétendu d'Adam. Jean Albert Fabricius, qui en a fait mention (1), n'oublie pas ceux de Seth, d'Énoch, d'Abraham et de Jacob. Je ne dirai rien de l'inscription phénicienne (2) que les Chananéens, chassés de leur pays par Josué, peu de tems après la mort de Moïse, et fugitifs en Afrique, avaient mise sur un monument qu'ils y avaient dressé, quoique rapporté en grec par Procope (3) : j'ai prouvé (4) l'authenticité des observations astronomiques conservées par écrit à Babilone depuis 1903 ans avant qu'Alexandre-le-Grand s'en fût rendu maître, et envoyées par Callisthènes à Aristote, ce qui ferait remonter l'usage de l'écriture, chez les Babiloniens, à l'an 2235 avant notre ère, 93 ans après l'époque donnée au déluge par M. Larcher, et 662 ans avant la naissance de Moïse. J'ai cité le passage de Simplicius (5) qui rapporte ce fait d'une manière très-expresse (a).

Je conviendrai, si l'on veut, que les écrits at-

____

(1) *In codice pseudepigrapho veteris testamenti.*

(2) ΗΜΕΙΣ ΕΣΜΕΝ ΟΙ ΦΥΓΟΝΤΕΣ ΑΠΟ ΠΡΟΕΩΠΟΥ ΙΗΣΟΥ ΤΟΥ ΛΗΣΤΟΥ ΥΙΟΥ ΝΑΥΗ. *Nos fugimus a facie Jesus (Josue) latronis, filii Nave (Nun).*

(3) *In vandalicis, lib.* II.

(4) Mémoires pour servir à l'histoire ancienne du Globe, VII, 116.

(5) Comment. 46 *in Aristotel, lib.* II *de cœlo.*

tribués aux anciens patriarches paraissent supposés, malgré tous les suffrages dont on tâche de les autoriser : que l'inscription d'Afrique n'est pas assez bien établie par l'unique témoignage de Procope; et que des critiques habiles doutent de la date des observations astronomiques de Babilone, appuyée sur l'autorité de Simplicius, ou, ce qui est plus suspect, sur celle de Porphire, de qui Simplicius l'a prise (1). J'ai cependant, en ce moment, dans mon cabinet, plusieurs de ces briques astronomiques de Babilone, qui ont été portées de Perse, et qui m'ont été cédées par mon collègue à l'Institut, M. Félix Lajard (a).

N'employons pour l'objet dont il est question dans cet article que des preuves directes et concluantes : elles seront puisées dans l'Exode composé par Moïse lui-même.

PREMIER FAIT. Le peuple hébreu étant arrivé au pié du mont Sinaï, deux mois après sa sortie d'Égipte, Moïse gravit le sommet du mont où Dieu, parmi les différens ordres qui regardaient les cérémonies de son culte, lui commanda (2) : 1° de faire graver les noms des douze patriarches, chefs des tribus, sur les deux pierres d'onix qui devaient attacher l'éphod du grand-prêtre sur l'épaule (3); 2° de faire graver les mêmes noms

_____

(1) Conjectures sur la Genèse, p. 287.
(2) *Id. Ibidem.*
(3) Exode, XXVIII, 9, 10, 11.

sur les douze pierres du pectoral du grand-prêtre (1) ; 3° de faire graver au burin ces deux mots hébreux, kodesch lejehovah (2), sainteté du Seigneur (*Jéhovah*), sur la lame d'or que le grand-prêtre devait porter attachée au-devant de sa thiare (3) ; et Moïse ajoute (4) que cela devait être exécuté par Béséléel, de la tribu de Juda, et par Ooliab, de la tribu de Dan : ce qui fut exécuté réellement dans la suite.

SECOND FAIT. Moïse reçut alors sur le mont Sinaï, les deux premières tables de la loi, où Dieu lui-même avait écrit le Décalogue (5), et les ayant brisées dans l'indignation dont il fut saisi quand il vit le peuple adorer le veau d'or, il lui fut ordonné d'en faire deux autres pareilles, où Dieu écrivit de nouveau le même Décalogue (6).

TROISIÈME FAIT. Enfin Moïse, pour tâcher de fléchir la colère de Dieu, le prie de l'effacer de son livre qu'il a écrit, c'est-à-dire de le faire mourir, s'il ne veut point pardonner aux Hébreux leur idolâtrie (7), et Dieu lui répond *qu'il n'effacera de son livre*, c'est-à-dire qu'il ne fera mourir que *celui qui aura péché contre lui.*

---

(1) Exode, XXVIII, verset 21.

(2) קדש ליהוה

(3) Exode, XXVIII, 36 et 37.
(4) *Id.* XXXI, 2, 6.
(5) *Id.* XXXII, 15.
(6) *Id.* XXXIV, 28, 29.
(7) *Id.* XXXII, 32.

Ces trois faits prouvent : 1° qu'on savait lire parmi les hébreux, deux mois après leur sortie d'Égipte, puisque ce ne peut être qu'en vue de leur faire lire sa loi, que Dieu la leur donna gravée sur les deux tables; 2° qu'on savait même écrire, puisque Dieu ordonna que différens noms fussent gravés sur les pierres précieuses et sur l'or; 3° enfin que l'usage des livres y était déjà assez commun pour avoir introduit cette expression proverbiale « effacer quelqu'un du livre » pour dire « le faire mourir, » dont Moïse se sert, et que Dieu lui-même répète. Cela fait voir que l'usage des lettres, de l'écriture, des livres, devait être déjà ancien chez les Hébreux; car personne ne se persuadera qu'en deux mois de tems qu'il y avait depuis que Moïse les conduisait, au milieu de l'embarras des marches, de l'agitation des campemens, de l'inquiétude de manquer du nécessaire, Moïse ait pu enseigner aux Hébreux à lire et à écrire, ni les Hébreux (1) l'apprendre, et que dans un si court espace les livres aient pu devenir assez communs parmi eux pour y introduire l'expression proverbiale employée par Moïse (2).

(1) Conjectures sur la Genèse, p. 289.
(2) *Id.* p. 290.

§ II.

Sur Hermès ou Thoth, inventeur de l'écriture.

XXXII. Cnéus Gellius, cité par Pline le naturaliste (1), et Diodore de Sicile (2) attribuent l'invention des lettres au célèbre Thoth, appelé Hermès par les Grecs, et Mercure par les Latins; mais il paraît qu'avant et après lui les Égiptiens ont employé l'écriture hiérogliphique plus mistérieuse et par cela même plus convenable à leur caractère. L'écriture alfabétique ou phonétique n'en est pas moins celle que Thoth inventa, comme cela résulte du témoignage de Platon qui dit (3) :

« Aux environs de Naucratis, ville d'Égipte,
« il y avait un ancien dieu auquel on consacra un
« oiseau nommé Ibis; il s'appelait Theuth. On dit
« qu'il inventa le premier les nombres et le cal-
« cul, la géométrie et l'astronomie, ainsi que le
« jeu d'échecs, le jeu de dés et les lettres (4). Tha-

(1) Livre VII, chap. 56.
(2) Livre I, chap. 16, dans l'édition de Wesseling.
(3) Phèdre, tome II, p. 274 de l'édition de Serranus.
(4) C'est beaucoup inventer pour un seul homme, peut-être Hermès ne fit-il qu'enseigner aux Égiptiens l'art découvert par les Éthiopiens. En effet ceux-ci, selon Diodore de Sicile (III, 4), prétendaient que l'écriture était née chez eux. Les Égiptiens, disaient-ils, se servent de caractères qui ne sont propres qu'à leur nation ; mais les uns sont à l'usage de tout le peuple, et appelés

« mus était alors roi de toute l'Égipte, et siégeait
« dans la ville que les Grecs nomment la Thèbes
« égiptienne ; on l'appelait le Dieu Ammon. Theuth
« vint le trouver, lui montra ses découvertes, et
« lui dit qu'il fallait les répandre parmi les Égip-
« tiens. Thamus le pria de lui détailler l'utilité de
« chacune. Tandis que celui-ci satisfesait à cette
« demande, tantôt Thamus l'approuvait, et tantôt
« il le blâmait, selon que Theuth lui paraissait ré-
« pondre bien ou mal. Il serait trop long de rap-
« porter tout ce que Thamus lui dit au sujet de
« chacune de ses découvertes. Quand ils en furent
« à l'article des lettres : Grand roi, lui dit Theuth,
« cette science rendra les Égiptiens plus savans et
« leur donnera une mémoire plus fidèle ; car cette
« découverte est le principe de la science et de la
« mémoire. — Habile Theuth, lui répondit le roi,
« les uns sont plus aptes à découvrir les arts, et
« les autres à juger jusqu'à quel point ces décou-
« vertes pourront être utiles ou funestes. Toi, l'in-
« venteur des lettres, tu te laisses aveugler par ta
« bienveillance sur l'effet qu'elles auront ; car leur

vulgaires par cette raison, et les autres sont sacrés, et connus
seulement des prêtres qui s'en transmettent l'intelligence de père
en fils. Les Éthiopiens ont aussi deux sortes de caractères, mais
ils sont communs à tout le monde chez eux. Leurs lettres ressemblent,
les unes à différentes espèces d'animaux, d'autres à des instrumens
mécaniques. Ainsi ils composent leur écriture, non d'un assemblage
de lettres et de mots, mais d'un arrangement de figures dont un
long usage a gravé la signification dans leur mémoire. Voyez la
suite de ce curieux passage.

9

« usage, en habituant ceux qui leur apprendront à
« négliger leur mémoire, la leur fera perdre. Se
« fiant sur les signes extérieurs des lettres, leur
« esprit oubliera ce qu'elles représentent. Ainsi ta
« découverte conservera les souvenirs, mais n'exer-
« cera point la mémoire; de plus, tes disciples
« n'auront que l'apparence du savoir, sans en avoir
« la réalité; car, lorsqu'ils auront fait de nom-
« breuses lectures sans prendre des leçons d'un
« maître, ils passeront souvent pour des savans,
« tandis qu'au fond ils ne seront que des ignorans.
« L'habitude les rendra plus ignorans, et leur
« commerce deviendra plus désagréable, puisque
« sans rien savoir, ils passeront pour savans. »

Cette conversation avec Ammon s'accorde avec
celle que rapporte Apulée sur la nature des dieux,
ou plutôt sur la divinité, et dont le principal in-
terlocuteur est Hermès ou Thoth. J'en ai donné la
traduction dans un autre ouvrage (1). Je ne discuterai pas ici le raisonnement que fait faire Platon au roi d'Égipte contre l'écriture. J'ai déjà
prouvé (*art.* XXI) que les hommes n'ont pu avoir
de mémoire qu'avec son secours, et cela est si évident, que je ne crois pas nécessaire de revenir
sur ce sujet.

Tout ce que je conclurai de ce passage, c'est
qu'Hermès inventa l'alfabet (*a*). Selon Plutar-

_____

(1) Bibliographie alfabétique, p. 224.

que (1), la première lettre de l'alfabet égiptien fut exprimée par le dessin d'un ibis, parce que cet oiseau était consacré à Hermès, et que celui-ci est l'inventeur des lettres. Cicéron (2) compte cinq Hermès; mais il n'attribue à aucun l'invention de l'écriture. Il dit que le premier de ces persosonages est celui qui eut pour père le ciel et pour mère la lumière; c'est peut-être ainsi que les premiers anciens poëtes grecs, dans leurs Théogonies, ont désigné le père de la civilisation égiptienne qui se perdait pour eux dans la nuit des tems. On a cru qu'il s'agissait dans Plutarque de Mercure Trismégiste, à qui l'histoire donne le nom de Siphoas, et qu'elle fait régner en Égipte environ 1996 ans avant notre ère (3); mais ce serait donner aux lettres en Égipte une origine beaucoup trop récente. On vient de voir que Platon, qui vivait plusieurs siècles avant Plutarque, et qui avait passé quelques années en Égipte, fait remonter Hermès beaucoup plus haut. C'est dans son dialogue intitulé Phèdre (4), comme on vient de le voir, et non dans son Phédon (5), que ce philosophe dit qu'Hermès était un dieu indigète qui vivait en Égipte sous le règne de Thamus, souverain de toute l'Égipte. Platon fait cette obser-

---

(1) *Sympos.* IX, 2 et 3, p. 338, en français, propos de table.
(2) *De naturâ deorum*, l. III, chap. 22.
(3) Ricard, trad. des œuvres morales de Plutarque.
(4) Tome II, p. 274, dans l'édition de Serranus.
(5) Comme le dit Ricard, c'est peut-être une faute d'impression.

vation sans doute pour combattre la fausse opinion répandue par les anciens poëtes grecs qui, ne sachant pas l'histoire d'Égipte, voulurent faire croire que Thoth était né parmi eux : c'est le cinquième Mercure ou Hermès de Cicéron, qui, dit-il, est appelé Thoth par les Égiptiens, chez lesquels le premier mois de l'année porte aussi ce nom. Ce Mercure, continue Cicéron (1), est celui que la ville de Phénée révère, et qui, s'étant sauvé en Égipte pour avoir tué Argus, y fit recevoir ses lois et fleurir les beaux-arts. Phénée est une ville d'Arcadie dont Pausanias détaille tous les monumens (2). Il dit en effet qu'Hermès est celui des dieux pour lequel les Phénéates ont le plus de vénération, et en l'honneur duquel ils ont institué les jeux herméens ; mais il ne dit nullement que cet Hermès ait civilisé l'Égipte, tradition dont il reconnaissait sans doute l'absurdité (a).

§ III.

Détails sur l'écriture d'Hermès.

XXXIII. On a dit qu'Hermès était fils de Vulcain ; celui à qui les Égiptiens donnaient le nom de Thoth était le premier de leurs philosophes ; il était naturel que son origine fût rapportée à Vul-

(1) *De naturâ deorum*, l. III, chap. 22.
(2) Arcadiques, chap. 14.

cain, ou Phthas, qui était le premier de leurs dieux (a).

Les historiens parlent de Siphoas comme d'un prince rempli de justice et de piété, et d'un savoir extraordinaire. Dès qu'il fut sur le trône, il s'appliqua à rétablir la religion et les lois, aussi bien que l'étude de l'histoire naturelle; cependant son règne ne dura tout au plus que quatorze ans (1). Je viens d'observer que ce règne était bien postérieur à l'invention des lettres. On a peut-être donné à Siphoas le nom de Thoth à cause de son goût pour les sciences; car l'ancien Thoth fut certainement l'inventeur des lettres; tous les auteurs anciens en conviennent : il distingua les voyelles des consonnes, et parmi celles-ci les muettes des liquides. Platon, en particulier, dans son Philèbe (2), dit l'avoir appris des prêtres égiptiens. Je rapporterai en entier ce passage qui paraît très-important pour l'objet dont il est ici question.

Platon observe, ou fait observer par Socrate, qu'une science est créée en distinguant dans l'infini un certain nombre et une certaine unité. C'est par le moyen de cette distinction que l'on peut raisonner sur un objet infini et y démêler

(1) Ricard dans sa traduction des œuvres morales de Plutarque. IX, 366.

(2) Tome II, p. 18 édit. de Serranus, IV, 223, dans celle de Deux-Ponts.

une suite d'idées qui compose une science.«Ainsi,»
ajoute-t-il, « après qu'on eut observé que la voix
« était infinie, soit que cette découverte vienne
« d'un dieu ou de quelque homme divin, comme
« on le raconte en Égipte d'un certain Thoth (Platon écrit toujours Theuth), « qui, le premier, aper-
« çut dans cet infini les voyelles, comme étant,
« non pas l'unité, mais la pluralité ; et puis d'au-
« tres lettres qui, sans tenir de la nature des
« voyelles, ont cependant un certain son, et con-
« nut qu'elles avaient pareillement un nombre dé-
« terminé ; qui distingua encore une troisième es-
« pèce de lettres, que nous appelons aujourd'hui
« muettes ; après ces observations, il sépara une à
« une les lettres muettes ou privées de son ; en-
« suite il en fit autant par rapport aux voyelles et
« aux moyennes, jusqu'à ce qu'en ayant saisi le
« nombre, il leur donna à toutes et à chacune le
« nom d'élément. De plus, voyant qu'aucun de
« nous ne pourrait apprendre aucune de ces let-
« tres toute seule, et sans les apprendre toutes, il
« en imagina le lien, pour former une unité ; et, se
« représentant tout cela comme ne fesant qu'un
« tout, il donna à ce tout le nom de GRAMMAIRE,
« comme n'étant aussi qu'un seul art. »

On voit que l'invention attribuée ici à Hermès,
ou Thoth, est bien celle de l'écriture phonétique.
Ce passage de Platon est commenté par celui
de Plutarque où le géomètre Hermias demande
au grammairien Protogènes de lui dire pourquoi

l'A tenait le premier rang parmi les lettres (1)?

« Protogènes en donna la raison qu'on apporte
« ordinairement dans les écoles : que les voyelles
« précèdent à juste titre les muettes et les sémi-
« voyelles ; que, celles-ci se divisant en longues,
« en brèves et en douteuses ou de deux tems,
« ces dernières doivent nécessairement avoir plus
« de dignité ; et parmi elles la prééminence est
« due à celle qui est toujours devant les autres,
« et qui ne se place jamais après. Or, telle est la
« voyelle A qui ne veut point être après l'I et l'U
« pour ne former avec l'une ou l'autre qu'une
« seule sillabe, et qui rejette, avec une sorte d'in-
« dignation, cette place pour reprendre le pre-
« mier rang. Mais qu'on la mette avec telle des
« deux que l'on voudra, pourvu qu'elle la pré-
« cède, il régnera entr'elles une harmonie par-
« faite, et elles formeront des sillabes, comme on
« le voit dans une foule de mots, tels que αὔριον,
« le lendemain ; αὐλεῖν, jouer de la flûte ; Αἴαντος,
« d'Ajax ; αἰδεῖσθαι, avoir honte. Ainsi que les
« athlètes vainqueurs au Pentathle, c'est-à-dire
« dans cinq combats, elle a sur les autres lettres
« un triple avantage ; elle l'emporte sur les con-
« sonnes parce qu'elle est voyelle ; sur les voyelles
« parce qu'elle est douteuse, et en second lieu
« parce qu'elle est la première et ne marche ja-
« mais à leur suite. »

(1) Symposiaques , question V.

« Quand Protogènes eut fini, Ammonios m'a-
« dressa la parole : — Eh quoi ! me dit-il, vous
« qui êtes Béotien, vous ne prendrez pas la dé-
« fense de Cadmos qui donna, dit-on, à l'*alpha* le
« premier rang parmi les lettres, parce qu'alpha,
« en phénicien, signifie bœuf, animal qu'il comp-
« tait, non pour le second ou le troisième, comme
« fait Hésiode, mais le premier des ustensiles né-
« cessaires à l'homme. »

§ IV.

Observation sur le récit de Plutarque, et suite de de ce récit.

XXXIV. Cette conversation, racontée par Plutarque sur l'origine des lettres ne pouvait s'arrê-
ter à l'endroit que l'on vient de lire. Si les Phéniciens avaient donné un nom à la première lettre,
ils auraient donc inventé l'écriture, et non pas les
Égiptiens, comme le dit Platon ; aussi à peine Protogènes a fini de parler, que Plutarque lui-même
prend la parole et continue ainsi sa narration :

« Non, » lui dis-je, « il est plus naturel que je
« préfère à Cadmos, aïeul de Dionusos (ou Bac-
chus), « mon propre aïeul Lamprias qui disait que
« le premier son articulé que l'homme fasse en-
« tendre est l'a ; que c'est surtout par le mouve-
« ment des lèvres que l'air se modifie dans la bou-
« che ; que leur seule ouverture fait prononcer

« ce son, le plus élémentaire de tous ; celui qui
« demande le moins d'effort, qui n'a aucun be-
« soin du mouvement de la langue, laquelle reste
« immobile à sa place, pendant que le son sort
« librement de sa bouche. C'est le premier que les
« enfans prononcent ; et on le voit dans le mot
« ᾄδειν qui signifie chanter, dans αὐλεῖν, jouer de
« la flûte, et dans αλαλαζειν, jeter de grands cris ;
« les mots αιρειν et ανοιγειν, qui expriment élever,
« ouvrir, viennent, je crois, de l'élévation et de
« l'ouverture que forment les lèvres, pour donner
« passage à ce son. Bien plus, toutes les consonnes
« ont besoin, pour être prononcées, du son de l'A,
« comme d'une lumière qui les guide ; le P seul en
« est excepté, et n'emprunte rien de cette pre-
« mière voyelle. Je ne parle point du PHI et du CHI
« qui ne sont que le P et le K aspirés. »

J'interromps un moment ici Plutarque, pour
observer que nous prononçons effectivement en
grec *pi* pour la lettre P, en sorte que cette consonne ne prend rien du son de l'A dans son énon-
ciation, ainsi que le font les consonnes *béta,
gamma, delta,* etc. : mais il en est de même des
lettres M, N, R et PS qui se prononcent *mu, nu,
rho* et *psi.* Si cette dernière peut se rapporter au
sigma dont elle n'est qu'une lettre double, il n'en
est pas de même des trois autres. Peut-être, du
tems de Plutarque, prononçait-on *ma, na, rha*
et *psa.* Je reprends à présent le récit de cet auteur.

« Hermias me dit qu'il approuvait l'une et l'au-

« tre raison. Pourquoi donc, répliquai-je, ne nous
« dites-vous pas si le nombre des lettres est fondé
« sur quelque proportion? pour moi, je crois
« qu'il y en a une, et je le conjecture de ce que
« le rapport numérique des consonnes et des semi-
« voyelles, n'est pas arbitraire, ni un effet du ha-
« zard, mais qu'il est formé sur la première pro-
« portion que nous appelons arithmétique, leurs
« nombres respectifs étant neuf, huit et sept, celui
« du milieu surpasse le dernier de la même quan-
« tité dont il est surpassé lui-même par le pre-
« mier; et le plus grand des deux extrêmes est au
« plus petit, comme le nombre des Muses est au
« nombre consacré à Apollon. Le nombre neuf
« est échu en partage aux Muses; et le nombre
« sept au dieu qui les préside. Or, ces deux nom-
« bres, joints ensemble, sont le double de celui
« du milieu qui est huit; et cela doit être, puisque
« les semi-voyelles, qui sont entre les deux ex-
« trêmes, participent à leur puissance et à leur
« son. »

J'observe en effet que les consonnes proprement dites (1), sont au nombre de neuf, savoir:
B, G, D, Z, Th, K, P, S, T; les demi-voyelles
ou *liquides*, en y comprenant les quatre doubles,
sont au nombre de huit: L, M, N, X, P, Ph,

____

(1) Ricard, d'après Jablonski, ajoute ou les *muettes*; mais cette
expression est fausse, et ne convient qu'à l'*aleph* des hébreux
comme on le verra bientôt.

Ch, Ps; et il y a sept voyelles : A, E, Ê, I, O, U, ô. On a donc cette proportion arithmétique : neuf est à huit, comme huit est à sept. Le premier des deux extrêmes est neuf, nombre des Muses, et le second est sept, nombre consacré à Apollon, parce que ce dieu était né le septième jour du mois athénien *Thargélion* (1), lequel concourait avec le commencement du printems. Les deux nombres neuf et sept, qui sont ceux des consonnes proprement dites et des voyelles, donnent un nombre double de huit, qui est celui des semi-voyelles, lesquelles sont le nombre moyen entre les deux extrêmes, et qui, tenant des consonnes et des voyelles, sont, par cette raison, appelés semi-voyelles. Après cette explication qui m'a paru nécessaire, je reviens au texte de Plutarque (2) :

« Hermès, » dit alors Hermias, « passe pour le « premier des dieux qui ait inventé les lettres en « Égipte; et l'on veut qu'à cause de cela les Égip- « tiens désignent la première de leurs lettres par « un ibis, oiseau consacré à Hermès; mais c'est mal « à propos, selon moi, qu'ils ont donné à une « lettre muette, et qui n'a par elle-même aucun « son, la prééminence sur toutes les autres. »

Cet endroit de Plutarque, si l'on en croit Ja-

(1) Plutarque, *Symposiaca*, liv. VIII, quest. I. p. 342 du t. XI dans l'édition grecque du Plutarque de Tubinge, 1798.

(2) Livre IX, question III, dans la même édition, p. 404.

blonski, a induit quelques savans en erreur; ils ont cru que par la première lettre égiptienne, représentée sous la forme de l'ibis, il entendait la lettre a, et ils se sont autorisés d'un autre passage de Plutarque (1), dans lequel il dit que l'ibis ressemblait à un triangle ou à un cœur. En effet, nous apprenons d'Horapollo que (2) « Cet oiseau « est le simbole du cœur, parce que, cachant « sa tête et son cou dans les plumes qui sont sous « son estomac, il prend la ressemblance d'un « cœur, ressemblance qui fournissait aux Égip- « tiens matière à bien des raisonnemens. » Celui que fait Plutarque pour justifier sa conjecture, est que la lettre a ressemble un peu à un cœur renversé; mais les interprètes de Plutarque, selon Jablonski, ont mal pris la pensée de cet auteur, en ce qu'ils ont entendu ces mots du texte ἀναύδω καὶ ἀφθόγγῳ de l'ibis, au lieu qu'il s'agit d'une lettre. Plutarque dit que les Égiptiens ont eu tort de donner le premier rang dans leur alfabet à une lettre muette et qui n'a point de son par elle-même. Cette lettre, en suivant le raisonnement de Jablonski, ne peut donc être l'a qui est une voyelle, et à laquelle, par conséquent, ne convient pas le caractère que Plutarque attribue à la première lettre égiptienne, d'être muette. Il s'agit donc dans cet endroit de la lettre θ ou thêta,

(1) Plutarque livre IV, question V.
(2) Hiéroglyph. chap. 36.

qui était la première de Theuth, nom égiptien d'Hermès et du premier mois de l'année égiptienne. Or, cette lettre est figurée dans l'ibis qui, lorsqu'il cache son bec sous ses ailes, au-dessous de sa poitrine, représente à peu près la lettre θ, la première du nom de Thoth. Au reste, l'ibis était particulièrement consacré à ce Dieu; ce qui a donné lieu aux Grecs, accoutumés à adopter et à défigurer la plupart des traditions égiptiennes, de feindre que Thoth, pour échapper à la fureur de Tiphon, s'était métamorphosé en ibis ou en cicogne (1).

L'explication de Jablonski n'est nullement satisfesante; son *théta* est une consonne proprement dite; mais c'est improprement que ces sortes de consonnes ont été appelées muettes. L'*a* dont parle Plutarque est véritablement une lettre muette, et nous pouvons juger de sa nature par l'*aleph* des Hébreux, qui y a peut-être été puisé. Nous connaissons l'alfabet hébreu, composé de vingt-deux lettres qui sont toutes des consonnes, à l'exception de la première. Celle-ci est la voyelle א, *a*, comme dans l'alfabet grec et dans le nôtre; mais en hébreu cette voyelle, qui porte le nom d'*aleph*, n'a point de son particulier; les voyelles de l'alfabet hébreu sont au nombre de cinq longues, de cinq brèves

(1) Voyez Jablonski dans son panthéon Égiptien, livre V, chap. 5, p. 6.

et de quatre très-brèves, qui sont désignées par des points (1). L'*aleph* prend le son de la voyelle indiquée par les points qui l'accompagnent; ce n'est qu'une aspiration presqu'insensible; à peine a-t-il un autre son que celui de la voyelle dont il est accompagné (2). M. de Sacy observe que c'est un avantage, en ce que la prononciation est ainsi mieux notée, l'organe vocal étant obligé d'aspirer avant d'émettre le son d'une voyelle isolée.

Lorsqu'un nom commence par une voyelle, c'est toujours la lettre א qui lui sert d'initiale, et le point qui l'accompagne détermine le son qui en résulte. Ainsi les cinq mots :

Abis,		אָבִים
Ebis,		אַבִּים
Ibis,	s'écrivent	אִבִּים
Obis,		אוּבִים
Ubis,		אוּבִים

On voit ainsi que le mot ibis a bien l'*a* pour lettre initiale, mais qu'il doit se prononcer ibis, la lettre *a* étant muette, comme le dit Plutarque (*a*).

A la vérité les lettres de l'alfabet hébreu n'ont commencé à être indiquées par des points que

_____

(1) Nouvelle méthode hébraïque. Paris 1708, p. 5.
(2) Grammaire de Sarchi, p. 4. Nouvelle méthode hébraïque, p. 3.

vers la fin du cinquième siècle (1); mais il fallait bien qu'il y eut auparavant quelque signe pour déterminer le son de *l'aleph*, qui est incertain lorsque celui-là n'y est pas joint.

Cette observation semble prouver que l'alfabet hébreu dérive de l'alfabet égiptien; et cela est bien naturel, Moïse ayant été élevé. parmi les égiptiens. C'est, au reste, ce qui va être confirmé par le témoignage de Tacite.

(1) Nouvelle méthode hébraïque, p. 5. Je reviendrai sur cet objet dans la suite, dans une note de l'art xxxviii. Les points-voyelles avaient toujours passé pour être contemporains des caractères hébraïques, et appartenir aux mêmes inventeurs; lorsque tout-à-coup, vers le milieu du seizième siècle, Élias Lévita attaqua leur antiquité et en attribua l'invention aux rabbins de l'école de Tibériade, qui florissaient vers le cinquième siècle de notre ère. La Sinagogue entière se souleva contre lui, et le regarda comme un blasphéma-teur. Son sistème serait resté enseveli dans l'obscurité, si Louis Capelle, pasteur de l'église protestante à Saumur, n'eût pris à cœur l'opinion d'Élias Lévita qu'il a soutenue. Mais il a été fort bien combattu par Buxtorff. Voyez la grammaire hébraïque de Fabre d'Olivet, Paris 1815, p. 22.

CHAPITRE VII.

XXXV. L'écriture passa d'Égipte chez les Phéniciens, ainsi que nous l'apprend Tacite (1). Je rapporterai ici ce passage à cause de son importance pour l'objet qui nous occupe :

« Ce fut d'abord avec des figures d'animaux que « les Égiptiens exprimèrent leur pensée : tels sont « leurs plus anciens monumens historiques, et « ces monumens existent encore gravés sur des « pierres (2). Ils assurent aussi qu'ils ont inventé « les lettres (3). Ils disent que c'est de leur pays « qu'elles furent portées en Grèce par les Phéni- « ciens, qui, navigateurs habiles, obtinrent la « gloire d'avoir découvert ce qu'on leur avait en-

(1) Annales, XI, 14.

(2) Un monument de ce genre existait encore du tems de Clément d'Alexandrie et de Plutarque qui en parlent tous deux et qui en donnent l'explication. Voyez Clément d'Alexandrie, *Stromat, lib.* v, p. 370, et le Plutarque de Hutten, traité d'Isis et d'Osiris, chapitre 32 dans son édition, *Tubingæ*, 1792, p. 145. Ce monument est d'autant plus remarquable, qu'il paraît éthiopien et par conséquent antérieur à l'usage de l'écriture chez les Égiptiens. Voyez ci-après l'art. LI.

(3) *Litterarum semet inventores perhibent.*

« seigné. En effet, la tradition générale est que
« Cadmos, arrivé sur une flotte de Phéniciens,
« enseigna le premier cet art aux peuples de la
« Grèce, encore barbares. Ce fut, selon quelques-
« uns, l'Athénien Cécrops, ou le Thébain Linus,
« ou, au siège de Troie, l'Argien Palamèdes, qui
« inventèrent les formes des seize lettres ; d'au-
« tres, principalement Simonides, ne tardèrent
« pas à créer le reste de l'alfabet. En Italie, les
« Étrusques les reçurent du Corinthien Déma-
« rate ; les Aborigènes de l'Arcadien Évandre ; et
« l'on voit que la forme des lettres latines est la
« même que les Grecs avaient d'abord adoptée.
« Au reste, nous n'eûmes d'abord que quelques
« lettres ; les autres sont venues ensuite. »

Tacite nous apprend donc qu'avant Cadmos,
Cécrops avait porté l'écriture d'Égipte en Grèce,
où même Cadmos n'était venu qu'après les Phéniciens dont l'origine est donnée par Hérodote.
Les Phéniciens, dit cet historien (1), d'après l'opinion des Perses, qu'il croit les plus savans dans
l'histoire de leur pays, vinrent par terre des bords
de la mer Rouge sur les côtes de la mer Méditerranée (2). Strabon, qui avait d'abord rapporté
ce sentiment sans y ajouter foi (3), convient vers
la fin de son ouvrage (4) que les Sidoniens de la

(1) Voyez son histoire, I. 1.
(2) Voyez la note de M. Larcher sur ce passage.
(3) Livre I, p. 42 de l'édition de Casaubon.
(4) Livre XVI, p. 757.

mer Méditerranée sont une colonie des habitans du golfe Persique. Il est conforme aux anciennes traditions et à la marche des peuples Asiatiques qui se sont portés vers l'occident, que des habitans de la mer Érithrée et du golfe Persique soient venus s'établir sur les rivages de la Méditerranée. Il existait encore, du tems d'Alexandre, dans le golfe Persique, une ville nommée *Sidodona* (1), qui était située près du cap Gherd d'aujourd'hui. Il y avait dans le même golfe l'île de *Tir* et celle d'*Aradus*, dont les noms ont aussi été transportés sur les côtes de la Phénicie (2). Dans la belle carte qui a été gravée pour la seconde édition de l'Examen critique des historiens d'Alexandre par M. de Sainte-Croix (3), on trouvera sur la rive gauche du golfe Persique, et vers son embouchure dans la mer Érithrée, une ville de *Sidodona*, et plus bas sur la rive droite les îles de *Tylos* et d'*Arados*.

Quant au nom de Phéniciens ou rouges, que portaient les habitans de Tir et de Sidon, il leur venait de la couleur rouge des terres et des rochers qui bordent une partie du golfe Arabique et des côtes méridionales de l'Arabie; couleur que

______

(1) *Arriani hist. Indica*, c. 37. La position de cette ville est autrement indiquée dans le voyage de Néarque, traduit de William Vincent, par Billecocq. Paris an VIII, p. 377.

(2) Note de M. Gossellin sur Strabon dans la traduc. française de Strabon. I, 94.

(3) Paris 1804.

l'on retrouve jusque sur les montagnes de l'île d'Ormuz. Cette espèce de phénomène avait fait donner à toutes les mers comprises entre les côtes orientales de l'Afrique et de l'Inde, le nom de mer Rouge, que les grecs exprimèrent par le mot *Érithrée*, et le nom de rouges ou Phéniciens devint commun à plusieurs des peuples qui en occupaient les bords (1).

Il paraît que les habitans du golfe Persique s'établirent d'abord dans la partie la plus méridionale de l'Arabie Heureuse, où ils furent appelés *Homérites*, nom qui, en arabe, signifie la même chose que Phénicien en grec. Ils fixèrent leur demeure sur les bords de la mer à laquelle ils communiquèrent leur nom.

Cette nation, s'étant accrue, peupla les côtes de proche en proche, et l'on voit, près de Hippos, port du golfe d'Ailath ou Ælana, *Abalitès* selon Pline (2), *Aralitès* selon Étienne de Bizance (3), une ville nommée *Phenicum oppidum*, ville des Phéniciens. Les Grecs l'avaient ainsi appelée par la même raison qui les avait engagés à donner le nom de Phéniciens aux Homérites transportés sur les bords de la mer Méditerranée. De cette ville aux côtes de Phénicie, il y a deux ou trois cens

(1) Note de M. Gossellin sur Strabon, dans la traduc. Française de Strabon. I, 14.

(2) Édition de Franzius VI, 29.

(3) Ce dernier nom est celui que préfère M. Brué dans la seconde carte de son atlas, intitulé : monde connu des Anciens.

lieues, distance qui ne choque en aucune manière la vraisemblance, surtout si, comme le dit Denis le Périégète (1), les Phéniciens essayèrent les premiers de traverser la mer sur des vaisseaux. Les Espagnols, dans l'Amérique septentrionale, ont eu bien plus de chemin à faire pour établir leurs colonies.

La Phénicie, que les auteurs profanes confondent avec le pays des Philistins, en est distinguée par les écrivains sacrés, qui donnent pour limites à la première de ces deux contrées le mont Carmel au midi, qui la sépare de la seconde; le mont Liban au nord; la Méditerranée au couchant, et une chaîne de montagnes au levant. Ce n'est pas ici le lieu d'en donner la contenance exacte. Ce sujet appartient à la géographie et à l'histoire : j'en parlerai dans un autre Mémoire.

§ I.

Des Phéniciens et de leur alfabet.

XXXVI. L'origine des Philistins et des Phéniciens est encore plus différente que leur position. La Genèse nous apprend (2) que les deux nations rapportaient leur origine à Cham, fils de Noé; mais Cham eut quatre fils : Chus, Mesraïm, Phuth et Canaan. Les Philistins descendaient de Mesraïm,

(1) *Orbis descriptio*, vers 905.
(2) Chapitre X, verset 15 et suivans.

frère de Canaan (1). Les Phéniciens étaient Cananéens, et conséquemment descendaient de Canaan. Sidon, fils de ce dernier, fonda sur la Méditerranée la ville de son nom, qui fut long-tems la capitale de la Phénicie (2). Quant à Tir, la Genèse ne parle pas de sa fondation, bien plus ancienne que le tems dont elle nous donne l'histoire, et antérieure au déluge d'Ogigès. C'est ce que nous apprenons d'Hérodote qui dit (3) : « Je me transpor-« tai à Tir, en Phénicie ; j'y vis un temple superbe « de l'Hercules tirien ; les prêtres me dirent que « ce temple était aussi ancien que la ville, et « qu'il y avait 2,300 ans que cette ville était « bâtie. »

Les voyages d'Hérodote sont à peu près de l'an 460 avant notre ère : donc la fondation de Tir, selon l'opinion des Tiriens eux-mêmes, attestée par l'historien grec, remonte à l'an 2760 avant notre ère (4), c'est-à-dire environ cinq siècles avant le déluge d'Ogigès, et cette assertion n'étonnera pas ceux qui admettent que l'histoire d'Égipte commence cinq mille ans avant notre ère (5), et qu'elle est précédée par l'histoire du

(1) Dictionnaire de la Bible par Dom Calmet, art. Philistins où l'auteur prétend qu'ils sont Crétois.

(2) L'art de vérifier les dates avant l'ère chrétienne, chronologie des rois de Tir.

(3) Livre II, § 44.

(4) Chronologie d'Hérodote par M. Larcher, p. 129 dans l'édition de 1802.

(5) Voyez dans le Journal des savans pour le mois de sept. 1823, p. 558, le discours prononcé par M. Saint-Martin.

règne des dieux sous lesquels a vécu Thoth, inventeur de l'écriture (*art.* XXXI).

On convient assez généralement que nous devons aux Phéniciens, plus communicatifs que les Égiptiens, l'écriture alfabétique qu'ils ont transmise aux Grecs, de qui nous la tenons, si toutefois les Romains et nous ne l'avons pas reçue aussi directement des Phéniciens. Dans tous les cas, c'est toujours aux Phéniciens qu'il faut remonter et que doit être adressée notre juste reconnaissance. Lucain nous en a donné l'exemple lorsqu'il s'exprime ainsi dans un poëme composé depuis plusieurs siècles (1), vers l'an 64 de notre ère :

C'est de lui que nous vient cet art ingénieux
De peindre la parole, et de parler aux ieux;
Et, par les traits divers de figures tracées,
Donner de la couleur et du corps aux pensées.

On a vu plus haut (*art.* XXXIV) que les Phéniciens n'eurent cependant, comme le dit Tacite, un peu postérieur à Lucain, que le mérite de nous enseigner ce qu'ils avaient appris des Égiptiens, qui sont les véritables inventeurs, peut-être après les Éthiopiens.

Pline, contemporain de Tacite, a reconnu l'obligation que nous avions aux Phéniciens en s'exprimant ainsi (2) :

(1) Pharsale livre IV, vers 230 et 231, traduction de Brébeuf. Paris, 1659, p. 85.

(2) Livre VIII, chap. 56. Il acheva l'histoire naturelle l'an 55

« J'ai toujours cru que les lettres sont d'origine
« assirienne; mais les uns prétendent qu'elles ont
« été inventées en Égipte par Mercure, les autres
« qu'elles l'ont été chez les Siriens; que Cadmus
« apporta de Phénicie en Grèce seize lettres, aux-
« quelles Palamèdes ajouta, pendant la guerre de
« Troie, les quatre suivantes : Θ, Ξ, Φ, X. Le poëte
« Simonides ajouta les quatre autres : Z, H, Ψ, Ω.
« La valeur de toutes ces lettres se retrouve dans
« notre alfabet. Aristote prétend que dans le prin-
« cipe il y avait dix-huit lettres : A, B, Γ, Δ, E, Z,
« I, K, Λ, M, N, O, Π, P, Σ, T, Υ, Φ, auxquelles
« Épicharme, plutôt que Palamèdes, ajouta Θ, X.
« Suivant Anticlidès, les lettres furent inventées
« en Égipte par un certain Ménos, quinze ans
« avant Phoronée, le plus ancien roi de la Grèce;
« et il tâche de le prouver par les monumens.
« D'un autre côté, Épigènes, auteur d'un grand
« mérite, nous apprend qu'on trouve chez les
« Baboloniens des observations astronomiques re-
« montant à sept cent vingt mille ans, gravées
« sur des briques cuites (1). Bérose et Cristodème,
« qui donnent le moins de durée à ces observa-

de notre ère, trad. par M. Ajasson de Grandsagne, I, xi. J'ai
examiné et discuté ce passage dans les mémoires pour servir à l'histoire ancienne du globe, VII, 14. Voyez l'ouvrage de M. Grotefend, intitulé : Mines de l'orient.

(1) J'ai parlé fort au long de ces observations p. 88—107 du
tome VIII des mémoires pour servir à l'histoire ancienne du Globe.
Paris, 1808.

« tions, les font remonter à quatre-vingt-dix mille
« ans : d'où l'on voit que les lettres sont de toute
« antiquité; les Pélasges les apportèrent dans le
« Latium. »

C'est d'après ce passage que Lancelot, dans la
Méthode pour apprendre la langue grecque (1),
connue sous le nom de Port-Royal, spécifie les
seize lettres que Cadmos porta de Phénicie en
Grèce; il dit que ce sont :

Α, Β, Γ, Δ, Ε, Ι, Κ, Λ, Μ, Ν, Ο, Π, Ρ, Σ, Τ, Υ,
qui pouvaient suffire pour exprimer tous les sons
de la langue, les huit autres ayant été inventées
depuis avec plus d'utilité que de nécessité.

De ces huit, suivant la première tradition rapportée par Pline, quatre furent ajoutées d'abord
par Palamèdes. Aristote, qui attribue dix-huit
lettres à l'alfabet de Cadmos, dit que deux furent
d'abord ajoutées par Épicharme : ce sont en tout
vingt lettres dans les deux calculs; elles composaient sans doute l'ancien alfabet grec.

Quant aux quatre dernières qui forment l'alfabet grec que nous connaissons et que nous
employons encore aujourd'hui, elles furent ajoutées par Simonides.

_____

(1) Paris, 1682   p. 2

§ II.

De l'Alfabet hébreu.

XXXVII. Les lettres des Hébreux paraissent devoir mieux représenter l'alfabet phénicien, que les lettres grecques, puisqu'elles sont plus anciennes (1).

1° א, a. L'*aleph* n'a point de son particulier, ainsi que je l'ai déjà observé (*art.* XXXIII); il prend le nom de la voyelle désignée par les points qui l'accompagnent; et il n'est proprement qu'une aspiration presqu'insensible.

2° ב, { b. / v. Le *beth* se prononce comme notre b quand on y marque au dedans un petit point nommé *daghès*, et lorsqu'il commence le mot; mais quand ce point ne s'y trouve pas, ou quand ce *beth* est à la fin du mot, on le prononce comme notre *v* consonne, ou comme le *vau* hébreu.

3° ג, g. Le *gimel* ou *ghimel* a le son de notre g devant nos *a, o* et *u,* et se prononce devant *e* et *i* des Hébreux, comme la première sillabe dans ces mots français *guéridon, guide,* etc.

4° ד, d. Le *daleth*, comme notre d.

(1) Leur origine est caldéenne, et le mot alfabet signifie écriture assirienne, selon M. Fabre d'Olivet. (La langue Hébraïque, Paris, 1815, p. 21.) On trouvera dans cet ouvrage des détails curieux sur les lettres Hébraïques.

5° ה, h. Le *hé* n'est qu'une douce aspiration, comme notre *h* dans *honneur, humeur,* etc., il n'a point du tout de son à la fin d'un mot ; c'est pourquoi, si l'on exprime les noms et les verbes hébreux en caractères français, on ne met point une *h* pour cette lettre, excepté au commencement du mot, pour faire voir le rang qu'il tient dans l'alfabet.

6° ו, { v. u. Le *vau* ou *vav* est notre v consonne dans *vin, vanité,* lorsqu'il est consonne ; car il est aussi quelquefois voyelle, et alors il répond à notre *u* voyelle.

7° ז, { z. s. Le *zajin* ou *zain* est notre *z* ou notre *s* entre deux voyelles, comme dans Zacharie, misère, etc. (1).

8° ח, { kh. hh. Le *kheth* ou *hheth* vaut deux de nos *h*; il se prononce comme il est écrit, *khet*; et n'est qu'une aspiration encore plus forte que dans ces mots : *haine, hazard,* etc.

9° ט, t. Le *teth* se prononce comme notre *t.*

10° י, { j. i. Le *iod* est notre *j* consonne, comme dans *Jésus;* mais il se prononce comme notre *i* voyelle quand au-dessous on voit un petit point

____

(1) Nouvelle Méthode hébraïque. Paris, 1708, p. 3.

nommé *hirec*, semblable à celui que nous marquons au-dessus de notre *i* voyelle.

11° כ, { c. k. } Le *caf* est notre *c* devant nos *a*, *o*,

u, et sa figure est la même : ou bien c'est notre *k* devant toutes nos voyelles.

12° ל, l. Le *lamed* vaut notre *l*.

13° מ, m. Le *mem* est notre *m*.

14° נ, n. Le *nun* est notre *n*.

15° ס, { s. c. } Le *samec* a le son de notre *s*, quand

elle se trouve avec une consonne, comme dans *esprit*, *enseigner*, etc.; ou de notre *c* devant *e*, *i*, comme dans Cécile.

16° ע, { ñ. h. gn. ngh. } Le *aïn*, selon quelques-uns, doit

être prononcé comme notre *n* liquide ou mouillée, que nous exprimons par un *g* et *n* dans *agneau*, *magnifique;* selon d'autres, avec une aspiration encore plus forte que le khet : plusieurs lui donnent le son de ces trois lettres ensemble *ngh;* mais cela n'est guère en usage que chez les Allemands.

Les Anciens, comme saint Jérôme et les Septante, ont exprimé cette lettre quelquefois par un *g*, comme on le voit dans *Gomorrhe* (1), *Sé-*

____

(1) Dom Calmet (traduction littérale des noms Hébreux. etc.).

gor (1), etc., où le *g* représente un aïn, et quelquefois par une simple aspiration ; mais, selon tous les juifs modernes d'orient, elle n'a pas plus d'aspiration que l'*alef*, sinon quand elle se trouve à la fin d'un mot, car alors on le prononce avec une assez forte aspiration, ou comme une *n* obscure (2), suivant la prononciation ancienne, *ho-sañ-na*. On parlera plus exactement en disant que le *aïn* équivaut au double *a*, comme dans Baal qui s'écrit בעל (*a*).

17° פ, p. Le *pé* se prononce comme notre *p* toutes les fois qu'il renferme un daghès, ou

---

d'après saint Jérôme, a conservé la traduction de ce nom telle que saint Jérôme l'a donnée : mais lui-même observe que le nom hébreu de ce qu'il appelle Gomorrhe, עמרה, est dérivé de עם *am*, comme il le reconnaît, et de מרה *marah*, rebelle, ainsi on doit lire *amarah*, véritable nom de la ville en question. Saint Jérôme dit avoir étudié soigneusement l'hébreu. Il a été à Jérusalem pour se perfectionner et consulter quelquefois les Rabbins (*a*). Il a copié cette faute dans la version des Septante où elle se trouve aussi. Elle n'est ni dans le texte samaritain, ni dans la version chaldaïque, ni dans la version siriaque.

(1) La même observation a lieu sur *Ségor*, qui est écrit ainsi dans la version des Septante. Son nom s'écrit צוער, c'est-à-dire tscâr. Saint Jérôme copie encore la version grecque, ce qui confirme qu'il ne lisait pas toujours le texte hébreu, et conséquemment qu'il n'a peut-être pas bien su la langue. La prononciation de l'*ain* n'est donc pas douteuse, et peut être traduite par l'â avec l'accent circonflexe, c'est-à-dire le signe d'un double *a*. La prononciation du mot Baal le prouve.

(2) Nouvelle Méthode hébraïque. Paris, 1708, p. 4.

(*a*) Voyez la vie de saint Jérôme par Dom Cellier, tome X de son histoire des auteurs sacrés. Il dit que saint Jérôme fit sa traduction du Pentateuque sur l'hébreu, en 394. Saint Jérôme avait été en Palestine en 377 et en 385.

comme notre *f* quand le daghès ne s'y trouve pas, ou lorsqu'il est à la fin et la dernière lettre d'un mot.

18° צ, { ts. / st. Le *tsadé* se prononce comme nos / ss. } deux lettres *ts* jointes ensemble, ou, selon quelques-uns, comme *st* dans stérile, ou bien comme deux *s* ou *ss* dans nécessaire.

19° ק, { q. / k. } Le *coph* répond entièrement à notre lettre *q* ou à notre *k*.

20° ר, r. Le *resch* ou *rès* est notre *r*.

21° ש, sch. Le *schin* a le même son que notre *sch*, c'est-à-dire à ces trois lettres jointes ensemble dans *schisme*.

Sc. On place avec la lettre précédente le *scin*. Cette lettre est propre aux Éphraïmites et a le son du *saméc* ou de la cinquième lettre. La figure est la même que la précédente ; mais le point nommé *jamin*, qui est au côté droit sur l'autre, se met à gauche sur celle-ci.

22° ת, th. Le *thau* se prononce avec un peu plus d'aspiration que le *teth*, comme nous le fesons sentir dans *Théophile*, *théme*, etc. (1) ; mais le *th* des Anglais donne encore mieux l'idée du *thau* hébreu.

Pour l'intelligence des manuscrits, et même

____

(1) Nouvelle Méthode hébraïque. Paris, 1708, p. 5.

pour la lecture des imprimés, on doit observer que les cinq lettres suivantes changent de forme à la fin des mots, ainsi qu'on le voit ici :

ך	pour	כ
ם	—	מ
ן	—	נ
ף	—	פ
ץ	—	צ

§ III.

Observations sur l'alfabet hébreu.

XXXVIII. On voit que les lettres hébraïques sont au nombre de vingt-deux, quoiqu'il y en ait véritablement vingt-trois, le *schin* et le *scin* étant indiqués par le même signe et ne formant ainsi véritablement qu'une lettre. Les voyelles ne sont pas marquées dans l'alfabet. Ce fut seulement vers la fin du cinquième siècle (1), que l'on inventa des points par le moyen desquels on représenta cinq voyelles longues, c'est-à-dire dont la prononciation est plus obscure et plus lente parce qu'alors on alonge et on arrondit un peu la bouche en avançant les lèvres; cinq brèves dont le son est plus clair et plus prompt; et quatre autres très – brèves, dont chacune a son nom et sa

____

(1) Fabre d'Olivet nie ce fait dans sa Grammaire hébraïque, p. 21, et donne à ce sujet dans une longue note des détails très-curieux.

figure (1). Cela fait encore quatorze lettres qui, ajoutées aux vingt-trois précédentes en donnent trente-sept, dont quinze ne sont imprimées que par le moyen des points.

Sans doute il y a des bizarreries dans cet alfabet comme il y en a dans le nôtre. Le nombre de ces bizarreries augmente par la manière dont nous écrivons les noms hébreux qui n'est pas toujours dérivée régulièrement de la traduction des lettres. Ainsi nous écrivons Isboseth le nom d'un des fils de Saül, dont le nom s'écrit en hébreu אישבשת *Iyschboscheth*, tandis que nous écrivons Job le nom hébreu אויב *Iyob*. On voit que le même signe *aleph* suivi du *Jod*, se traduit dans le premier de ces noms par *i*, et dans le second par *j*: peut-être pourrait-on donner une raison de ces deux expressions diverses; mais on peut juger de la difficulté de ce genre d'explication par celle de traduire le son des lettres françaises en lettres anglaises, et réciproquement.

On voit au reste que le nombre des lettres n'est pas le même en hébreu qu'en grec. Il y a seulement beaucoup de rapport entre le nom des lettres.

1. a, *aleph* en hébreu, *alpha* en grec.
2. b, *beth* en hébreu, *béta* en grec.
3. g, *ghimel* en hébreu, *gamma* en grec.
4. d, *daleth* en hébreu, *delta* en grec.

(1) Nouvelle Méthode hébraïque. Paris, 1708, p. 3.

5. e, *he* en hébreu où c'est une simple aspiration, e ou *epsilon* en grec.

6. *Vau* en hébreu, n'existe pas en grec. C'est notre v, représenté en grec par la diphthongue ou, ou plutôt par la lettre *phi*.

7. z, *zajin* en hébreu, *zéta* en grec.

8. h, fortement aspirée, *heth* en hébreu, *éta* en grec.

9. t, *teth* en hébreu, *théta* en grec.

10. j consonne ou i, *iod* en hébreu, *ióta* en grec.

11. ch ou k aspiré, *caph* en hébreu, *chi* en grec.

12 l, *lamed* en hébreu, *lambda* en grec.

13. m, *mem* en hébreu, *mu* en grec.

14. n, *nun* en hébreu, *nu* en grec.

15. s aigu, *samec* en hébreu, manque en grec.

16. h très-aspiré, *aïn* en hébreu, *omicron* en grec, ou petit o.

17. p, *pe* en hébreu, *pi* en grec.

18. tz, *zade* en hébreu, manque en grec.

19. k, *koph* en hébreu, *cappa* en grec.

20. r, *resch* en hébreu, *ró* en grec.

21. sc ou s, *schin* ou *scin* en hébreu, *sigma* en grec.

22. th ou t, *thau* en hébreu, *tau* en grec.

23. u ou *upsilon* en grec, ⎫

24. ps, ou *psi* en grec, ⎬ manquent en hébreu.

25. ô, ou *óméga* en grec, ⎭

On voit une grande analogie entre les deux alfabets; mais l'hébreu paraît avoir un caractère plus original. Il y a cependant une différence essentielle : c'est qu'en hébreu les voyelles sont en quelque sorte un accident (1), au lieu qu'en grec ce sont elles principalement qui expriment la pensée, ainsi que l'explique Platon pour la manière dont l'écriture fut inventée en Égipte (art. XXI), et les consonnes sont en quelque sorte les simples modifications des voyelles.

Eusèbe, qui, dans sa Préparation évangélique (2), soutient que les Grecs ont tout emprunté des peuples qu'ils appelaient Barbares, c'est-à-dire des étrangers, applique cette doctrine aux sciences les plus communes et les plus nécessaires, et conséquemment à l'écriture. Ce qu'il dit sur ce sujet m'a paru assez curieux pour le rapporter en entier. On sait qu'Eusèbe était né dans la Palestine, vers l'an 264 de notre ère ; il savait mieux le grec que l'hébreu, tellement altéré depuis Esdras qu'on ne le parlait plus à Césarée, où Eusèbe était évêque : mais il avait une érudition très-étendue. Il connaissait une foule d'auteurs aujourd'hui perdus, et il a écrit un grand nombre d'ouvrages. Ses livres de la Préparation et de la Démonstration évangélique forment le traité le plus savant que l'antiquité nous fournisse pour

____

(1) Ce n'est pas l'opinion de Fabre d'Olivet. Voyez la Grammaire Hébraïque, p. 18.

(2) Livre X, chap. 4.

démontrer la fausseté du paganisme et la vérité de la religion chrétienne. La Préparation évangélique est composée de quinze livres qui ont paru en 1628 avec une version et des notes du Jésuite François Vigier. Cette édition grecque et latine n'a pas encore été surpassée, et c'est d'elle que je me sers ici.

§ IV.

Comment l'écriture a passé des Égiptiens aux Hébreux et aux Grecs.

XXXIX. « Cadmos, » dit Eusèbe (1), « intro-
« duisit le premier en Grèce les lettres com-
« munes qui sont les premiers élémens de la
« grammaire. Il était Phénicien d'origine; c'est
« pour cela que quelques auteurs ont donné aux
« lettres le nom de phéniciènes. D'autres attribuent
« aux Siriens l'invention des lettres. Les Siriens,
« qu'on pourrait aussi qualifier d'Hébreux (*art.*
« XXVIII), habitaient une contrée voisine de la
« Phénicie, et qu'on appelait aussi autrefois Phé-
« nicie, mais qui porta ensuite le nom de Judée,
« et que nous appelons aujourd'hui Palestine. Le
« son des lettres grecques ne paraît nullement
« étranger à celui des lettres hébraïques. Chaque
« élément a chez les Hébreux une dénomination

(1) Livre X, chap. 5.

« et une signification particulières ; ce qu'on ne
« trouve nullement chez les Grecs. De cela seul,
« on doit conclure que les Grecs n'ont rien qui
« leur soit propre. Les hébreux ont en tout vingt-
« deux élémens ou lettres, dont la première est
« *alph* (*aleph*), ce qui, traduit en grec, veut dire
« instruction ; la seconde, *beth*, signifie maison ;
« la troisième, *ghimel*, se rend par le mot pléni-
« tude ; la quatrième, *delth* (*daleth*), signifie ta-
« blettes ; la cinquième, *hé*, veut dire la même.
« Si vous réunissez toutes ces lettres, elles forme-
« ront ce sens :

« Instruction de la maison ; plénitude
« même des tablettes.

« Après ces lettres, vient la sixième que les Hé-
« breux appellent *vau*, qui veut dire en elle ;
« vient ensuite la lettre *zaï* (*zaïn*) qui signifie il
« vit ; puis le *heth* (*kheth*) qu'on traduit le vi-
« vant, de manière que tout ceci forme ce sens :

« Le vivant vit en elle.

« Vous avez après cela la neuvième lettre *teth*,
« c'est-à-dire bon ; puis l'*ioth* (*iod*) ou principe ;
« les deux lettres réunies forment

« Bon principe.

« Ensuite vient la lettre *caph* (*caf*) qui signifie
« néanmoins ; puis *labd* (*lamed*), c'est-à-dire ap-
« prends. Le tout signifie :

« Néanmoins apprends.

« La treizième lettre, *mem*, veut dire d'eux-
« mêmes ; la quatorzième, *nun*, signifie éternelle ;

« la quinzième, *sameh* (*samec*), veut dire secours.

« Ces trois lettres donnent ce sens :

« D'eux-mêmes un éternel secours.

« La seizième lettre, *aïn*, traduite, indique une
« source ou un œil; la dix-septième, *phé* (*pé*),
« veut dire bouche; la dix-huitième, *sadé* (*tsadé*),
« signifie justice. Ces trois lettres réunies forment
« ce sens :

« Source ou œil et bouche de justice.

« La dix-neuvième lettre, *coph*, signifie appel;
« puis *rès* (*resch*) signifie tête; ensuite la lettre *sen*
« (*schin*) veut dire dents; les Hébreux appellent
« *thau* leur vingt-deuxième lettre qui se traduit
« par signes. Voici le sens que présentent ces
« dernières lettres :

« Appel de la tête, et signes des dents.

« Il y a donc, conclut Eusèbe, chez les Hé-
« breux, une métaphrase et manière d'interpréter
« les lettres, qui accomplit le sens du discours,
« parfaitement approprié à la connaissance que
« promettaient les lettres. Vous ne pourriez pas
« trouver la même chose chez les Grecs, puis-
« qu'ils ne peuvent disconvenir que rien ne leur
« appartient réellement; ils ont emprunté leurs
« lettres à la langue barbare, en y fesant quelques
« changemens : c'est ce que l'on peut prouver en
« citant le nom de chacun des élémens de l'alfa-
« bet grec; car quelle différence remarque-t-on
« entre *alph* et *alpha*, entre *beth* et *béta*, entre
« *gamma* et *ghimel*, entre *delta* et *delth*, entre

« *epsilon* et *hé*, entre *zai* et *zéta*, entre *teth* et
« *théta*, sans compter les autres lettres qui se res-
« semblent. Il est donc indubitable que ces lettres
« n'appartiennent pas aux Grecs, mais bien aux
« Hébreux chez lesquels chacune d'elles a une si-
« gnification particulière. Ces lettres, qui prirent
« naissance chez les Hébreux, parvinrent ensuite
« à d'autres peuples, et même aux Grecs. »

Tel est le raisonnement d'Eusèbe. On voit qu'il
prouve très-bien que les Grecs n'ont point inventé
l'écriture ; mais, lorsqu'il veut attribuer cette découverte aux Hébreux par le moyen des phrases
assez ridicules qu'il a si péniblement organi-
sées (1), il ne démontre plus rien, et le mauvais
résultat de ses doctes recherches prouve seulement que les Hébreux n'ont pas été plus créa-
teurs que les Grecs. C'est chez les Égiptiens qu'il
faut chercher la découverte qui nous occupe ici :
ce sont eux qui l'ont véritablement faite, et Platon,
qui en explique la méthode après avoir demeuré
plusieurs années en Égipte, où il s'était instruit,
mérite d'en être cru sur ce point. Examinons donc

(1) La plupart de ces interprétations sont fausses. Le mot *ghimel*,
par exemple, ne veut pas dire plénitude, mais chameau. On trouvera une explication du nom des lettres hébraïques beaucoup
meilleure page 156 de l'ouvrage de Funccius *de scripturá veterum*.
Cette explication est adoptée par Meudelssohn, dans sa *Jérusalem*.
Berlin, 1781, p. 76. Cet ouvrage écrit en allemand mériterait
d'être traduit en français. La langue hébraïque était perdue du
tems d'Eusèbe, et même depuis Esdras. On ne doit pas être surpris
qu'Eusèbe ne l'ait pas bien connue.

comment et en quel tems cette découverte passa d'Égipte en Grèce. Ce sera le sujet du chapitre suivant (*a*).

Quant à l'alfabet phénicien, le premier qui s'en est occupé est un célèbre voyageur anglais, appelé Richard Pococke, né à Southampton en 1704. Il avait commencé ses voyages en 1737, et revint dans sa patrie en 1742; dès 1743, il publia ses observations sous ce titre : *A description of East, and of some other countries*, in-folio; un second volume parut sous le même titre en 1745. C'est à celui-ci qu'il joignit un recueil assez considérable d'inscriptions grecques et latines qu'il avait rassemblées. Ces copies ne donnent pas une haute idée de l'exactitude ou au moins de l'habileté du voyageur dans ce genre de recherches : plusieurs des monumens qu'il nous fait connaître sont reproduits avec plus de fidélité dans divers autres voyages; mais ceux qui ne se trouvent que dans le recueil de Pococke, sont presque inintelligibles (1). C'est à la page 213 de ce second volume que sont trente-trois inscriptions phéniciènes qu'il avait trouvées dans l'ancienne ville de *Citium* en Chipre. Un savant professeur d'Oxford (2), Jean Swinton, en éclaircit deux dans une dissertation imprimée sous ce titre : *Inscrip-*

____

(1) M. Saint-Martin. art. Pococke dans la Biographie universelle.

(2) Mémoire de l'abbé Barthélemy lu en 1758.

tiones Citicæ, sive in binas inscriptiones Phœni-
cias, inter rudera Citii nuper repertas conjecturæ.
Accedit de numis quibusdam Samaritanis et Phœ-
niciis dissertatio. Oxonii, 1750, in-4, petit volume
rare et recherché (1). Les deux inscriptions phéniciènes, composées d'un petit nombre de noms
propres, ne contenaient que sept lettres différentes, déjà connues par les monumens samaritains (2).

L'abbé Barthélemy, dans les Mémoires de l'Académie des Inscriptions (3), a repris le travail de
Swinton; il donne ses réflexions sur quelques
monumens phéniciens et sur les alfabets qui en
résultent; il admet en principe que l'alfabet phénicien n'est qu'une forme de l'alfabet hébreu ou
de l'alfabet samaritain; il examine les monumens
qu'il a sous les ieux avec une grande sagacité, et
en déduit trois alfabets (4) qui ne sont pas complets. Son travail a été perfectioné par Francisco
Perez Bayer (5). Depuis, M. Hamaker a publié (6)
un long travail sur la langue phéniciène. Cet ouvrage est très-bien jugé par M. Silvestre de Sacy
dans le Journal des Savans du mois de décembre

(1) Biographie universelle, art. Swinton.
(2) Mémoire de l'abbé Barthélemy.
(3) Paris, 1764, XXX, 405.
(4) *Id.* p. 427.
(5) Voyez ce que j'en ai dit dans un mémoire sur la langue phéniciène, p. 28.
(6) *Lugduni Batavorum* 1828, *miscellanea phœnicia.*

1829 (1). M. Hamaker donne huit alfabets phéniciens dans sa dernière planche.

M. Lindberg a aussi fait imprimer en 1828 (2) un ouvrage sur la langue phénicienne, où il explique vingt-neuf médailles puniques : il y donne vingt-trois alfabets phéniciens qu'il rapporte à diverses époques. On voit que la matière n'est rien moins que complètement éclaircie ; elle exige la connaissance de toutes les langues anciennes, et l'on verra, par le peu que j'en dis dans ce Mémoire, que cette connaissance exige de longs travaux (a).

(1) P. 736 et suivantes.
(2) *Hauniæ* 1828. *de inscriptione melitensi.*

CHAPITRE VIII.

INTRODUCTION DE L'ÉCRITURE DANS LA GRÈCE.

XL. L'écriture étant indispensable pour créer une histoire, on sent que les tems qui ont précédé l'art d'écrire sont nécessairement très-obscurs. Nous avons vu (art. XXXI) qu'il avait été découvert en Égipte par Thoth, sous le règne des dieux, c'est-à-dire sous les rois qui ne sont connus que par ce qu'on appelle la fable, ou des souvenirs mêlés de récits mensongers. Pline nous a appris (art. XXXV) que, selon l'historien Anticlidès (1), les lettres avaient été inventées en Égipte par un certain Ménos, quinze ans avant Phoronée, le plus ancien roi de la Grèce; et cet Anticlidès avait tâché de le prouver par des monumens. Eusèbe, dans sa chronique (2), fait com-

(1) Il avait écrit περὶ νόστων, sur l'histoire des rois revenu s dans leur pays après la prise de Troie; et Δηλιακὰ, ou une histoire de Délos. Il est encore cité par Plutarque qui le compte au nombre des historiens d'Alexandre, par Strabon, Athénée, etc. Le second livre de son histoire d'Alexandre est cité par Diogènes Laërce, l. VIII, c. 1, § 11.

(2) *Mediolani*, 1828, p. 272.

mencer le règne de Phoronée l'an 211 d'Abraham, qui, dans sa manière de compter (1), répond à l'an 1805 avant notre ère. C'est donc l'an 1820 avant notre ère, sous le règne d'Inakhos, père de Phoronée, qu'il faudrait placer l'invention de Ménos qui sans doute perfectionna l'écriture de Thoth en la simplifiant, et peut-être en substituant des caractères purement alfabétiques aux signes phonétiques tirés de la figure des animaux.

Il est en effet possible que Ménos eût porté cette découverte en Argolide où Inakhos, père de Phoronée, avait fondé une colonie cinquante ans avant son fils, selon la chronologie d'Eusèbe. Mais nous n'avons aucun témoignage positif à cet égard, les monumens cités par Anticlidès nous étant inconnus, à moins qu'on ne veuille soutenir que, l'an 1678 avant notre ère, il ait été écrit une inscription à Mégare en lettres pélasgiques (2). C'est ce que l'on a voulu induire d'un passage de Pausanias (3), que j'examinerai dans la suite, et qui ne m'a paru nullement formel à cet égard. Cette inscription est en vers élégiaques.

Nous savons, au contraire, par le témoignage d'Eschile (4), qu'en Arcadie, pays voisin de l'Argolide, Prométhée se vantait d'avoir enseigné à

(1) Tableau chronologique des événemens rapportés par Tacite. Paris, 1827, p. 107.

(2) Histoire de la littérature grecque, par M. Schoell. Paris, 1825. VIII, 7.

(3) Dans ses *Attica*, chap. 44.

(4) Tragédie de Prométhée enchaîné, acte III, scène I.

ses concitoyens l'art de tracer des caractères. Peut-
être ne fit-il qu'étendre d'une contrée à l'autre
l'usage de l'écriture imaginée par Ménos. Prométhée a vécu à peu près sous l'an 1606 avant notre
ère, puisque, selon les marbres de Paros, son fils
Deucalion commença, l'an 1573, à régner en Li-
corie près du mont Parnasse (1), dans la Phocide,
où se trouve un mont Licorée auprès duquel naît
l'Amus, petite rivière qui va se jeter dans le Cé-
phise (2).

Un peu plus tard que Prométhée, mais à peu
près dans le même tems, l'an 1581 avant notre
ère (3), Cécrops vint d'Égipte pour civiliser l'Actique où il régna, et qui prit de lui le nom de Cécropie. On a vu (art. XXXIV), par le témoignage
de Tacite, qu'il y porta les lettres égiptiennes.

Ce fut deux générations après Cécrops que le
Phénicien Cadmos, plusieurs siècles avant le siège
de Troie, porta l'écriture dans une contrée voisine de la Cécropie ou de l'Actique; ce fut l'an
1428 avant notre ère, si l'on admet la chronologie d'Eusèbe qui fixe sous cette année l'arrivée de
Cadmos à Thèbes; fondé sur l'autorité de l'ancien
chronologiste Castor (4), d'après laquelle Cadmos

(1) L'art de vérifier les dates avant l'ère chrétienne. III, 140.
Chronique des marbres de Paros.

(2) Voyez la carte de la Phocide et celle du mont Parnasse dans
l'atlas du Voyage du jeune Anacharsis.

(3) L'art de vérifier les dates avant l'ère chrétienne. III, 139.
Chronique des marbres.

(4) *Eusebii Chronicon. Mediolani*, 1818, p. 135, 286, 291.

est né l'an 1479. M. Petit-Radel, notre savant collègue, préférant l'autorité des màrbres de Paros, fait naître Cadmos l'an 1540 (1). Il en résulte une différence de soixante-et-un ans, qui est peu considérable pour des tems aussi éloignés.

Cette arrivée de Cadmos à Thèbes, époque où les Phéniciens enseignèrent aux Grecs une écriture apparemment plus soignée, méritait l'attention des historiens. Hérodote l'a pensé avec raison : il en parle ainsi dans sa grande histoire (2) :

« Pendant le séjour que firent en ce pays, » c'est-à-dire dans la Béotie, « les Phéniciens qui avaient
« accompagné Cadmos, et du nombre desquels
« étaient les Géphiréens, ils introduisirent en
« Grèce plusieurs connaissances, et entr'autres
« des lettres qui étaient, à mon avis, inconnues
« auparavant dans ce pays. Ils les employèrent
« d'abord de la même manière que tous les Phé-
« niciens; mais, dans la suite des tems, ces lettres
« changèrent avec la langue et prirent une autre
« forme. Les pays circonvoisins étaient alors oc-
« cupés par les Ioniens; ceux-ci adoptèrent ces
« lettres que les Phéniciens leur avaient ensei-
« gnées; mais ils y firent quelques légers change-
« mens. Ils convenaient de bonne foi, et comme
« le voulait la justice, qu'on leur avait donné le

____

(1) Examen analytique. Paris, 1827, p. 142.
(2) V, 58.

«nom de lettres phéniciènes parce que les Phé-
« niciens les avaient introduites dans la Grèce. Les
« Ioniens appellent aussi, par une ancienne cou-
« tume, les livres des diphthères (ou peaux),
« parce qu'autrefois, dans le tems que le *biblos*
« était rare, on écrivait sur des peaux de chèvre
« et de mouton ; et encore à présent, » dit toujours Hérodote qui écrivait dans le cinquième
siècle avant notre ère, « il y a beaucoup de bar-
« bares qui écrivent sur ces sortes de peaux. »

Les Ioniens, dont Hérodote parle ici, tiraient
leur nom d'Ion, fils de Xuthos, et Xuthos, fils
d'Hellen, ayant été chassé de la Thessalie, se ré-
fugia à Athènes l'an 1430 avant notre ère, selon
la chronologie d'Hérodote (1). Selon cette même
chronologie, Ion, fils de Xuthos, fut mis, l'an
1406, à la tête d'une colonie que les Athéniens
envoyèrent dans le Péloponèse. On vient de voir
que Cadmos était né en 1479. Sa colonie est placée en 1428 ; il vint donc à Thèbes deux ans
après qu'Ion arriva à Athènes ; il est naturel que
les chefs des deux invasions se soient communiqué
leurs idées (a).

Quant aux Géphiréens, l'un des peuples qui
accompagnèrent Cadmos, ils étaient probablement originaires de Géphira, ville que l'on
trouve à vingt-deux milles de Séleucie (2), dans la

(1) Tome VII de l'Hérodote de M. Larcher ; p. 272.
(2) Et non d'*Antioche* comme le dit M. Larcher. Voyez la table
de Peutinger, *Lipsiæ* 1824, *tabula* X , E.

Cilicie, mais qui était alors dans la Phénicie (*art.* XXXVII). Ils occupèrent en Béotie le territoire de Tanagre, d'où ils furent chassés dans la suite par les Béotiens; ils se réfugièrent alors dans l'Attique, et furent incorporés avec les Athéniens (1).

§ I.

Du Papirus.

XLI. Le *biblos* d'Hérodote est extrait d'une plante ou d'un jonc, connu sous le nom de *papirus* (2). Voici la description que Théophraste donne de cette plante : « Le papirus (πάπυρος), » dit ce philosophe grec, disciple d'Aristote (3), « ne vient pas dans une eau profonde; car sa pro- « fondeur n'est que d'environ deux coudées (δύο « πήχεσιν) (4) (c'est-à-dire à peu près d'un mètre),

(1) Hérodote , V. 57 et 62.

(2) Voyez cette plante lithographiée avec ses racines et son panicule.

(3) *De plantis lib.* IV , *cap.* IX , page 54 *in adversâ parte.*

(4) Le πῆχυς des Grecs, que nous traduisons par coudée, vaut 1 pié , 4214 ; ou 0, 4617 m. (L'art de vérifier les dates avant l'ère chrétienne. Discours préliminaire.) M. Drovetti a trouvé à Memphis un étalon métrique, orné d'Hiérogliphes. Il l'a décrit avec beaucoup de soin dans un mémoire détaillé dont la conclusion est que la coudée Égiptienne est 0, 462 m. ce qui est identique avec l'évaluation de l'art de vérifier les dates. Il en résulte que la coudée d'Alexandrie est la même que la coudée grecque.

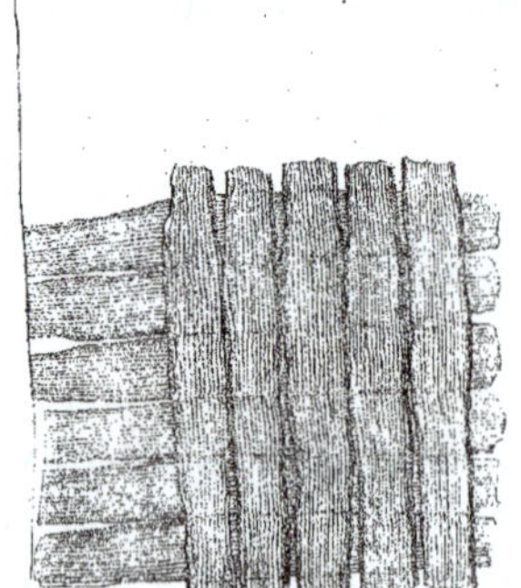

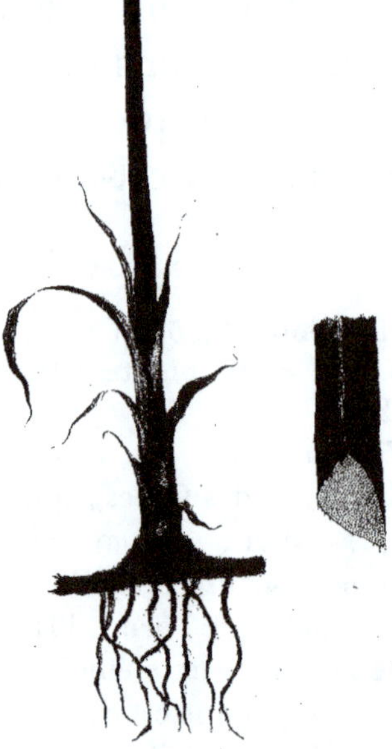

Jouy del et lith.

SOUCHET PAPIRIER.

Cyperus Papyrus

(Linn: Spec. 155)

« ou même moins. La racine, qui est de la gros-
« seur du poignet (du carpe) d'un homme ro-
« buste, et longue de plus de dix coudées (47 dé-
« cimètres ou 14 piés), croît au-dessus de la terre
« même; mais elle y tient par un grand nombre
« de racines obliques et minces. La tige de cette
« plante est triangulaire et environ de quatre cou-
« dées ou deux mètres. Elle a une chevelure, » c'est-
à-dire un panicule, faible « et ne servant à rien.
« Elle ne porte point de fruit..... On fait usage des
« racines en place de bois, non-seulement pour
« brûler, mais aussi pour faire un grand nombre
« d'ouvrages, car le bois en est beau et serré. Le
« papirus sert lui-même à beaucoup de choses; on
« en construit en effet des barques, et avec la
« tranche qui en est extraite (βύϐλος), on fait des
« voiles, des nattes, de certains vêtemens, des
« couvertures de lit, des cordages, et plusieurs
« autres choses; le plus remarquable de ces usages
« est la fabrication des livres.

« On tire surtout de la plante un très-grand se-
« cours pour la nourriture; car tous les habitans
« mâchent le *papirus*, cuit à l'eau ou rôti; ils en
« avalent le suc et rejettent ce qu'ils ont mâché.
« Telles sont les propriétés du *papirus*; tels sont
« ses usages; il vient en Sirie dans le lac où croît
« la canne odorante : c'est là qu'Antigone en fit
« faire des cordages pour ses vaisseaux. »

On observera que Théophraste était né l'an

371 avant notre ère (1) ; qu'Antigone fit la guerre
à Eumènes, et s'empara de l'Asie Antérieure l'an
320 (2), et que Théophraste mourut l'an 286 (3),
à l'âge de quatre-vingt-cinq ans. Il était âgé de
cinquante-et-un ans lorsque le fait dont il parle
ici arriva ; il pouvait donc facilement en être bien
instruit.

On observera de plus que Théophraste distingue le *biblos* du *papyros* ; le *papyros* est la
plante et le *biblos* est la pellicule ou tranche de
la moëlle de cette plante avec laquelle on fait du
papier. Hérodote donne le même sens au mot *biblos*, puisqu'il dit que l'on écrivait sur ces tranches après avoir écrit sur les diphthères ou les
peaux. Il confond même en quelque sorte ces
deux matières de l'écriture en s'exprimant ainsi :
καὶ τὰς βύβλους διφθέρας καλέουσι ἀπὸ τοῦ παλαιοῦ οἱ Ἴω-
νες, ὅτι ποτὲ ἐν σπάνε βύβλων ἐχρῶντο διφθέρησι αἰγέῃσί
τε καὶ ὀϊέῃσι. « Les Ioniens appellent aussi, par une
« ancienne coutume, les livres des diphthères ou
« peaux, parce qu'autrefois, dans le tems que le
« *biblos* était rare, on écrivait sur des peaux de
« chèvre et de mouton (4). » Strabon a confondu
les deux mots dans sa géographie, où il dit d'a-
bord (5) que le *biblos* est une plante qu'il décrit

(1) Histoire de la littérature grecque, par M. Schœll. Paris 1825.
VIII, 127.
(2) Id. p. 154.
(3) Id. p. 169.
(4) Hérodote, V, 58.
(5) P. 799 de l'édit. de Casaubon, livre 17.

assez bien, puis que c'est du papier dont la meilleure qualité était appelée *hiératique*, comme Pline va l'expliquer. Strabon écrivait trois siècles après Théophraste, et n'était pas botaniste; peut-être aussi son texte a-t-il été corrompu, comme on l'a soupçonné.

Pline, qui vivait près de trois siècles après Théophraste, ne paraît pas avoir connu Hérodote, quoiqu'il l'ait cité (1); mais il a bien étudié Théophraste qu'il ne fait guère que traduire en s'exprimant ainsi sur le même sujet (2):

« Avant de quitter l'Égipte, nous parlerons de
« la nature du papirus (3), parce que sur les livres
« reposent la civilisation et les souvenirs du passé.
« Selon Marcus Varron, l'usage du papirus com-
« mença (4) lors des conquêtes d'Alexandre-le-
« Grand et de la fondation d'Alexandrie en
« Égipte ; auparavant on ne connaissait pas le pa-
« pier : on écrivit d'abord sur des feuilles de pal-
« mier, ensuite sur l'écorce de certains arbres.
« Plus tard des feuilles de plomb reçurent les actes
« publics ; la toile et la cire furent ensuite con-
« sacrées aux affaires particulières. L'usage des

(1) Livre I, table des auteurs qu'il a consultés pour composer son livre 13.

(2) *Hist. nat*, livre XIII, chap. XI, ou XXI, selon les éditions.

(3) En latin *papyrus*, qu'il ne faut pas confondre avec *charta*. Le *papyrus* est la plante, et *charta* le papier qui se fabrique avec la plante. Voyez Saumaise dans son traité de *Homonymis*, p. 36, à la suite de ses *Exercitationes Plinianæ*.

(4) Ajoutez : en Grèce.

« tablettes était connu avant la guerre de Troie, « si l'on s'en rapporte à Homère (1). »

Si l'on en croit ce même poëte (2), « la terre « elle-même que nous appelons la Basse-Égipte « (or le papirus ne croît que dans le nome sében- « nitique) n'existait pas encore, parce qu'elle « n'était qu'une alluvion du Nil, postérieure à « cette époque; en effet, de l'île de Pharos, au- « jourd'hui » (c'est-à-dire du tems de Pline, vers l'an 79 de notre ère (3)) « jointe à Alexandrie par « un pont, il fallait alors un jour et une nuit de « navigation pour aller au continent (4).

« Varron ajoute que les rois Ptolémée et Eu- « mènes, rivalisant l'un avec l'autre au sujet de « leurs bibliothèques, le premier prohiba la sortie « du papirus, et qu'on inventa alors à Pergame le « parchemin. Dans la suite, cette dernière espèce « de papier, qui donne l'immortalité aux hommes, « devint d'un usage très-commun. » *Mox æmula- tione circà bibliothecas regum Ptolenæi et Eu- menis, supprimente chartas Ptolemæo, idem Varro membranas Pergami tradidit repertas. Posteà promiscuè patuit usus rei, quá constat im- mortalitas hominum.*

(1) Iliade, livre VI, vers 168 et 169. Je discuterai ce passage dans la suite.

(2) Odyssée, livre IV, vers 354.

(3) Vie de Pline, p. xv, dans la traduction de cet auteur. Paris, 1829

(4) Sur ce passage d'Homère, voyez la dissertation de B. de Montfaucon, dans les Mémoires de l'Académie. VI, 576.

Eumènes II régnait à Pergame de l'an 196 à l'an 157 avant notre ère (1). Ainsi le Ptolémée dont il excita la jalousie fut Ptolémée Philométor, qui régna de l'an 180 à l'an 146 (2). L'invention du parchemin a donc eu lieu, selon Varron, de l'an 180 à l'an 157; on place sous l'an 170 l'époque approximative de l'établissement de la bibliothèque de Pergame (3).

§ II.

Examen de l'opinion de Varron sur le papirus et le parchemin.

XLII. On vient de voir que, selon Varron, cité par Pline, on n'a connu le papier fabriqué avec le papirus qu'après les conquêtes d'Alexandre-le-Grand et la fondation d'Alexandrie. Sans doute Varron n'a voulu parler ici que de la Grèce; car sans cela son opinion serait tout-à-fait absurde, les Égiptiens ayant fait usage du papirus pour fabriquer du papier bien long-tems avant Alexandre; mais cette opinion est fausse, même pour la Grèce.

En effet, Pline lui-même réfute le sentiment de Varron, et cite plusieurs autorités très-graves

(1) Art de vérifier les dates avant J. C.
(2) Id. *ibidem.*
(3) Histoire de la littérature grecque, par M. Schœll. Paris 1825. VIII, 203.

contre l'assertion de cet auteur. Le père Montfaucon (1), après les avoir fait valoir, en cite deux autres qui lui paraissent encore plus sûres, quoique moins anciennes.

La première est celle de Platon, surnommé le Comique, pour le distinguer du Philosophe, qui florissait du tems de la mort de Socrates, et qui était contemporain d'Aristophanes. Il est souvent cité par Athénée ; ses fragmens se trouvent dans un recueil de Grotius (2).

Τὰ γραμματεῖα τάς τε χάρτας ἐκφέρων,

dit ce poëte : « Il emportait les écrits et les papiers. » Or on appelait les lames de papirus en grec non-seulement du nom de βύϐλος, mais aussi de celui de χάρτας, et en latin *charta* ; car, quoique *charta* se puisse dire de toutes sortes de feuilles à écrire, Pline et les autres auteurs entendent ordinairement par *charta* le papier d'Égipte (3). C'est ce qu'assure Montfaucon, et cela peut être vrai ; mais il l'est aussi qu'un autre poëte, appelé Platon le Jeune, a fait des comédies qu'il est difficile de distinguer de celles de Platon l'Ancien. Or, ce Platon le Jeune, vivait vers l'an 300 avant notre ère (4) ; il était donc postérieur à la mort d'A-

(1) Mémoires de l'Académie des Inscriptions, tome VI, p. 594. Dissertation sur le papirus.
(2) Histoire de la littérature grecque par M. Schœll. II, 91.
(3) Mémoire de Montfaucon, p. 594.
(4) Hist. de la littér. grecque par M. Schœll. II, 114.

lexandre, et son témoignage ne prouve rien contre l'assertion de Varron (a).

Il en est de même de celui de Théophraste, disciple d'Aristote, qui, ainsi qu'on l'a vu plus haut (*art.* XL), après avoir décrit les avantages que les Égiptiens retiraient de cette plante nommée *papirus*, ajoute : καὶ ἐμφανέστατα δὲ τοῖς ἔξω τὰ βιβλία, « et les feuilles à écrire si renommées parmi les nations étrangères ; » ce dont Montfaucon induit (1) que le commerce du papier d'Égipte était déjà établi partout, mais qu'on ne saurait assigner précisément son origine. On a vu (*art.* XL) que Théophraste écrivait au plus tôt l'an 286, plus de quarante ans après la mort d'Alexandre. Ainsi le second témoignage de Montfaucon n'est pas plus concluant que le premier, et l'assertion de Varron, restreinte à la Grèce, peut encore être soutenue ; car les deux faits cités par Pline sont puisés hors de la Grèce (a).

Il reste à examiner l'opinion de Varron relative à l'invention du parchemin. Il semble d'abord faire une assertion qui n'est pas juste ; elle serait évidemment fausse, s'il avait placé dans des tems aussi récens que celui d'Eumènes, une découverte qu'Hérodote, qui a précédé Alexandre de plus de deux siècles, dit, avec raison, être bien plus ancienne (*art.* XXXIX). Mais ce que cet historien appelle diphthères, diffère des *membrana*, que l'on dé-

<hr>

(1) p. 595.

signa dans la suite sous le nom de *pergamena*. Les peaux des diphthères étaient entières, et n'avaient pas été amincies et taillées en feuilles pour faire du parchemin. Hérodote a eu parfaitement raison de dire que l'usage des diphtères est bien plus ancien, puisqu'il l'a connu, et qu'il vivait près de deux siècles avant Alexandre; ce qu'il appelle de ce nom changea de nature en quelque sorte lorsqu'il prit la dénomination de *pergamena*.

Guilandin prouve très-bien (1) l'ancienneté de l'usage des diphthères par un grand nombre de citations qu'il a réunies dans son ouvrage. Je me contenterai d'indiquer Anacréon, Alcée, Eschile et les poëtes comiques.

On peut concilier tous ces passages avec l'opinion de Varron, citée par Pline, en observant que le parchemin de Pergame était mieux conditionné; c'était peut-être une espèce de vélin. Ce fut sans doute par cette raison qu'il s'en établit dans cette ville une manufacture qui devint fameuse, et qui dut son origine à la prohibition que fit Ptolémée de laisser sortir du papier d'Égipte (2); car tel est le résultat des obstacles qu'un intérêt mal entendu a souvent opposés aux communications de la pensée, et qui n'a besoin

---

(1) *In C. Plinii majoris capita, etc. authore Melch.* Guiland. *philosopho, et medico, etc.* Lausane, 1576. in-8°.

(2) Mémoires de l'Académie des Inscriptions, tome XXVI, p. 275. Mémoire de M. le comte de Caylus et de M. Bernard de Jussieu

que d'être connu pour être cultivé avec passion (a).

Pline dit avec raison que la matière du parchemin est plus durable que celle du papier ; le parchemin perpétue en effet les événemens, et les rend, pour ainsi dire, immortels (1). Les deux passages qu'il cite de Varron méritaient donc d'être recueillis, et je ne sais pourquoi on ne les trouve point dans les fragmens de cet estimable auteur, qui ont été publiés à Leipsick par un éditeur d'ailleurs très-instruit (2), après l'avoir été en 1472, dès la naissance de l'imprimerie parmi nous. Marcus Terentius Varro était né l'an 117 avant notre ère, sous le consulat de Lucius Cæcilius Metellus et de Quintus Mucius Scævola, et mourut à 88 ans, l'an 29 avant notre ère, sous le cinquième consulat de Caïus Julius Cæsar Octavianus qui avait pour collègue Sextus Apuleïus.

§ III.

Définition du Papirus, et sa différence avec le Biblos.

XLIII. La plante avec laquelle les Anciens fa-

(1) Mémoires de l'Académie des Inscriptions, tome XXVI, p. 275 et 276

(2) *M. Terentii de lingud latind libri qui supersunt cum fragmentis ejusdem. Biponti,* 1788.

briquaient le papier est une cipéracée qui appartient au genre *cyperus*, en français souchet, des botanistes; elle se trouve, mais bien rarement, dans le Nil; on l'a vue dans le Jourdain, en Abissinie (1), dans le Gange, et même en Sicile, où elle existe encore dans certains lacs. Voici la sinonimie de cette plante célèbre.

גֹּמֶא (*goma*), Isaïe, XVIII, 2 ; *Berd*, en égiptien ; βύϐλος, dans Homère, Odyssée, XXI, 391 (2); πάπυρος, Théophraste, *Hist. plant.* IV, 9 ; Dioscorides, livre I, chapitre 98. — *Papyrus latinorum.* —Balier en Sirie, suivant Bruce.—CYPERUS papyrus, Linnæi *Spec.*, 133. — *Papyrus domesticus, seu Antiquorum quorumdam.*— Le *Papyrus*, ou le souchet papirier (3).

On trouve le papirus d'Égipte dessiné dans les Mémoires de l'Académie des Inscriptions (4), et plus complètement dans le voyage de Bruce (5), où on le voit tout entier, et où on le comprend beaucoup mieux; aussi l'auteur dit-il l'avoir recueilli de ses propres mains en Sirie, dans le Jourdain, en deux différens endroits de la Haute et de la Basse Égipte, dans le lac de Tzana et dans le Goodéro en Abissinie. Au contraire, M. Ber-

(1) Précis de la géographie de Malte-Brun, IV, 528. Il cite Bruce, d'après lequel je parlerai bientôt.

(2) Voyez la note dans l'Homère d'Ernesti, *Glasguœ* 1814, IV, 347.

(3) Nouveau cours d'Agriculture, Paris 1809, art. Souchet, p. 535.

(4) En trois planches du tome XXVI, p. 320.

(5) Vol. VI, p 23 des planches, dans la trad. française.

nard de Jussieu n'a fait que graver les panaches ou panicules d'un papirus de Sicile et d'un autre de Madagascar; or, le panache n'est d'aucune importance pour la fabrication du papier. Il paraît que ce botaniste, d'ailleurs très-habile, n'a connu la plante entière que par des descriptions écrites. On la cultive à présent au Jardin des Plantes, où elle est connue de tout le monde; j'en ai une dans mon cabinet et la lithographie coloriée que j'en donne est composée d'après nature.

Il semblerait par la sinonimie qu'on vient de lire, qu'Homère donne le nom de *Biblos*, à cette plante, ce qui ne serait pas conforme à son exactitude ordinaire. Voici ses vers (1):

Κεῖτο δ'ὑπ' αἰθούσῃ ὅπλον νεὸς ἀμφιελίσσης
Βύβλινον, ᾧ ῥ' ἐπέδησε θύρας.

Jacebat autem sub porticu funis navis remis utrinque agitatæ byblinus, quo scilicet illigavit januas.

Madame Dacier traduit : (Philætius) « ayant « aperçu sous un portique un cable d'Égipte dont « on se servait pour les vaisseaux, il le prend et « s'en sert pour mieux fermer la porte. »

Ce passage méritait une note; voici celle de madame Dacier : « Un cable fait de la plante d'É- « gipte appelée *biblos*, qui croissait dans les marais « d'Égipte; c'était une sorte de canne, qui avait

(1) J'adopte la traduction latine d'Ernesti, *Glasguæ*, 1814, IV, 347.

« au bout une espèce de chevelure, s'il est permis
« de parler ainsi, ψιλὴ ῥάβδος ἐπ᾽ ἄκρου ἔχουσα χαίτην,
« dit Strabon. De cette chevelure on fesait les
« cordages et les cables des vaisseaux, comme ici
« on fait de (1) jonc les cordes des puits. Ce pas-
« sage d'Homère nous fait voir qu'il s'en fesait un
« grand commerce, et que les Grecs en avaient de
« ce pays-là. »

Cette explication est assez naturelle et conforme à l'assertion de l'ancien scoliaste. Elle ne
me paraît cependant pas entièrement juste. En
effet, le mot biblos n'y serait pas pris dans sa véritable acception, telle que la donne Théophraste.
Aussi un savant distingué, quoique condamnable
par d'injustes querelles, Jean Masson (2), a soutenu, dans un journal dirigé par son frère (3),
que l'épithète *byblinos*, donnée par Homère à un
cordage, ne désigna pas un cable fait avec du *bi-*
blos, mais fabriqué par des habitans de *Biblos*. Il
y avait effectivement en Phénicie deux villes de
ce nom, l'une appelée *Biblos*, et l'autre *Palæbi-*
blos, ou l'ancienne *Biblos*. *Biblos*, selon Strabon (4), était située sur une petite hauteur, à peu

(1) L'Odyssée d'Homère, traduite par madame Dacier. Paris,
1756. IV, 219.

(2) Voyez son article dans la Biographie universelle, XXVII,
425.

(3) Histoire critique de la république des lettres, tome XV, p. 306
et 307.

(4) P. 755 dans l'édition de Casaubon.

de distance de la mer. Denis le Périégète (1) dit formellement que c'était une ville maritime (Βύ-6λον τ' ἀγχίαλον). Elle était fameuse par son attachement au culte d'Adonis, que l'on croit avoir été blessé par un sanglier au-dessus de Biblos, sur le Liban, montagne composée d'une terre extrêmement rouge. Le fleuve Adonis, qui descend du Liban, passe à Biblos, et des vents violens qui s'élèvent régulièrement à certains jours transportent dans le fleuve cette terre chargée de beaucoup de vermillon; c'est elle qui donne à l'eau cette couleur de sang, que le fleuve entraîne dans ses débordemens (2). Les Égiptiens, qui croyaient qu'Adonis n'était qu'un nom donné à Osiris par les Phéniciens, disaient qu'Osiris avait été enfermé et jeté à la mer par Tiphon dans un coffre de papirus; ils ajoutaient que ce coffre, parti le 17 du mois d'Athir, le troisième mois de l'année égiptienne, qui répondait à la fin d'octobre et à la plus grande partie de novembre, arriva tout seul de Tanis à Biblos (3). Ils avaient conséquemment pris la coutume de jeter tous les ans, à la même époque, un coffre de papirus fait en forme de tête, qu'ils disaient être la tête d'Osiris, et dans

______

(1) Vers 912.

(2) Traité de la déesse de Syrie, attribué à Lucien et plus ancien que lui. Voyez ce qu'en dit Belin de Balu dans ses OEuvres de Lucien, V, 136. Sur la circonstance de la rougeur du fleuve, voyez Maundrell, *Journey*, etc. p. 35.

(3) Traité d'Isis et Osiris attribué à Plutarque.

lequel était une lettre adressée à ceux de Biblos, éloignés de plus de quatre-vingts lieues ; cette boëte allait, disait-on, d'elle-même se rendre à Biblos au bout de sept jours. On croit (1) que le prophète Isaïe fait allusion à cette coutume lors-qu'il dit : « Malheur à la terre qui envoie ses am-« bassadeurs sur la mer, et qui les fait courir dans « des vaisseaux de jonc (2) ! »

Biblos s'appelle aujourd'hui *Djebail* (3) ; c'est son ancien nom hébreu. On croit donc que ceux qui sont appelés, dans le troisième livre des Rois (4), *Giblii*, et dont on loue l'adresse à con-struire des vaisseaux du tems de Salomon, qui est à peu près celui d'Homère, sont les habitans de Biblos. Il était donc naturel qu'ils fussent habiles à fabriquer des cables de jonc.

§ IV.

Ancienneté de l'usage du papirus.

XLIV. Le papirus était connu très-ancienne-ment en Égipte, puisqu'Horus Apollo nous ap-prend que les Égiptiens voulant prouver l'antiquité de leur origine, représentaient un fagot de papi-

(1) Dom Calmet Dictionnaire de la Bible, art. Byblus.
(2) Prophéties d'Isaïe, chap. 18, versets 1 et 2.
(3) Malte-Brun, Précis de la Géographie, III, 135 de la trad. franç. de Strabon.
(4) Chap. V, verset 18.

rus, parce qu'ils prétendaient que c'était leur première nourriture avant que l'usage du blé fût connu (1). Cependant M. Bruce croit que c'était une autre plante qu'il décrit aussi, appelée l'Ensété, et non le papirus, qui servit d'abord d'aliment aux Égiptiens. Car, bien qu'ils suçâssent la racine du papirus, qui a un goût mielleux et sucré, comme le dit Théophraste (*art.* XL.), il ne paraît pas qu'on ait jamais pu se nourrir d'aucune partie de ce jonc; au lieu que l'ensété pouvait, sans aucune difficulté, servir de pain dès les premiers âges, quand le froment n'était pas encore connu, puisqu'il en sert encore dans plusieurs pays.

M. Bruce croit que le papirus fut porté d'Éthiopie en Égipte. Les Égiptiens s'en servirent immédiatement après qu'ils eurent abandonné l'usage des hiérogliphes, et le premier papier que l'on tira de ce roseau, se fit dans le Saïd. Le Saïd est, comme on sait, la haute Égipte, qui n'était même connue jadis que sous ce premier nom. Le saïtique, qui, après la langue éthiopienne (2), est probablement la plus ancienne langue de l'Égipte, subsiste encore dans les premiers caractères qui succédèrent aux hiérogliphes, dans la vallée, c'est à dire dans le pays cultivé.

(1) Hiéroglyphes dits d'Horapolle. Hiéroglyphe 3o. Voyez le commentaire de Pierius Valérianus, livre LVII, chap. I et suivans.

(2) Voyage en Nubie et en Abyssinie, par Bruce, traduit par Castera.

Cependant, quoique le papirus ait été connu très-anciennement, Bruce ne croit pas que cette plante soit naturelle à l'Égipte et au Nil, comme quelques auteurs l'ont prétendu : sa tête est trop pesante, et, dans un pays uni comme la vallée d'Égipte, elle n'aurait jamais pu résister au vent, surtout avec une tige mince, faible et très-longue, et une racine courte et menue ; indépendamment du vent, le courant du fleuve aurait suffi pour l'arracher ou la briser ; ainsi elle n'aurait pu croître dans le Nil, ni dans aucune autre rivière rapide et profonde.

Pline, qui paraît avoir bien connu le papirus, comme n'en doute pas M. Bruce, ne dit point qu'il pût croître dans le lit même du Nil, mais bien dans des canaux où le fleuve montait en se débordant, où ses eaux demeuraient stagnantes et n'avaient pas plus de deux coudées (1), c'est-à-dire de moins d'un mètre, de profondeur. Cette observation est très-exacte, et tout ce qu'a vu M. Bruce, tant dans la Haute-Égipte que dans l'Abissinie, le confirme. Jamais le papirus ne croît dans le lit d'une grande rivière, mais soit dans quelque branche où les eaux s'épanchent, soit sur le bord des lacs, où il n'y a qu'environ une brasse d'eau (2), c'est-à-dire un mètre et demi

____

(1) La coudée latine était plus faible que le πῆχυς ou la coudée grecque. Selon l'art de vérifier les dates avant J. C. elle était de 1 pié, 3646, ou de 0^m, 4433.

(2) La brasse vaut 5 piés ou 1^m, 6242

d'eau, de profondeur, et où il peut être à l'abri du mouvement des vagues, quand le vent les agite avec force.

Pline dit encore que le papirus croît en Sirie, et M. Bruce y en a (1) vu en effet avant d'aller en Égipte; ce papirus était dans le Jourdain, entre l'ancienne cité de Panéas, qui porte encore le même nom, et le lac de Tibériade, vraisemblablement le même lac dont parle Pline quand il dit que, non-seulement on y voit le papirus, mais encore le roseau odorant (*calamus odoratus*), l'une sans doute de ces plantes exotiques que des curieux y avaient transportées, et qu'on ne retrouve, ni en Sirie, ni en Égipte. Le papirus que Bruce a vu dans le Jourdain était à main gauche du pont appelé le Pont des Enfans de Jacob; il y avait en cet endroit deux piés neuf pouces anglais (2), un peu moins d'un mètre d'eau, et le Jourdain était gonflé par les pluies. Le papirus croît aussi, suivant ce que rapporte Guilandin, au confluent du Tigre et de l'Euphrates. Ce jonc ne se multiplia sans doute en Asie et en Grèce que lorsqu'on eut commencé à en faire du papier, et que l'usage en devint commun (3).

Cet usage remonte à une haute antiquité, comme le démontrent nos livres saints, ainsi que

(1) Voyage de Bruce. V, 12.

(2) Le pié anglais vaut 3o4 millim. 7 ; ainsi 2 piés 9 pouces valent 83₇ mill.25.

(3) Voyage de Bruce . V, 13.

les écrits d'Hésiode et d'Homère. J'ai déjà parlé fort au long (*art.* XLI) de l'opinion de Varron. Je vais donner quelques explications sur le témoignage des livres saints.

C'est dans le second chapitre du livre de l'Exode (1) que l'on trouve ce mot גֹּמֶא *gome*, que j'ai traduit par jonc dans Isaïe (*art.* XLII), et que M. Cahen traduit de même dans le passage qui m'occupe ici (2); mais il observe d'après Ben-Ouziel que ce jonc était de Tanis, c'est-à-dire du papirus. En effet, le savant Olaüs Celsius, dans son ouvrage intitulé *Hierobotanicon* (3), démontre clairement que ce mot hébreu, *gome*, désigne le papirus. Cet ouvrage, regardé comme capital en son genre, n'est pas seulement le produit d'une immense érudition; on y reconnaît aussi une étude exacte et profonde de la nature vivante. Ce fut par la réunion de ces deux moyens que Celsius fut en état de déterminer d'une manière satisfesante plus de cent plantes connues et en usage dès la plus haute antiquité (4). Le nom de *gome* vient de *goma* גֹּמֶא, il a absorbé, parce que le papirus naît dans l'eau et s'y nourrit continuellement; aussi les Septante ont-ils traduit *gome* par *papyros*, et c'est dans ce sens qu'il est

<hr>

(1) Verset 3.

(2) Traduction de l'Exode. Paris, 1832, p. 5.

(3) *Seu de plantis sacræ scripturæ dissertationes breves*, pars II, p. 257 et suivantes.

(4) Biographie universelle, art. Celsius, par M du Petit-Thouars.

employé, non-seulement par Isaïe, mais par Job (1) lorsqu'il dit : « Le jonc peut-il s'élever sans eau ? » Ce mot se trouve quatre fois dans la Bible, savoir, deux dans l'Exode et dans Job, et deux dans Isaïe seulement. Rosenmuller, qui adopte le sens que je lui ai donné (2), cite en sa faveur Jablonski (3) et *Michaëlis* (4). Toutes ces autorités sont bien suffisantes pour constater l'ancien usage du papirus, et le doute de Bruce ne s'étend pas sur l'ancienneté de sa culture en Égipte; il porte seulement sur ce que Bruce ne croit pas que ce jonc vînt naturellement en Égipte comme en Abissinie, et les raisons qu'il en donne sont plausibles (a).

(1) VIII, 11.

(2) *Scholia in vetus testamentum. Lipsiæ* 1822. *Partis primæ volumen secundum*, p. 25 et 26.

(3) P. E. Jablonski. *Opuscula*, p. 1, p. 266.

(4) J. D. Michael. *Supplementa*, p. 1726.

CHAPITRE IX.

DES DIVERSES NATURES DU PAPIER.

XLV. Le nombre des végétaux qui ont été employés plus ou moins avantageusement pour tracer l'écriture est fort grand. M. Guettard a composé un Mémoire sur les différentes manières de fabriquer le papier : on en trouvera l'extrait dans l'histoire de l'Académie des Sciences (1). Je me contenterai d'observer qu'il y prend le *papirus* des Égiptiens pour une espèce de chiendent. Aussi n'a-t-il pas imprimé son Mémoire dans sa collection, quoique composée de cinq assez gros volumes *in-quarto*, dont le dernier a paru en 1783 (2). Dans aucun de ces cinq volumes, il ne fait même mention de son Mémoire sur le papier. Nous allons passer rapidement en revue les différens végétaux employés pour cet objet.

La feuille des divers palmiers a été mise en

----

(1) Année 1741, p. 129. Il est tout entier dans le journal économique, aux mois de juillet et d'août 1751.

(2) Mémoires sur différentes parties des sciences et des arts. Par M. Guettard, de l'Académie royale des Sciences. Tome cinquième. Paris, 1783.

usage de tems immémorial. Suidas a écrit que les
Crétois se vantaient de s'en être servis les pre-
miers, et comme un palmier se dit phénix ($\varphi o\tilde{\imath}\nu\iota\xi$),
de là, selon eux, cette tradition fausse de Phénix,
inventeur des lettres chez les Ioniens, les Lidiens, etc. Mais cette découverte des lettres n'a
jamais été attribuée à Phénix, ni aux Crétois ; les
Phéniciens en ont seulement transmis l'usage dans
la Béotie, d'où il a passé en Ionie, comme nous
l'avons expliqué (*art.* XXXIX).

On se sert encore dans l'Inde des feuilles de diverses espèces de monocotilédones, peu connues.
Les manuscrits sanscrits et tamoul sont écrits sur
de pareil papier.

Les écorces de frêne, de tilleul, de hêtre, ont
autrefois servi à retracer l'écriture. Vénantius
Fortunatus en donne la preuve dans ces vers à
Flavus :

> *Scribere quo patris, discingat fascia fagum,*
> *Cortice dicta legi fit mihi dulce tui.*
>
> . . . .
>
> *Barbara fraxineis pingatur runa tabellis,*
> *Quodque papyrus agit, virgula plana valet.*
> *Pagina vel redeat prescripta dolatile charta, etc.*

Isidore de Séville parle en général de ces diverses écorces, et s'exprime ainsi (1): *Liber est*
interior tunica corticis, quæ ligno cohæret, in quo

____

(1) *Origin.* VI, 13.

antiqui scribebant..... Antè usum chartæ, de libris arborum volumina fiebant. « Le *Liber* est cette « pellicule, cette sorte de tunique intérieure de « l'écorce, qui est adhérente au bois, et sur la- « quelle écrivaient les Anciens..... Avant l'usage du « papier, ces pellicules des arbres composaient « des volumes, après qu'elles avaient été prépa- « rées, en se roulant les unes autour des autres. « Telle est l'étimologie des mots *livre* et *vo-* « *lume.* »

L'écorce du bouleau a un épiderme qui s'en-lève par plaques, et sur lequel on peut écrire avec facilité; il en est de même de celui d'un *amyris* qualifié par M. Delille *papyrifera* (1), porte-papier. Si l'existence de cet arbre inconnu aux naturalistes avant le voyage de M. Caillaud, peut être constatée, elle expliquera facilement comment les Égiptiens ont écrit avant qu'ils con-nussent le papirus, dont la préparation est bien plus difficile. En effet, dans son voyage à Mé-roé (2), M. Caillaud parle d'un grand arbre très-commun au pays de Bertât, province de Sennâr, dans la Nubie-Supérieure, fort au-dessus de la Haute-Égipte. Cet arbre, selon M. Caillaud, forme quelquefois des bois entiers; il ne devient pas aussi remarquable par sa grosseur que par sa hauteur. Le savant naturaliste Delille dit que cet

(1) Centurie des plantes africaines, p. 99.
(2) Paris, 1827, IV, p. 389.

arbre se nomme en latin *amyris papyrifera*, famille des térébinthacées, *kafal*, en arabe, au pays de Fâzoul, *galgalaan*, en langue des païens, *loban-adan-coulan* à Sennâr. L'écorce du tronc se divise en plusieurs feuillets minces comme du papier, qui servent aux Musulmans pour écrire les légendes mistérieuses qu'ils portent au bras. C'est sans doute avec cette écorce que se fesait le papier avant l'usage du *papirus* dont parle Pline, et qui ne se trouve plus en Égipte, où il ne croît pas naturellement, tandis que l'amyris est encore aujourd'hui commun en Nubie, et sert toujours au même usage. Il est singulier que M. Bruce n'en parle point.

L'écorce intérieure du mûrier de la Chine (1) sert de même à fabriquer un papier de bonne qualité, dont l'usage est très-répandu dans l'Inde ; on l'emploie pour envelopper les étoffes qui nous arrivent de la Chine. On fait aussi dans le même pays du papier avec les tiges des jeunes bambous.

Le règne animal a fourni un moyen commode d'écrire, ainsi que nous l'avons déjà observé. Les peaux de divers animaux, connues sous le nom de diphthères (*art.* XXXIX), ont été employées pour l'écriture par les Perses, les Ioniens et d'autres peuples. On a vu (*art.* XL) que, dans des tems postérieurs, on en fit un grand usage à Pergame

____

(1) *Broussonetia papyrifera* VENT.

en le perfectionnant, ce qui fit donner aux diphthères amincis le nom de *Pergamena* ou parche-
mins. Ils y servirent à écrire les manuscrits depuis le règne de Ptolémée Philométor jusque vers
le troisième siècle de notre ère (1).

§ I.

Fabrication de l'ancien papier.

XLVI. Pline, qui est lui-même un Ancien pour
nous, quoiqu'il soit bien postérieur à Homère,
mérite d'être consulté ici. Il a voulu transmettre à
la postérité tout ce qui concernait le papirus; et,
après en avoir indiqué l'usage, comme nous l'a-
vons vu (*art.* XL.), voici ce qu'il ajoute:

« Le papirus croît dans les marais d'Égipte ou
« dans les eaux du Nil, lorsque, débordées, elles
« demeurent stagnantes dans des creux qui n'ont
« pas plus de deux coudées (0 mètre 92, c'est-à-
« dire près d'un mètre) de profondeur. La racine
« est grosse comme le bras, et forme un angle in-
« cliné sur le niveau du sol. Sa tige, qui est trian-
« gulaire, ne s'élève pas à plus de dix coudées
« (4 mètres 617, environ quatre mètres et demi);
« elle va en diminuant jusqu'à l'extrémité, où elle
« se termine en panicule semblable à un thirse,
« mais qui ne contient point de graine, et ne sert

____

(1) Note du traducteur français de Pline. Paris, 1831. IX, 128.

« qu'à faire des guirlandes pour couronner les
« dieux. Les indigènes emploient ses racines au
« lieu de bois, non-seulement pour le feu (1), mais
« encore pour faire différens vases de ménage.
« Avec le papirus entrelacé, ils forment même de
« petites barques. Le *liber* (c'est-à-dire l'épiderme)
« fournit des voiles, des nattes, des vêtemens,
« des couvertures, des cordes. On mâche la tige
« crue ou cuite, mais seulement pour en exprimer
« le jus. Le papirus croît aussi dans la Sirie; on l'y
« trouve le long du lac qui donne naissance au
« roseau aromatique. Le roi Antigone n'employait
« pour cordages, dans sa marine, que le papirus,
« car alors le sparte n'était pas commun. On a dé-
« couvert, il y a peu de tems, que le papirus
« des environs de Babilone vaut celui d'Égipte
« pour faire du papier; cependant les Parthes
« préférèrent encore de broder leurs lettres sur
« des étoffes (2). »

Tout ce que l'on vient de lire se rapporte à la
plante du papirus, comme ce qui précède; ce qui
suit regarde la fabrication du papier, et je crois
en devoir donner le texte : *præparantur ex eo
chartæ, diviso acu in prætenues sed quàm latissi-
mas philuras* (3), *principatus medio , atque indè*

(1) On l'employait pour brûler les corps morts. Voyez Saumaise
Exercitationes Plinianæ. p. 705.

(2) *C. Plinii hist. nat. lib. XIII, cap. XXII,* et dans d'autres
éditions, *cap. XI.*

(3) Ici finit le chap. XI et commence le chap. XII. Dans les

scissuræ ordine. « Pour former les feuilles de pa-
« pier, on prend la partie intérieure ou la sub-
« stance du papirus, et, avec une aiguille, on la
« partage en plusieurs bandes les plus minces et
« les plus larges qu'il est possible. La bande la plus
« proche du cœur de l'arbrisseau est la meilleure ;
« ensuite les autres diminuent de bonté à mesure
« qu'elles se rapprochent davantage de l'écorce
« extérieure. » Mot à mot : « la bande ou lame du
« milieu est préférée, et ensuite selon l'ordre de la di-
« vision.» Le mot *philura* est le nom grec de l'écorce
du tilleul, préparée en bandes destinées à servir de
papier, tandis qu'ici Pline l'emploie pour désigner
une bande intérieure de la substance du papirus.
Le mot *scissura* désigne la formation de cette
bande par une fente qui la sépare des deux
bandes voisines. Il ne s'agit nullement ici d'une
écorce, et Pline n'a mérité qu'en apparence le
reproche que lui adresse M. Poiret, savant naturaliste, en ces termes (1) :

« Que la fabrication du papier ait été trouvée
« en Égipte de tems immémorial, que les au-
« teurs qui se sont livrés à cette recherche en
« aient fourni des preuves incontestables, qu'ils
« se soient attachés à la manière dont on le fabri-
« quait, rien de mieux ; mais appliquer au papirus
« tout ce qu'ils rapportent au sujet de cette fabri-

autres éditions, le chap. XXIII commence plus haut à *præparantur*.

(1) *Histoire philosophique des plantes*. II , 264.

« cation, est une erreur, car plusieurs de ces dé-
« tails peuvent être contestés par ceux qui con-
« naissent le caractère de la famille à laquelle ap-
« partient le papirus ; il y a lieu du moins d'y
« soupçonner quelque expression impropre : on
« enlevait, dit-on, pour fabriquer du papier, les
« feuilles minces du papirus ; mais cette composi-
« tion de l'écorce par lames ou par feuillets, n'in-
« dique-t-elle pas une plante dicotilédone, com-
« posée de fibres serrées et rapprochées, mais
« point par couches ? ce qui me porte à croire
« que, dans la description de la fabrication du
« papier avec le papirus, on aura fait entrer celle
« que l'on employait pour le *liber* de quelques-uns
« des arbres dont parle Théophraste, au nombre
« de ceux qui habitent les lieus humides, tels que
« le saule, le tilleul, le frêne, le platane, le peu-
« plier, etc., dont, en effet, les feuillets de l'é-
« corce étaient admis pour le papier. Plusieurs des
« autres usages auxquels on prétend qu'était em-
« ployé le papirus, peuvent aussi avoir été con-
« fondus avec ceux de la plupart des arbres cités
« par Théophraste. »

Il suivrait de ces observations que le papier n'a
pu être fabriqué suivant le procédé indiqué par
Pline, et le moderne traducteur de ce savant écrivain ne sait comment le défendre. Les Anciens,
trop souvent abandonnés par ceux qui devraient
le mieux les connaître, ne sont que trop souvent
injustement condamnés. L'assertion générale des

auteurs anciens en faveur du papirus, les détails très-circonstanciés donnés par Bernard de Jussieu et le comte de Caylus, qui, sans avoir bien connu la fabrication de l'ancien papier, ont su distinguer celui qui avait été fabriqué en Égipte de celui que l'on fabriquait à Rome (1), auraient dû engager M. Poiret à suspendre son jugement (*a*).

§ II.

Du papier d'Égipte et des neuf emplois du papirus.

XLVII. On verra ci-après (*art.* XLVIII) que M. Bruce, qui a bien connu le papirus, qui en a fabriqué du papier, a rendu plus de justice à Pline, et a reconnu que cet arbrisseau fournissait plusieurs bandes de papier. J'ai conjecturé (*art.* XLIV) que la découverte du papier avait été faite dans la Nubie-Supérieure, en employant l'écorce de l'*amyris papyrifera*, si commun dans cette contrée, selon M. Caillaud, et servant encore à écrire des amulettes : mais Pline ne dit rien ici qui ait rapport à cet arbre.

Continuons d'étudier le texte de Pline, qui suit la phrase que nous avons rapportée dans l'article précédent, et que nous avons expliquée.

(1) Mémoires de l'Acad. des Inscriptions. tome XXVI; Mémoire déjà cité.

« On appelait anciennement *hiératique* le papier
« consacré exclusivement aux affaires religieuses.
« Épuré par le lavage, il a reçu le nom de papier
« Auguste; une seconde qualité prenait celui de
« Livie, son épouse; et ce fut ainsi que l'hiéra-
« tique descendit au troisième rang. Immédiate-
« ment après, venait le papier amphithéâtrique,
« ainsi nommé du lieu où on le confectionnait.
« Fannius le fabriqua ensuite avec une telle su-
« périorité en l'amincissant, et ajusta si artiste-
« ment les bandes entr'elles, que d'un rang in-
« férieur, son papirus passa au premier sous le
« nom de Fannien (1). L'amphithéâtrique non re-
« travaillé garda son ancien nom. Après celui-ci,
« vint le papier saïtique, ainsi appelé de la ville
« de Saïs, où le papirus croissait en plus grande
« abondance : il est composé de bandes plus gros-
« sières, c'est-à-dire plus rapprochées de l'écorce
« extérieure. Le lénéotique, qui vient d'un lieu
« voisin, se compose de bandes encore plus pro-
« ches de l'écorce extérieure. On le vend au poids,
« sans avoir égard à la qualité. L'emporétique ne
« vaut rien pour écrire, et ne sert qu'à envelop-
« per les autres papiers et les marchandises; de
« là le nom d'*emporétique*, donné par les mar-
« chands. Arrive la dernière qualité de papirus;
« l'extrémité de la plante ressemble à celle du

______

(1) *Excepit hanc Romæ Fannii sagax officina, tenuatamque cu-*
riosâ interpolatione principalem fecit è plebeiâ, et nomen ei dedit.

« jonc, et ne peut être employée qu'à des cordes
« qui servent dans l'eau (1). »

On voit qu'il y avait neuf espèces d'emplois du
papirus : 1º le papier hiératique ; 2º Auguste ;
3º de Livie ; 4º amphithéâtrique ; 5º fannien ;
6º saïtique ; 7º lénéotique ; 8º emporétique ; 9º le
jonc.

L'hiératique, dont j'ai parlé au commencement
de cet article, n'était fabriqué que par les Égyp-
tiens, qui le vendaient difficilement aux étrangers, parce qu'ils craignaient de le voir employé
à des écrits profanes ; ils n'avaient plus ce sujet
d'inquiétude quand il était écrit, c'est-à-dire employé par les prêtres ; c'est ce qui donna lieu aux
Romains de l'acheter à titre de manuscrits, et de
le débarrasser de l'écriture au moyen du lavage.
Ils se procurèrent ainsi long-tems ce papier d'é-
lite, qui prit alors le nom de papier consacré ou
de *papyrus Augustus*, traduction latine du mot
hiératique. Il est assez probable que ce surnom
d'*Augustus* n'avait aucun rapport à Octave, qui
ne fut nommé Auguste que plus tard. Cependant,
on le prit insensiblement dans ce dernier sens,
c'est-à-dire de papier d'Auguste. Ce fut alors qu'on
donna à la seconde espèce le nom de papier de
Livie. Telle est la conjecture imaginée pour expliquer le mot *ablutione* qu'on lit dans presque
tous les manuscrits. Le père Montfaucon a lu

(1) Pline, livre XIII, chap. 23.

adulatione dans un ancien manuscrit, et Dalechamp admet cette leçon. La bibliothèque du roi possède deux manuscrits du quinzième siècle qui la donnent.

Si l'on adopte la conjecture dérivée du mot *ablutione*, le papier d'Auguste, constituant la seconde espèce, était plus fin que l'hiératique, qu'il fallait laver pour le composer. Cette finesse le rendit très-difficile à employer, ainsi qu'on le verra dans la suite de ce que va dire Pline.

Le papier de Livie, composé des secondes bandes de la substance du papirus, comme Pline le dira plus bas, ne peut conséquemment être confondu avec les deux précédens, qui ne fesaient véritablement qu'une seule espèce; mais vouloir que les trois espèces n'en fissent qu'une, comme l'a prétendu Guilandin, c'est aller contre le témoignage de Pline, ainsi que je viens de le prouver. Aussi Dalechamp réfute aisément Guilandin, et prouve que les trois espèces étaient différentes, comme l'avait déjà soutenu Turnèbe, blâmé mal à propos, à ce sujet, par Guilandin(1). On ne peut soutenir l'identité du papier d'Auguste et du papier hiératique; car on verra dans l'article suivant que ce dernier n'avait que onze doigts de largeur, tandis que les deux premiers avaient treize doigts. Il paraît que les noms égip-

_____

(1) Voyez la note de Dalechamp, dans le Pline de Franzius. *Lipsiæ*, 1781, IV, 722.

tiens ont été d'abord adoptés, puis dénaturés à Rome.

La quatrième espèce fut ainsi appelée à cause de l'amphithéâtre d'Alexandrie, près duquel on le fabriquait; c'est ce qu'a cru le père Hardouin avec une grande vraisemblance. D'autres critiques veulent qu'il s'agisse de l'amphithéâtre de Rome où on le débitait.

La cinquième espèce de papier prit son nom du célèbre grammairien Quintus Rhemnius Fannius Palémon, qui l'inventa. Suétone a donné sa vie au nombre de celles des grammairiens célèbres(1). Les mots *curiosâ interpolatione*, employés dans la description de Pline, sembleraient indiquer un nattage des bandes longitudinales et transversales, opération qui devait rendre le papier plus solide, et en former la première qualité. S'il n'avait fait que polir les bandes, son travail n'aurait eu rien qui lui eût été particulier, et qui le distinguât de ses prédécesseurs. L'innovation conjecturée, exigeant un soin particulier et un battage plus considérable, par l'entrelacement qu'elle suppose, expliquerait mieux que toute autre hipothèse les mots *tenuatamque curiosâ interpolatione principalem fecit*. Mais je ne puis dire, pour le soutenir, que je connaisse aucun papirus existant de cette forme.

____

(1) Voyez l'orthographe d'Alde, p. 779; et les Jugemens des savans, par Baillet. Paris, 1722. IV, 205.

La sixième espèce, d'après Pline lui-même, prenait le nom de Saïs, ville de la Basse-Égipte, dont il ne reste plus aujourd'hui que des ruines. Son véritable nom est Tsohan. Elle était riche; c'est ce que l'on comprendra facilement, puisqu'elle était le séjour des rois. On l'a confondue avec Tanis (1).

Le septième papier, nommé *lénéotique* par tous les manuscrits, est appelé *ténéotique* par Isidore (2), qui ajoute que ce nom venait d'Alexandrie, où ce papier était fabriqué. Il est plus croyable sur ce point que d'autres qui supposent que ce nom vient de la ville de Tanis, où ils veulent que sa fabrication ait eu lieu (3).

Le huitième est l'*emporétique*, ainsi nommé du mot *emporium*, qui signifie marché. C'est notre papier d'emballage.

§ III.

Détails sur la fabrication de l'ancien papier d'Égipte, et la manière de l'éprouver.

XLVIII. Nous allons voir, toujours avec le secours de Pline, comment on fabriquait ces divers papiers (4).

(1) Table géographique d'Hérodote, par M. Larcher, art. Tanis.
(2) Livre VI, chap. 10.
(3) Note de Pinzianus dans l'édition de Pline par Franzius.
(4) Pline, livre XIII, chap. 23.

« Tous ces papiers se fabriquent sur une table
« mouillée de l'eau du Nil ; car, comme cette eau
« est trouble, elle tient lieu de colle. D'abord, sur
« la table inclinée, on range l'une contre l'autre
« des bandes de papirus aussi longues qu'on peut
« les avoir ; on les rogne de chaque côté, et l'on
« en place ensuite d'autres pareilles en travers ;
« puis on soumet le tout à la presse, on sèche les
« feuilles au soleil, et on en forme l'assemblage.
« Les feuilles voisines du centre sont toujours les
« meilleures, et la qualité diminue en s'éloignant
« du centre (1). Jamais la main n'en contient plus
« de vingt. »

On observe qu'il doit être impossible de remplacer la colle à l'aide de l'eau trouble du Nil ; car
elle doit cette apparence uniquement au limon
qu'elle charrie, et nullement à un principe muci-
lagineux. « On s'est imaginé, » dit M. Bruce (2),
« que l'eau du Nil avait une qualité gommeuse né-
« cessaire pour joindre ensemble les diverses
« bandes de papirus ; mais je puis assurer qu'il
« n'y a rien de si faux : au contraire, il m'a paru
« que, de toutes les eaux, celle du Nil était la

______

(1) *Atque inter se junguntur proximarum semper bonitatis di-
minutione ad deterrimas.* Ce passage doit évidemment être expliqué par le précédent : *principatus medio, atque indè scissuræ ordine.* M. Ajasson de Grandsagne fait un contresens évident en
traduisant : « Les feuilles extérieures sont toujours les meilleures,
« et la qualité diminue vers le centre. » Il n'a nullement compris
la fabrication du papier.

(2) Voyage en Nubie et en Abyssinie, trad. par Castera.
Paris, 1791. V, 20.

« moins propre à humecter le papirus, jusqu'à ce
« qu'elle eût été purgée du limon qui la rend or-
« dinairement fort trouble. J'ai souvent fait de
« cette espèce de papier, tant en Abissinie qu'en
« Égipte; et il m'a paru que ce suc doux, contenu
« dans la plante elle-même, était la vraie cause de
« l'adhérence des bandes; sans doute l'eau que l'on
« employait n'était que pour délayer ce suc et le
« faire étendre également partout. »

Malgré cette légère inexactitude reprochée à
Pline, dont le texte n'a peut-être pas été bien
compris, il n'en est pas moins curieux de l'étudier dans son ouvrage, et d'examiner avec lui la
largeur des feuilles et leurs différentes qualités.
Voici ce qu'il dit à ce sujet :

« La largeur des feuilles diffère considérable-
« ment : les meilleures ont treize doigts » (on observera que le *digitus* ou doigt des Romains avait
o mètre o185 (1); ainsi 13 doigts étaient o mètre
2405, environ deux décimètres et demi). « L'hié-
« ratique en a deux de moins, » c'est-à-dire o mètre
2035 ou 2 décimètres; « le fannien a dix doigts, »
c'est-à-dire o mètre 185 ou 18 centimètres et demi;
« l'amphithéâtrique a un doigt de moins; » il n'en
a conséquemment que neuf ou o mètre 1665,
c'est-à-dire 17 centimètres; « le saïtique en a moins
« encore, car il n'atteint pas la largeur du mail-

(1) L'Art de vérifier les dates avant J. C. Discours préliminaire.

« let (1); quant à l'emporétique, il n'excède pas
« six doigts, » ou o mètre 111, c'est-à-dire qu'il est
d'un peu plus d'un décimètre.

«On considère encore dans le papier sa finesse,
« sa force, sa blancheur, son poli. Claude enleva
« le premier rang au papier auguste, dont la
« finesse ne pouvait supporter la pression du *ca-*
« *lamus,* » qui fesait l'office de la plume. « D'ailleurs,
« ce papier, étant d'une transparence désagréable
« à l'œil, laissait voir les caractères du *verso.* On
« fit donc un papier dont la chaîne était for-
« mée par les secondes bandes du papirus, et
« la trame par les premières. On augmenta aussi
« la largeur du papier : elle était d'un pié »
(o mètre 2955) « pour les feuilles ordinaires, et
« d'une coudée » (o mètre 4433) «pour les *ma-*
« *crocolles,* » ou feuilles de la grande espèce;
« mais bientôt l'expérience fit apercevoir un dé-
« faut, c'est qu'en tirant ce grand papier de la
« presse, les feuilles y adhéraient et gâtaient plu-
« sieurs pages. Aussi le papier Claudien fut-il pré-
« féré à tous les autres, l'Auguste fut réservé pour
« le commerce épistolaire, le Livie garda le se-
« cond rang; ce dernier n'avait aucune bande de

____

(1) *Nec malleo sufficit, nam emporet ca brevitas sex digitos non
excedit.* Il faudrait une périphrase pour expliquer *nec et nam* que
je ne traduis point ici. M. Dureau de la Malle, mon savant collègue,
a composé sur tout ce que Pline dit du *papyrus,* un Mémoire très-
détaillé auquel je crois devoir renvoyer ici. Toutes les difficultés
grammaticales y sont résolues avec une grande sagacité.

« la première tranche, toutes étaient de la se-
« conde (1). »

Ce passage de Pline prouve évidemment que le
papirus, quoiqu'il fût un monocotilédon, comme
l'observe M. Poiret, avait plusieurs tranches ; c'est
ce que confirme Bruce (2), et cette double assertion ne nous permet aucun doute.

Le papier *macrocollos* ou *macrocollis* n'était pas
fait d'une seule pièce comme le nôtre, mais composé de deux bandes longitudinales que termi-
naient en haut et en bas deux bandes transversales. Ce papier *macrocollos* est le *major charta*
de Suétone dans la Vie d'Auguste, et du poëte
Martial ; on lit dans ce dernier (3) : *Major charta
minorque*. Le père Hardouin est le premier qui
ait découvert l'analogie du passage de Pline avec
ceux de ces deux auteurs (4).

§ IV.

Défauts du papier d'Égipte et ancienneté des manuscrits.

XLIX. Je reprends encore le texte de Pline
pour examiner les défauts du papier d'Égipte.

(1) C. Plinii *hist. nat. lib.* XIII, C. 24, et 12 dans d'autres éditions.
(2) Voyage aux sources du Nil, II, 19.
(3) Livre I, épig. 45.
(4) Note de Poinsinet de Sivry dans sa traduction de Pline. Paris,
1772. V. 67.

« Les aspérités du papier disparaissent par l'em-
« ploi de l'ivoire ou d'une coquille ; mais alors l'é-
« criture ne se conserve pas si long-tems ; car ce
« papier lissé ne prend pas si bien l'encre, il est
« seulement plus luisant. Il arrive souvent aussi
« que le papier résiste quand on écrit, parce qu'on
« lui a donné mal à propos, ou en trop grande
« quantité, l'eau qui lui sert de colle. On connaît
« cette imperfection en le battant à coups de mail-
« let pour en exprimer l'humidité, ou même par
« la mauvaise odeur qu'il fait sentir. Si la prépa-
« ration est plus défectueuse encore, il en résulte
« des taches que l'œil découvre aisément ; mais les
« défectuosités qui naissent de l'insertion des filets
« étrangers placés dans le collage entre les bandes,
« et qui font boire le papier, ne sont aperçues
« que lorsque les lettres sont tracées et qu'on les
« voit se dilater, tant il existe de fraude. On a
« donc eu recours à un autre procédé de fabrica-
« tion (1).

« Ce procédé consiste à employer de la colle
« ordinaire, qui se prépare avec de la fleur de fa-
« rine bouillie dans l'eau et un peu de vinaigre ;
« car la colle forte et celle qui se fait de gomme ne
« sont pas de longue durée et rendent le papier
« cassant. Un meilleur procédé, c'est d'employer
« de la mie de pain levé, passée à la chausse avec

____

(1) *C. Plinii hist. nat. lib.* XIII, C. 25, et 12 dans d'autres
éditions.

« de l'eau bouillante : de là une colle moins épaisse
« entre les couches (1), et qui donne un papier
« plus lissé que la toile de lin (2). Au reste, la
« colle, quelle qu'elle soit, ne doit avoir ni plus
« ni moins d'un jour : le papier étant collé, on l'a-
« mincit avec le maillet, ensuite on le colle de
« nouveau, et, pour faire disparaître les plis qui
« s'y forment, on l'étend une seconde fois sous le
« maillet. C'est sur ce papier que depuis si long-
« tems Tibérius et Caïus Gracchus, » morts l'un
l'an 133 avant notre ère, l'autre l'an 122, « ont
« écrit de leur propre main leurs mémoires,
« dont j'ai vu, environ deux siècles après, l'auto-
« graphe chez Pomponius Secundus, citoyen et
« poëte illustre. Cicéron, Auguste et Virgile s'en
« servaient aussi, et nous avons vu nombre de fois
« leurs manuscrits (3). »

On voit que les défauts du papier d'Égipte ne
l'empêchaient pas de se conserver long-tems.
M. Bruce, qui en a fabriqué, fait à ce sujet les observations suivantes :

(1) *Minimum hoc modo intergerii*; ce mot *intergerium* désigne
l'espace, tel quel, qu'occupe nécessairement la colle entre deux
bandes qu'elle unit étroitement. Vossius, dans son *Etymologicon*,
à l'article *intergerivus*, dérive ce mot d'une métaphore prise *ab
intergerivo pariete*. Le père Hardouin adopte cette étimologie.
Vossius définit encore l'*intergerium* dans son excellent traité *de
arte grammaticâ*, lib. I, cap. 27.

(2) *Atque etiàm lini lenitas superatur*, et non *Nili lenitas*, comme
écrivaient les éditions antérieures au père Hardouin.

(3) *C. Plinii hist. nat. lib.* XIII, C. 26, et 12 dans d'autres
éditions.

« Il y avait de l'avantage à poser les lames (1)
« de papirus dans le même sens où elles étaient
« avant de les détacher; c'est-à-dire le dedans vis-
« à-vis le dedans, et l'une en long, l'autre en tra-
« vers, après quoi l'on posait par-dessus, l'ais d'un
« livre, et on le surchargeait de pierres. Je ne
« crois pas que l'eau chaude eût été bonne pour
« humecter les feuilles; mais je sais bien que l'eau
« du Nil les rendait toujours rudes et graveleuses:
« j'en ai fait plusieurs feuilles assez unies en me
« servant d'eau filtrée, telle que je la fesais pré-
« parer pour boire : malgré cela, elles étaient tou-
« jours épaisses, pesantes, elles séchaient trop
« tôt, devenaient raides, et n'étaient jamais blan-
« ches. Je n'en ai jamais vu une seule feuille, lors
« même qu'elle était nouvelle, qui pût supporter
« un coup de maillet, sans que toutes les (2) fibres
« fussent divisées, et je ne me suis pas non plus
« aperçu que le livre que j'ai et qui a indubita-
« blement été fait dans le Saïd, porte l'empreinte
« d'un coup de maillet. Un passage de Pline (qui
« vient d'être rapporté), me fait conjecturer qu'on
« ne se servait de maillet que lorsqu'on avait be-
« soin d'employer une préparation rigoureuse,
« c'est-à-dire toutes les fois qu'on laissait sécher
« les bandes de papirus avant de les arranger (3).

(1) Le traducteur français Castera dit *pellicules*; mais il traduit
mal puisqu'il s'agit de lames de la substance intérieure du papirus.

(2) Voyage en Nubie et en Abyssinie. Paris, 1791. V, 20.

(3) Id. p. 20.

« Sir Joseph Banks m'a montré un morceau de
« papier qu'il a eu d'un Italien (1), et qui a été
« fait avec du papirus trouvé dans le lac de Tra-
« simène. Je ne me souviens pas des procédés
« qu'on a employés pour le faire ; mais je sais
« bien qu'il est d'une qualité supérieure à tout
« celui que j'ai fait moi-même ; qu'il a plus de
« flexibilité que l'ancien papier égiptien, et que,
« s'il était fini, il répondrait mieux à tous les
« usages de notre papier ordinaire (2). »

On voit que Bruce parle avec impartialité de
son travail, et qu'il n'en est que plus croyable
quand il dit qu'il a réussi.

En terminant la dernière citation de Pline dans
cet article, nous avons vu que ce Savant parle de
la conservation d'anciens manuscrits sur papier
d'Égipte : il en cite ensuite d'autres d'une antiquité plus reculée, et nommément (3) une lettre
écrite par Sarpédon, en date de Troie. Mucien,
trois fois consul, rapportait l'avoir lue étant préfet de Licie. Ce Mucien est Marcus Licinius Mu-
cianus dont le troisième consulat eut lieu l'an 75
de notre ère (4), dans le tems même où Pline
écrivait son immortel ouvrage ; son témoignage
pourrait difficilement être récusé.

Les Savans français qui ont été en Égipte ont

<hr>

(1) Voyages en Nubie et en Abyssinie. Paris, 1791. V, 19.
(2) Id. p. 20.
(3) C. Plinii *hist. nat.*, chap. 27 ou 13.
(4) Théod. Jans. ab. Almelov. *Fast. consul. Amstelæd.* 17..

vu des monumens bien plus anciens conservés
après une multitude de siècles. « Comment pein-
« dre la surprise des voyageurs, » s'écrie M. Jomard (1), « quand, après avoir développé ou
« coupé vingt circonvolutions de bandelettes de
« momies, ils viennent à rencontrer des rouleaux
« intacts? Si l'on voulait décrire l'empressement,
« la curiosité, l'enthousiasme, qui nous gagnaient
« tous de proche en proche, on ferait une pein-
« ture froide et sans couleur à côté de la réalité.
« N'essayons pas même d'esquisser ce tableau, et
« narrons simplement les faits qui ont été obser-
« vés. » N'oublions pas surtout que nous avons
des monumens (*art.* XXIV) qui remontent au
dix-neuvième siècle avant notre ère, c'est-à-dire
plus de neuf siècles avant qu'Homère eût composé ses poëmes (*a*).

(1) Description de l'Égypte. Paris, 1821. III, 117. 2ᵉ édition.

CHAPITRE X.

DESCRIPTION DES VOLUMES TROUVÉS DANS LES MOMIES.

C'est sous les enveloppes générales qui recouvrent les momies (1) ordinairement entre les deux cuisses, et quelquefois entre les bras et le corps, qu'on a découvert les manuscrits de papier d'Égiple. On en a trouvé indistinctement dans les deux sexes, mais plus fréquemment chez les hommes. Les momies préparées avec simplicité renfermaient des volumes comme celles où l'on avait déployé un certain luxe (2). Ainsi l'emploi de l'écriture et du papier peuvent être considérés comme populaires, c'est-à-dire comme n'étant pas uniquement consacrés aux grands dignitaires ou aux riches (a).

La hauteur de ces rouleaux est variable, et la longueur l'est encore davantage; le plus grand et le plus précieux de tous ceux que l'on a recueillis,

(1) Sur la nature des momies, voyez la description de l'Égypte, Paris, 1821, III, 68.

(2) Description de l'Égypte, Paris, 1821. III, 118, 2ᵉ édition.

a neuf mètres vingt centimètres de long (environ vingt-huit piés quatre pouces). La hauteur varie de vingt-huit à trente-sept centimètres, c'est-à-dire de dix pouces quatre lignes à treize pouces huit lignes. Il ne faudrait peut-être pas juger par ces mesures de la dimension à laquelle pouvait atteindre le papier égiptien; car rien ne devait borner cette dimension, s'il faut en juger par le procédé que Pline a décrit (*art.* XLVII). Le *macrocollos* étant composé de deux bandes longitudinales, on pouvait joindre ensemble trois, quatre et un nombre quelconque de bandes en suivant le même procédé (*a*).

Chaque volume est roulé sur lui-même, en circonvolutions serrées, et de gauche à droite, indices à joindre aux preuves que l'on a d'ailleurs que les Égiptiens lisaient, comme les Hébreux, de droite à gauche. Le rouleau est aplati; il est moins léger qu'on ne s'y attendait, effet qui provient de la double couche du liber, de la présence de la gomme, et de la peinture appliquée par dessus. Au toucher, on trouve le papier sec et cassant; il sent fortement le baume; sa teinte est un jaune plus ou moins foncé ou sali. Le dérouler (1) au sortir de la momie serait impossible; au moindre mouvement que l'on fait pour ouvrir le volume, on l'entend craquer, et l'on voit des filamens s'en détacher. Ce n'était pas là, sans

(1) Description de l'Égypte Paris. 1821. III, 118, édition.

doute, l'état primitif de ces manuscrits : l'écrivain avait besoin d'un papier plus flexible pour en pouvoir user. Cet effet provient de ce que l'on a roulé autour du corps des bandelettes toutes chaudes, et qu'à la chaleur des toiles s'est jointe une autre cause continue, la température élevée des puits qui a desséché entièrement les rouleaux, malgré les enveloppes imperméables qui les recouvrent.

Il ne sera pas inutile de donner ici une idée des précautions qu'ont prises nos Savans en Égypte, pour dérouler les volumes, afin de diriger ceux qui auront, par la suite, à faire la même opération. Il faut premièrement humecter le papier, en le recouvrant de plusieurs linges mouillés ; quand on juge que l'humidité l'a pénétré suffisamment, il faut tendre une gaze fine sur un châssis, en lui donnant plus de longueur qu'on n'en suppose au volume. On passe de la colle bien fine et bien délayée sous la marge du manuscrit et sur la gaze, en les fesant adhérer l'une à l'autre par le moyen d'une douce pression ; puis on déroule et on colle successivement par bandes étroites de deux ou trois centimètres, à mesure que les parties précédentes sont affermies. Le meilleur moyen de presser doucement le papier contre la gaze, est d'employer un tampon de linge avec légèreté. Il faut que ce travail se fasse à l'ombre ; il faut surtout ne pas le suspendre long-tems. La poussière et tout ce qui pourrait dessécher l'étoffe, doivent aussi être écartés avec soin. On voit (1) quel tems exige ce travail pour dérouler un macrocollos de dix mètres.

Malgré la fragilité de ces volumes, combien ils sont intacts et conservés, si on les compare aux plus anciens manuscrits connus, et même à ceux qu'on a découverts à Herculanum dans le dix-huitième siècle (2)! Comme si tous les ouvrages des Égiptiens, même les plus délicats, devaient leur plus grande conservation à leur plus grande ancienneté! Singulier privilége que l'Égipte exerce, depuis tant de siècles, sur tant de nations connues! que d'habileté ne faut-il pas aux Savans chargés de recueillir les parcelles des manuscrits d'Herculanum; pour traduire, en quelque sorte lettre à lettre, ces cendres écrites, avant qu'elles disparaissent pour toujours! Et, en supposant qu'un Tacite, un Tite Live, un Cicéron complets, soient cachés sous ces débris, quelle faible chance on a pour les y retrouver, et que de tems il faudra pour en jouir, malgré tous les moyens ingénieux que l'on met en usage! Au contraire, les volumes trouvés dans les momies, peuvent être ouverts et déroulés sans peine, et l'on peut les copier fidèlement et sans lacune.

Quand on examine et que l'on compare en-

____

(1) Description de l'Égypte. Paris 1821. III, seconde édition, p. 119.

(2) J'ai parlé de ces manuscrits dans les Mémoires pour servir à l'histoire ancienne du globe. VIII, 210.

semble les divers volumes, on voit 1° que tous sont écrits par parties séparées, en colonnes ou en pages ; 2° qu'il s'y trouve une scène principale, qui est constamment la même ; 3° que certains commencemens d'alinéa, si l'on peut employer ce mot, sont écrits en rouge, tandis que le texte est noir ; 4° enfin, que les caractères sont de deux espèces, que l'on peut désigner provisoirement l'une sous le nom de *hiérogliphes*, et l'autre sous (1) le nom de *signes alfabétiques* (2).

§ I.

Distinction des hiérogliphes et des signes alfabétiques. Description d'un volume hiérogliphique.

LI. Les hiérogliphes se voient sur tous les manuscrits, au moins dans le grand tableau principal ; mais ils sont en petit nombre et les moins fréquens ; les seconds, heureusement, recouvrent la presque totalité des volumes, à l'exception des rouleaux, qui sont tous en hiérogliphes. On n'en a rapporté qu'un seul de cette dernière espèce, dans la grande Description d'Égipte (3) : la phrase suivante, tirée de Martianus Capella (4), paraît

(1) Description de l'Égypte. Seconde édition. Paris 1821. III, 120.
(2) Id. p. 121.
(3) Il est gravé dans les planches 72, 73, 74 et 75. A vol. II.
(4) *De nuptiis philologiæ et mercurii*, *lib*. II, p. 35.

bien s'appliquer à ces volumes hiérogliphiques : *Cernere erat qui libri quantaque volumina ; quot linguarum opera ex ore virginis defluebant. Alia ex papyro quæ cedro perlita fuerant videbantur ; alia carbasinis voluminibus complicati libri, ex ovillis multi quoque tergoribus. Rari verò in phillirae cortice subnotati. Erantque quidam sacrâ nigredine colorati, quorum litterae animantium credebantur effigies.* « Il fallait voir quels livres, combien de « volumes, et en combien de langues, étaient pro- « duits par la Philologie : les uns paraissaient « écrits sur des lames de papirus frottées avec du « cèdre; d'autres étaient des volumes de toile de « lin repliée sur elle-même; beaucoup de peaux « de brebis; quelques-uns, en petit nombre, « étaient des notes écrites sur des feuilles de til- « leul, il y en avait encore qui étaient colorés d'un « noir religieux, et dont on regardait les lettres « comme étant l'effigie des animaux. »

Apulée parle aussi des manuscrits en hiérogliphes dans le passage suivant (1): *quosdam libros litteris ignorabilibus prænotatos, partim figuris cujusce modi animalium concepti sermonis compendiosa verba suggerentes, partim, etc.* « Il tira du fond du « sanctuaire certains livres pleins de prières « écrites avec des caractères inconnus, qui conte- « naient les termes des formules sacrées en abrégé, « sous des figures de toutes sortes d'animaux, et

______

(1) Métam. livre XI.

«d'une grande quantité de différens accens, etc. »

Les manuscrits alfabétiques sont divisés par pages dans leur longueur. On appelle ici *page égiptienne*, faute d'autre mot, un certain espace écrit dans un rectangle variable de hauteur et de largeur, et séparé d'un espace pareil par un blanc large d'un centimètre plus ou moins. Ces pages ne sont pas moins variables pour leur écriture lâche ou serrée, forte ou grêle, très-noire ou pâle. Mais ce dernier défaut est rare, et il conviendrait de l'attribuer à une cause accidentelle; car ces manuscrits se font quelquefois remarquer par le brillant et la solidité de l'encre noire. On reconnaîtra facilement que les autres couleurs sont également conservées (1).

On a un papirus où il existe quelques caractères isolés sur la marge, comme si l'écrivain eût voulu essayer sa plume (2); ils occupent la marge droite, par où l'écrivain devait en effet commencer, et ils sont d'ailleurs plus pâles et plus maigres. Ceux qui ont le plus de force et de largeur sont les hiérogliphes (3); sans doute la plume se taillait plus gros pour les tracer.

Les hiérogliphes accompagnent une scène particulière, placée vers la gauche ou la fin du volume. Elle a été décrite par plusieurs voyageurs,

---

(1) Description de l'Égypte. Paris, 1821, III, 121.
(2) Voyez la planche 60 de la Description de l'Égypte, A, vol. II.
(3) Voyez la même planche.

entr'autres par M. Denon, qui, le premier, l'a vue représentée sur un manuscrit. Il suffit de dire ici qu'elle exprime, selon toute vraisemblance, le jugement de l'ame du personage qui est à droite de la scène, sans doute celui sur le corps duquel était le papirus; qu'Isis le reçoit, présenté par une femme habillée comme la déesse; que deux prêtres masqués pèsent dans une balance des objets simboliques, et qu'on croit représenter les bonnes et les mauvaises actions du personage (1), qu'un autre, également masqué, écrit sur une tablette le résultat de la pesée, et qu'enfin un Dieu, assis sur un trône élevé, paraît faire les fonctions de juge. Entre les deux derniers, et sur un autel, est une figure monstrueuse, à tête de crocodile et à corps de lion, avec beaucoup de mamelles, animal chimérique, sur lequel il serait difficile de faire une conjecture, ou trop long de l'établir ici avec solidité. Un grand *lotus* figure sur (2) un autre autel. Ce qu'il y a de plus curieux, c'est la scène de la balance, et surtout un objet qui pend aux piés du cinocéphale, espèce de contrepoids qui paraît faire la différence des charges des deux plateaux, et qui, par conséquent, établit l'équilibre. Si l'on veut croire que le résultat est en faveur du personage, on dira

(1) Cette balance diffère beaucoup de celle qui est gravée planche 46, A, vol. II.

(2) Description de l'Égypte. Paris 1821. III, 122.

(toujours dans la même hipothèse), que les mauvaises actions sont représentées ou indiquées par la feuille prise dans un sens tropique, et que les bonnes le sont par le vase, puisque le contrepoids estplacé entre le plateau de la feuille et le centre du levier; et si l'on voulait pousser la recherche plus loin, on observerait que la distance du contrepoids au centre étant au quart du bras du levier, c'est là le nombre que doit enregistrer l'homme à la tête d'Ibis, comme étant l'excès des bonnes actions sur les autres. Que le prêtre, arrêtant le contrepoids, et observant sa distance au centre, ait le masque de l'épervier, et que celui qui paraît l'interroger ait celui du chacal, c'est ce qui ne doit pas surprendre ceux qui ont vu dans les catacombes ces animaux, peints, sculptés, et même embaumés, comme les hommes. On ne peut qu'effleurer ici un sujet aussi curieux, mais obscur, où l'imagination doit craindre de s'égarer, et qui, cependant, est digne de toute l'attention des lecteurs (1) qui veulent connaître l'antiquité. Je ne m'y arrêterai pas ici plus long-tems. C'est à notre savant collègue, M. Jomard, que sont dues toutes ces observations, et l'on peut voir dans l'ouvrage cité en note les détails curieux qu'il donne sur le contenu des volumes trouvés dans les momies, et sur l'écriture qui y est employée. Je rapporterai seulement ici une inscription hié-

____

(1) Description de l'Égypte. Paris, 1821. III, p. 123.

rogliphique omise par les auteurs de ce grand ouvrage. Elle a été expliquée de la même manière par deux écrivains anciens très-estimables, et qui, tous deux, la placent dans le vestibule du temple de NEITH (Minerve), l'un à Diospolis ou Thèbes, et l'autre à Saïs : on avait gravé dans ces deux vestibules, selon Clément d'Alexandrie (1) et Plutarque (2), un enfant, un vieillard, un épervier, un poisson et un hippopotame. Ces cinq hiérogliphes signifiaient évidemment, selon l'auteur chrétien, comme selon le païen :

« O vous qui arrivez à la vie, et vous qui êtes « prêts à en sortir, Dieu hait l'impudence. »

En effet, l'enfant désigne la naissance, le vieillard la mort, l'épervier la divinité, le poisson la haine, parce que les prêtres égiptiens n'en mangeaient point et haïssaient la mer, l'hippopotame l'impudence ; car, après avoir tué son père, il fesait violence à sa mère. Suivant Horapollo (3), l'hippopotame désigne le dommage. En préférant ce sens, au lieu de : Dieu hait l'impudence, il faudrait traduire : Dieu hait tout être malfesant, ce que j'aimerais mieux. On observera que l'hippopotame se trouve très-rarement au-dessous des cataractes d'Éléphantine, et conséquemment en Égipte ; on ne le voit guère qu'en Abissinie et en

(1) *Stromata*, lib. V, p. 370.
(2) *De Iside et Osiride.*
(3) *Hieroglyph.* lib. II, 180.

Éthiopie, ce qui confirme l'opinion des Éthiopiens, qu'ils ont inventé l'écriture (*a*).

§ II.

Recherches du Père Kircher sur la langue copte ou égiptienne.

LII. L'alfabet égiptien était connu du tems de Plutarque, et contenait, dit-il, vingt-cinq lettres (1), c'est-à-dire un nombre égal à celui des années que durait la vie du bœuf Apis. Cependant, Téséo Ambrosio, orientaliste du quinzième siècle, n'en donne que vingt-quatre dans les deux alfabets égiptiens que renferme son ouvrage intitulé :

Introductio in chaldaïcam linguam, syriacam atque armenicam, et decem alias linguas; characterum differentium alphabeta circiter quadraginta, et eorumdem invicem conformatio mystica et cabalistica, quàm plurima scitu digna; et descriptio ac simulacrum phagoti afranii; Pavie, 1539, in-4°, de deux cent quinze feuillets (2).

(1) Traité d'Isis et d'Osiris, XVI, 136 dans la traduction des œuvres morales de Plutarque par l'abbé Ricard.

(2) Biographie universelle art. Téséo. On pourra consulter aussi l'ouvrage intitulé : *Turco græciæ libri* VIII. Bâle, 1584. in-folio, rare. Cet excellent recueil contient plusieurs petits ouvrages et des lettres qui nous donnent une idée exacte de l'état civil et religieux de la Grèce dans les 14e, 15e et 16e siècle. Piétro della Valle, dans la lettre XI de ses voyages, datée du 25 janvier 1616, envoie à son

Ces deux alfabets ont été reproduits par Duret dans son *Thrésor des langues de cest univers* (1), et n'ont presqu'aucun rapport avec l'alfabet copte, qui contient trente-deux lettres, et que nous a donné le Père Kircher, le premier qui nous fournisse quelques lumières sur la langue copte, qu'il croit être l'ancienne langue égiptienne. Le premier ouvrage qu'il a publié sur ce sujet est intitulé :

Athanasii Kircheri Fuldensis Buchonii è societate Jesu Prodromus Coptus sive Ægyptiacus. — In quo cùm linguæ coptæ, sive ægyptiacæ, quondàm Pharaonicæ, origo, ætas, vicissitudo, inclinatio ; tùm hieroglyphicæ literaturæ instauratio, uti per varia variarum eruditionum, interpretationumque difficilimarum specimina, ità novâ quoque et insolitâ methodo exhibentur. Romæ, typis S. Cong. de propag. fide, 1636, in-4°.

Dans cet ouvrage, l'auteur prétend que le nom de langue copte ne vient pas de celui de l'Égipte, comme l'avaient soutenu d'autres auteurs plus anciens, mais de la ville de Coptos, capitale d'un nome d'Égipte. Cette ville de Coptos n'est mentionnée, ni par Hérodote, ni par Diodore de Si-

---

correspondant un alfabet copte, et soutient que la langue copte est l'ancienne langue d'Égipte : il le prouve par une momie qu'il possède et où il a trouvé des caractères coptes (p. 247 de sa traduction française, tome I), et par un raisonnement tiré de l'alfabet. Il avait une grammaire arabe de cette langue et un dictionnaire où se trouvait l'explication de six mille mots.

(1) Cologny, 1613, p. 381.

cile. Strabon seul en parle comme d'une ville qui, de son tems, servait d'entrepôt pour le commerce de l'Arabie et de l'Inde avec Alexandrie (1); elle n'était donc pas une capitale qui eût une langue particulière. Les habitans de cette ville se firent chrétiens et rappelèrent l'usage de l'ancienne langue sacrée dans leurs traductions de la Bible. Ils furent persécutés par Dioclétien l'an 19 de cet empereur, ou 303 de notre ère, peut-être parce qu'ils s'étaient enrichis par le commerce. Ce n'est aujourd'hui qu'un village ruiné qui a conservé le nom de Qeft (2).

Les trente-deux lettres de l'alfabet copte, selon Kircher sont :

1.	Alpha,..........	*a.*	14.	Ni,..........	*n.*
2.	Vida,..........	*v.*	15.	Exi,..........	*x.*
3.	Gamma,..........	*g.*	16.	O,..........	*o.*
4.	Dalda,..........	*d.*	17.	Bi,..........	*p.*
5.	Ei,..........	*e.*	18.	Ro,..........	*r.*
6.	So,..........	*s.*	19.	Sima,..........	*s.*
7.	Zita,..........	*z.*	20.	Dau,..........	*t.*
8.	Hida,..........	*i.*	21.	H,..........	*e.*
9.	Thita,..........	*th.*	22.	Phi,..........	*f.*
10.	Iauda,..........	*i.*	23.	Chi,..........	*ch.*
11.	Kabba,..........	*k.*	24.	O,..........	*o.*
12.	Lauda,..........	*l.*	25.	Scei,..........	*sc.*
13.	Mi,..........	*m.*	26.	Fei,..........	*f.*

(1) Géographie de Strabon, p. 781 et 815 édit. de Casaubon.
(2) Description de l'Égypte. Paris, 1821. III, 409.

27. Chei,........ *ch.* 30. Scima,....... *sc.*
28. Hori,........ *h.* 31. Dei,........ *di.*
29. Giangia,..... *gi.* 32. Epsi,........ *ps.*

On voit que les lettres 5 et 21 ont le même son *e;* que les lettres 16 et 24 ont le même son *o;* que les lettres 8 et 10 ont le même son *i;* que la lettre 4 a le son *de* et la lettre 31 le son *di;* que les lettres 22 et 26 ont le même son *f.* Il y a donc cinq lettres inutiles, ce qui n'est pas vraisemblable; aussi Kircher sentit le besoin de mieux étudier son sujet, et, au bout de huit ans, il publia un nouvel ouvrage sous le titre suivant : *Athanasii Kircheri è societate Jesu lingua ægyptiaca restituta; opus tripartitum, unà cum supplemento.*— *Romæ sumptibus Hermanni* Scheus. 1644, in-4°.

Le premier ouvrage de Kircher renfermait des élémens de la langue Copte, rédigés d'après quelques auteurs arabes; le second donne les grammaires de ces auteurs, et des lexiques Coptes, composés également en arabe. Dans les réflexions dont il les accompagne, le père Kircher répand cette érudition inutile et fatigante qui (1) caractérise ses productions, et qui peut-être a fait douter de son savoir. Il s'écarte partout de son but, qui était de ressusciter l'ancienne langue égiptienne. Rien de si défectueux que tout ce

____

(1) Mémoires de l'académie des Inscriptions. Paris 1768, XXXII, 213.

qu'il a publié pour en faciliter l'intelligence. Ses élémens contiennent à peine quelques règles générales. Les auteurs arabes dont il a traduit les ouvrages, sont superficiels, sans ordre et sans clarté. Il fallait pour les mettre à notre usage, les assujétir à notre méthode : mais le père Kircher, qui voulait absolument pénétrer dans les plus intimes secrets de la théologie égiptienne, crut avoir trouvé dans la langue copte le fil qui devait le conduire, et franchissant d'un seul pas la carrière qu'il s'était ouverte, il alla s'enfoncer et se perdre dans les ténèbres des hiérogliphes (1) : il publia en 1650;

Obeliscus Pamphilius, hoc est interpretatio nova et hùc usquè intentata, obelisci hieroglyphici ex hippodromo Caracallæ in forum agonale translati, etc. Rome, 1650, in-folio.

C'est l'explication des hiérogliphes qui couvrent l'obélisque de la fontaine de la place Navone. Cet obélisque fut restauré par le Bernin, sous la direction du père Kircher, par les ordres du pape Innocent X *(Panfili)*: le savant jésuite alla jusqu'à mettre des hiérogliphes de son invention aux endroits où les anciennes figures étaient absolument effacées et détruites (2).

(1) Mémoires de l'académie des Inscriptions. Paris, 1768. XXXII, 214.

(2) Biographie universelle. Paris, 1818. p. 444, Art. Kircher, par M. Weiss.

§ III.

Travaux de plusieurs Savans sur la langue copte.

LIII. Pendant que Kircher négligeait ses premiers travaux sur la langue copte pour l'étude des hiérogliphes, les efforts qu'il avait faits engagèrent les Savans à tourner quelquefois les ieux sur cette langue. Saumaise la cita souvent dans ses écrits (1), s'en servit avec quelque succès pour justifier l'interprétation qu'Ératosthènes avait donnée des noms égiptiens des rois de la Thébaïde, et promit de l'éclaircir dans un commentaire qu'il n'a jamais achevé, et qui vraisemblablement n'aurait manqué ni de savoir ni d'étendue.

Elle fixa bientôt l'attention de plusieurs de nos Savans, et de ce nombre furent M. Piques, docteur de Sorbonne, qui n'a presque rien mis au jour, et l'abbé Renaudot, qui traduisit d'abord les attestations de l'église copte, insérées dans la *Perpétuité de la foi*, et ensuite les liturgies de cette église (2). Ses travaux furent très-utiles pour la religion, et beaucoup moins pour les lettres, parce qu'il ne fit point imprimer les textes originaux de ses traductions. Cependant, nous lui

(1) *Comment. in Simp.* p. 169 ; *notæ in Achill. Tatium*, p. 621.
(2) **Vie de M. la Croze.** Amsterdam , 1741, p. 289.

avons obligation d'avoir montré dans la préface de ses liturgies (1) que la langue copte vient de l'ancienne langue égiptienne.

Le Père Bonjour paraissait destiné à mettre cette vérité dans le plus haut degré d'évidence. C'était un augustin de Toulouse, qui avait de la critique et de l'érudition. Appelé à Rome par le cardinal Noris, il y publia quelques ouvrages, et entr'autres des observations sur les manuscrits coptes conservés (2) au Vatican. Il avait fait de très-grands progrès dans la langue de ces manuscrits, langue irrégulière, hérissée de difficultés, et composée de plusieurs dialectes, dont il faut démêler le caractère (3). Le Père Bonjour était venu a bout de la soumettre à des règles; il en avait composé une grammaire, dont l'abbé Renaudot rendit un compte très-avantageux au pape Clément XI, qui l'avait chargé de l'examiner. Un voyage que fit l'auteur à la Chine, où il mourut en 1714, interrompit le cours de ses études, et ne lui permit pas de publier sa grammaire, qui, grace aux soins éclairés de M. le cardinal Spinelli, devait être imprimée à la Propagande (4); mais il ne paraît pas qu'elle l'ait été (5).

<hr>

(1) Vie de M. la Croze. Amsterd. 1741, p. cxiii.
(2) Mémoires de l'Académie des Inscriptions. XXXII, 214.
(3) *In monu* m. *cop. seu Ægypt. Biblioth. Vatic. brev. exerc.* *Rom.* 1698.
(4) Mémoires de l'Académie des Inscriptions. XXXII, 215.
(5) Biographie universelle. Art. Bonjour.

Deux ans après la mort du Père Bonjour, c'est-à-dire en 1716, il parut à Leipsick une courte grammaire copte sous ce titre : *Fundamenta linguæ copticæ ; auctor Christianus Blumbergus. Lipsiæ,* 1716. Chrétien Gotthelf Blumberg, théologien luthérien, auteur de cette grammaire, avait aussi composé un *dictionarium linguæ copticæ*, qui est resté manuscrit. La même année 1716, David Wilkins mit au jour sa version copte du nouveau testament. C'est le premier livre imprimé en cette langue, et Wilkins rendit un vrai service à la littérature en le publiant. Il voulait l'enrichir encore d'une grammaire et d'un dictionnaire copte (1); mais il avait un rival redoutable : Mathurin Veyssière la Croze avait aussi composé un lexique copte. Loin d'estimer l'ouvrage de Wilkins, il fut indigné des méprises de cet orientaliste, et ne vit plus en lui qu'un ignorant plein de vanité. La préface du lexique de la Croze fut imprimée à Brême, in-8°, en 1721; mais la dépense avait retardé la publication de l'ouvrage (2), qui ne parut que cinquante-trois ans après sous ce titre :

Lexicon ægyptiaco-latinum ex veteribus illiûs linguæ monumentis summo studio collectum et elaboratum à Maturino Veyssière la Croze, quod in compendium redegit, ità ut nullæ voces ægyptiacæ,

(1) Mémoires de l'académie des Inscr. et Belles lettres. XXXII, 216. Voyez la suite de ce mémoire.

(2) *Bibliotheca Historico-philologico-theologica*, classis *V*læ Fascic. *IV* tum, p. 744-746.

nullæque earum significationes omitterentur. Christianus Scholtz. Aulæ regiæ Borussiacæ à concionibus sacris, et ecclesiæ reformatæ cathedralis Berolinensis pastor. Notulas quasdam, et indices adjecit Carolus Godofredus Woide. Oxonii : ex typographæo Clarendoniano, 1775, in-4°.

Christiani Scholtz, Berolin. Marchici, aulæ regiæ Borussicæ à concionibus sacris, et ecclesiæ reformatæ cathedralis Berolinensis pastoris; grammatica ægyptiaca utriusque dialecti: quam breviavit, illustravit, edidit, Carolus Godofredus Woide, S.A.S. Oxonii: e typographæo Clarendoniano, 1778, in-4°.

Ces deux volumes doivent être réunis, et forment encore aujourd'hui le meilleur ouvrage que nous ayons sur la langue égiptienne ou copte. L'éditeur, Charles-Godefroi Woide, sous la date de Londres, des ides d'octobre 1774, convient que Lacroze est l'auteur du lexique qu'il publie. On annonce à la fin de la préface que Jean Swinton a fait la dissertation qui précède la grammaire, et qui est datée des calendes de juillet 1777.

L'alfabet est dans la grammaire; il diffère peu de celui de Kircher; seulement on y ajoute la valeur des lettres dans l'alfabet grec, et la valeur numérique de ces lettres, ainsi que la prononciation anglaise.

§ IV.

LIV. *Alfabet copte.*

NOMS DES LETTRES.	GREC.	VALEUR NUMÉRIQUE.	PRONONCIATION ANGLAISE.
(1) Alpha	α	1	A.
(2) Vida	β	2	U, v, w entre deux voyelles.
(3) Gamma	γ	3	
(4) Dalda	δ	4	
(5) Ei	ε	5	A.
(6) So	ς	6	
(7) Zida	ζ	7	
(8) Hida	η	8	Comme a avant une consonne, et comme i devant une voyelle.
(9) Thita	θ	9	T.
(10) Jauda	ι	10	J devant hida.
(11) Kabba	κ	20	Comme ke devant p.
(12) Lauda	λ	30	L.
(13) Mi	μ	40	Comme am.
(14) Ni	ν	50	Comme an.
(15) Exi	ξ	60	
(16) O	ο	70	Comme u.
(17) Bi	π	80	Comme bi.
(18) R	ρ	100	Comme r.
(19) Sima	σ	200	Comme s ou is après t.
(20) Dau	τ	300	Comme d.

ALFABET COPTE ou ÉGIPTIEN.

Numero des lettres Grecques	Numero des lettres Coptes	FIGURE		NOM	VALEUR
1	1	Ⲁ ⲁ	Ⲁⲗⲫⲁ	Alpha	A
2	2	Ⲃ ⲃ	Ⲃⲓⲇⲁ	Vida	V
3	3	Ⲅ ⲅ	Ⲅⲁⲙⲙⲁ	Gamma	G
4	4	Ⲇ ⲇ	Ⲇⲁⲗⲇⲁ	Dalda	D
5	5	Ⲉ ⲉ	Ⲉⲓ	Ei	E
	6	Ⲋ ⲋ	Ⲋⲟ	So	S
6	7	Ⲍ ⲍ	Ⲍⲓⲧⲁ	Zida	Z
7	8	Ⲏ ⲏ	Ⲏⲧⲁ	Hida	I
8	9	Ⲑ ⲑ	Ⲑⲓⲧⲁ	Tida	Th
9	10	Ⲓ ⲓ	Ⲓⲁⲩⲧⲁ	Jauda	I
10	11	Ⲕ ⲕ	Ⲕⲁⲡⲁ	Kabba	K
11	12	Ⲗ ⲗ	Ⲗⲁⲩⲗⲁ	Laula	L
12	13	Ⲙ ⲙ	Ⲙⲓ	Mi	M
13	14	Ⲛ ⲛ	Ⲛⲓ	Ni	N
14	15	Ⲝ ⲝ	Ⲝⲓ	Exi	X
15	16	Ⲟ ⲟ	Ⲟ	O	O
16	17	Ⲡ ⲡ	Ⲡⲓ	Pi	P, B
17	18	Ⲣ ⲣ	Ⲣⲟ	Ro	R
18	19	Ⲥ ⲥ	Ⲥⲓⲙⲁ	Sima	S
19	20	Ⲧ ⲧ	Ⲧⲁⲩ	Tau	T
20	21	Ⲩ ⲩ	Ⲉ	He	E
21	22	Ⲫ ⲫ	Ⲫⲓ	Phi	F, Ph
22	23	Ⲭ ⲭ	Ⲭⲓ	Chi	Ch
23	24	Ⲯ ⲯ	Ⲯⲓ	Ebsi	Ps
24	25	Ⲱ ⲱ	Ⲱⲟ	Ô	Ô
	26	Ϣ ϣ	Ϣⲉⲓ	Scci	Sc
	27	Ϥ ϥ	Ϥⲉⲓ	Fei	F
	28	Ϧ ϧ	Ϧⲉⲓ	Chei	Ch
	29	Ϩ ϩ	Ϩⲟⲣⲓ	Hori	H
	30	Ϫ ϫ	Ϫⲁⲛϫⲓⲁ	Giangia	Gi
	31	Ϭ ϭ	Ϭⲓⲙⲁ	Scima	Sc
	32	Ϯ ϯ	Ϯⲉⲓ	Dei	Di

ALFABET GREC.

N.°	FIGURE		NOM		VALEUR	N.°	FIGURE		NOM		VALEUR
1	A	α	Ἀλφὰ	Alpha	A	21	Φ	φ	Φῖ	Phi	F, Ph
2	B	βϐ	Βῆτα	Bêta	V	22	X	χ	Χῖ	Chi, Khi. Ch (Allem.d)
3	Γ	γ ϛ	Γάμμα	Gamma	G	23	Ψ	ψ	Ψῖ	Psi	Ps
4	Δ	δ δ	Δέλτα	Delta	D	24	Ω	ω	Ωμέγα	Omega	Ô
5	E	ε	Ἐψιλὸν	Epsilon	E						
6	Z	ζ	Ζῆτα	Zêta	Z						
7	H	η	Ἦτα	Êta	I						
8	Θ	θ ϑ	Θῆτα	Thêta	Th						
9	I	ι	Ἰῶτα	Iota	I						
10	K	κ	Κάππα	Cappa	C, Q, qu						
11	Λ	λ	Λάμϐδα	Lambda	L						
12	M	μ	Μῦ	Mu	M						
13	N	ν	Νῦ	Nu	N						
14	Ξ	ξ	Ξῖ	Xi	X						
15	O	ο	Ὀμικρὸν	Omicron	O						
16	Π	ϖ π	Πῖ	Pi	P						
17	P	ρ ϱ	Ῥῶ	Ro	R						
18	Σ	σ ς	Σῖγμα	Sigma	S						
19	T	τ 7	Ταῦ	Tau	T						

L'ORAISON DOMINICALE
en Copte

Ⲡⲉⲛⲓⲱⲧ ⲉⲧϧⲉⲛ ⲛⲓⲫⲏⲟⲩⲓ ⲙⲁⲣⲉϥⲧⲟⲩⲃⲟ
ⲛ̀ϫⲉⲡⲉⲕⲣⲁⲛ ⲙⲁⲣⲉⲥⲓ ⲛ̀ϫⲉⲧⲉⲕⲙⲉⲧⲟⲩⲣⲟ
ⲡⲉⲧⲉϩⲛⲁⲕ ⲙⲁⲣⲉϥϣⲱⲡⲓ ⲙ̀ⲫⲣⲏϯ ϧⲉⲛ=
ⲧⲫⲉ ⲛⲉⲙ ϩⲓϫⲉⲛ ⲡⲓⲕⲁϩⲓ ⲡⲉⲛⲱⲓⲕ ⲛ̀ⲧⲉ=
ⲣⲁⲥϯ ⲙⲏⲓϥⲛⲁⲛ ⲙ̀ⲫⲟⲟⲩ ⲟⲩⲟϩ ⲭⲁ ⲛⲏⲉ
ⲧⲉⲣⲟⲛ ⲛⲁⲛ ⲉⲃⲟⲗ ⲙ̀ⲫⲣⲏϯ ϩⲱⲛ ⲛ̀ⲧⲉⲛⲭ=
ⲟ ⲉⲃⲟⲗ ⲛ̀ⲛⲏⲉⲧⲉⲟⲩⲟⲛ ⲛ̀ⲧⲁⲛⲉⲣⲱⲟⲩ ⲟⲩⲟϩ
ⲙ̀ⲡⲉⲣⲉⲛⲧⲉⲛ ⲉϧⲟⲩⲛ ⲉⲡⲓⲣⲁⲥⲙⲟⲥ ⲁⲗⲗⲁ ⲛⲁϩ=
ⲙⲉⲛ ⲉⲃⲟⲗϩⲁ ⲡⲓⲡⲉⲧϩⲱⲟⲩ .ϛ.

LECTURE

Peniot etchen niphiui mareftuvo ngepekran marcei
ngetekmeturo petchnak marevchôpi mphrid chentphe
nem higien pikahi penoik nterast miivnan mphou
ouoh chanieteraunanevol mphrid hôn ntenchoevol
mnicteouon ntanerôü ouoh mperentenephün epi-
rasmos alla nahmen evolha pipethôü .

ϧⲉⲛⲫⲣⲁⲛ ⲙ̀ⲫⲓⲱⲧ ⲛⲉⲙ ⲡ̀ϣⲏⲣⲓ

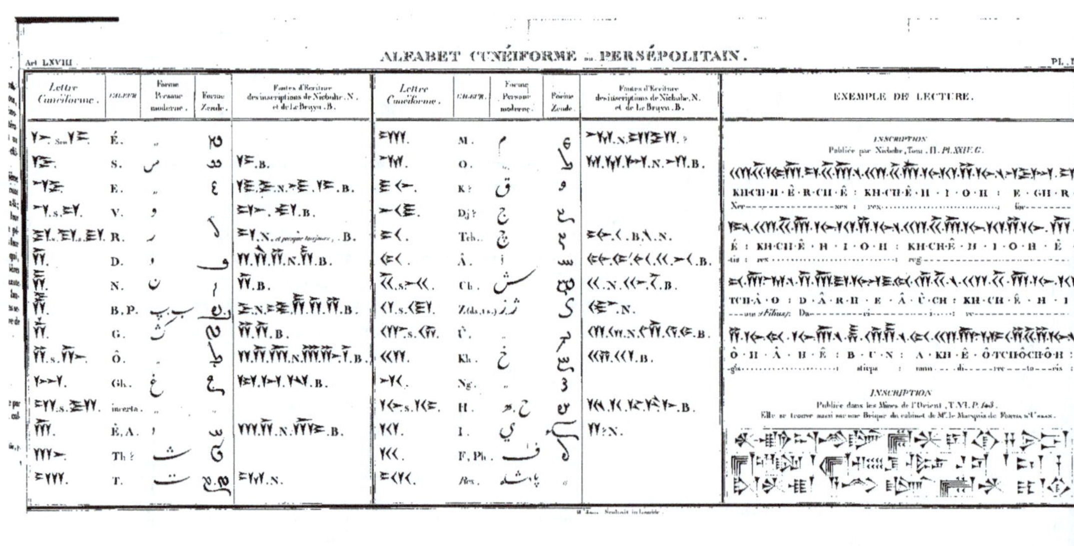

Lettre Cunéiforme.	CALETT.	Forme Persane moderne.	Forme Zende.	Fautes d'Ecriture des inscriptions de Niebuhr, N. et de Le Bruyn, B.
	É.			
	S.			.B.
	E.			.N. .B.
	V.			.B.
	R.			.N. et presque toujours, .B.
	D.			.N. .B.
	N.			.B.
	B.P.			.N. .B.
	G.			.B.
	Ô.			.N. .B.
	Gh.			.B.
	incerta.			
	É.A.			.N. .B.
	Th?			
	T.			.N.

Lettre Cunéiforme.	CALETT.	Forme Persane moderne.	Forme Zende.	Fautes d'Ecriture des inscriptions de Niebuhr, N. et de Le Bruyn, B.
	M.			.N. .
	O.			.N. .B.
	K?			
	Dj?			
	Tch.			.B.N.
	Â.			.B.
	Ch.			.N. .B.
	Z(ds,ts.)			.N.
	Ù.			.B.
	Kh.			.B.
	Ng.			
	H.			.B.
	I.			.N.
	F.Ph.			
	Res.			

EXEMPLE DE LECTURE.

INSCRIPTION
Publiée par Niebuhr, Tom. II. Pl. XXIV. G.

KH·CH·H·Ê·R·CH·Ê : KH·CH·Ê·H·I·O·H : E·GH·R·
Xer------xes : xes : ----------------- roi

É : KH·CH·Ê·H·I·O·H : KH·CH·Ê·H·I·O·H · Ê·
----- reg----------------------------

TCH·À·O·D·Â·R·H·E·Â·Ù·CH : KH·CH·Ê·H·I
----- Filius: Da------ci----- re-----

Ô·H·Â·H·Ê·B·U·N : A·KH·Ê·Ô·TCH·Ô·CH·Ô·H :
----- gis-------- stirps : ran ----di----re------ris·

INSCRIPTION
Publiée dans les Mines de l'Orient, T. VI. P. 443.
Elle se trouve aussi sur une Brique du cabinet de M.r le Marquis de Fortia d'Urban.

NOMS DES LETTRES.	GREC.	VALEUR NUMÉRIQUE.	PRONONCIATION ANGLAISE.
(21) He	υ	400	
(22) Phi	φ	500	Au commence-ment comme b; au milieu comme f; avec un point au dessus, comme ib ou eb.
(23) Chi	χ	600	Comme sch des Allemands, ou sh des Anglais.
(24) Av	ω	800	Comme un ô long devant une voyelle, ou comme u devant une consonne.
(25) Schei	ש des Hébreux.	900	Comme isch des Allemands, ou ish des Anglais.
(26) Phei	f	90	Comme f, et avec un point au-dessus if.
(27) Chei	kch		Comme le ح des Arabes et le ch des Allemands.
(28) Hori	h		Comme h.
(29) Genga	ج des A-rabes ou g des Fran-çais dans gigue, ou gj comme le th *blœ-sum* des Anglais.		Avant schei com-me is devant la voyelle j jota.

NOMS DES LETTRES.	GREC.	VALEUR NUMÉRIQUE.	PRONONCIATION ANGLAISE.
(30) Skima	σχ		Comme le sk des Danois, le sch des Allemands, ou le sh des Anglais.
(31) Dei	ti		Comme di.
(32) Ebsi	ψ	700	Comme bs. (Voyez l'alfabet ci-inclus planches 2 et 3).

§ V.

Grammaire de Tuki.

LV. L'auteur de la préface (1) avertit qu'il y a deux dialectes de la langue égiptienne : celui de l'Égipte inférieure, le plus souvent appelé coptique, mais qui devrait plutôt être nommé memphitique ; le second est celui de l'Égipte supérieure, appelé dialecte sahidique, ou thébaïdique, ou thébennitique. Tous deux sont expliqués dans la grammaire.

Presqu'en même tems que cette grammaire imprimée en Angleterre, la suivante parut en Italie.

Rudimenta linguæ coptæ sive ægyptiacæ ad usum collegii Urbani de propagandâ fide. Romæ 1778.

(1) Page VIII.

Typis ejusdem sacræ congregationis præsidum facultate, in-4°.

L'approbation d'Étienne Borgia, secrétaire de la Propagande, dont le préfet était alors le cardinal J.-M. Castelli, est datée du 25 février 1777. Elle qualifie l'auteur Raphael Tuki *episcopus arsenovensis* (1). Elle dit que la Propagande avait desiré que la grammaire copte fût publiée en dialecte de Memphis et en dialecte de Thèbes. C'est ce que Tuki a exécuté : il était copte de nation, c'est-à-dire égiptien ; il mourut en 1787, âgé de plus de quatre-vingt-douze ans.

En tête de l'exemplaire appartenant à l'Institut, est cette note écrite par M. de Villoison :

Mingarelli *judicium de Tukii rudimentis copticæ linguæ* p. XC et CXLV. *Fasciculi primi ægyptiorum codicum reliquiarum,* Bononiæ, 1785, in-4°, *et augustinum georgianum.* p. X *præfationis fragmenti evangelii* S. *Johannis græco-copto Thebaïci,* Rome, 1709, in 4°.

L'auteur cite (2) le lexicon *ægyptiaco-latinum* de Woide, avec des notes, imprimé à Oxford en 1775 ; mais il ne paraît pas avoir connu la grammaire imprimée en 1778 pour lui servir de suite.

Il observe (3) que la Bible a été traduite en copte avant le tems de Théodoret, c'est-à-dire

(1) Cet évêché ne se trouve pas dans la liste des diocèses, p. 51 et 53 des *Notizie per l'anno M.D.CCC.XXIX,* imprimées à Rome.
(2) P. v de la préface.
(3) Id. p. iv.

avant le cinquième siècle. En effet, Théodoret s'exprime ainsi (1) : Ἡ Ἑβραίων φωνὴ οὐ μόνον εἰς τὴν Ἑλλήνων μετεϐλήθη, ἀλλὰ δὲ εἰς τὴν Ῥωμαίων καὶ Αἰγυπτίων. *Hebræorum lingua (quæ videlicet in sacris codicibus servata est) non solùm in Græcorum linguam versa est, verùm et Romanorum et Ægyptiorum.*

C'est un mauvais ouvrage, un véritable fatras, souillé par un grand nombre de fautes d'impression, l'auteur sachant mal le copte, et n'ayant fait que traduire incorrectement une grammaire copte écrite en arabe; car les Arabes ont fait plusieurs grammaires coptes (2).

Voici l'alfabet de Tuki (3) : alpha, vida, gamma,
a v g
dalda, ei, so, zida, hida, thida, iauda, kabba, laula,
d e s z i th i k l
mi, ni, exi, o, pi, ro, sima, dau, he, phi, chi, ebsi,
m n x o p r s t e f ch ps
o, scei, fei chei, hori, giangia, sima, dei; on voit
o sc f ch h gi sc di
qu'il y a toujours trente-deux lettres.

L'auteur observe (4) qu'on ne trouve des diphtongues que dans le dialecte de Thèbes, et point dans celui de Memphis. Ces diphtongues

(1) *Sermon. V. de græcar. affectionum curatione.*
(2) Je dois ce jugement à mon collègue M. Étienne Quatremère.
(3) P. 1.
(4) P. 665.

ressemblent à celles des Grecs, *ai* pour *e*; *ei* pour *i*; et *oi* aussi pour *i*.

§ VI.

Derniers travaux sur la langue copte.

LVI. Les grammaires de Woide et de Tuki ont été abrégées dans celle-ci.

Didymi taurinensis literaturæ copticæ rudimentum. Parmæ ex regio typographæo, 1783, in-8°.

On pourra consulter aussi sur la langue copte le Magasin encyclopédique, année VII; tome V, p. 494. Il y a quelques lignes de copte cursif.

Enfin, on a imprimé en Angleterre l'ouvrage suivant, commode pour les Anglais, parce qu'il est écrit entièrement en cette langue.

A compendious grammar of the egyptian language as contained in the coptic and sahidic dialects; with observations on the Bashmuric : together with alphabets and numerals in the hieroglyphic and enchorial characters; and a few explanatory observations : by the rev. Henry Tattam, M. A. F. R. S. L, etc., etc. Rector of S.-Cuthbert's Bedford. With an appendix consisting of the rudiments of a dictionary of the ancient egyptian language in the enchorial character. By Thomas Young, M. D. F. R. S. H. M. R. S. L. foreign Associate of the royal

Institute of Paris. — *London : John and Arthur Arch,* 1830. in-8°.

Aucun de ces ouvrages n'a surpassé les deux volumes de Woide, que doit encore étudier celui qui veut bien s'instruire dans la langue copte. M. Peyron, associé à l'Institut, annonce un nouveau dictionaire copte, imprimé aux frais du gouvernement sarde, à Turin. Les ouvrages de M. Étienne Quatremère, notre savant collègue, seront aussi consultés avec fruit par ceux qui voudront se livrer à cette étude pénible, mais nécessaire peut-être pour pénétrer dans les ténèbres de l'ancienne Égipte.

Le *papirus* des momies devrait nous en donner les moyens. Nous avons sur ce sujet l'ouvrage intitulé : *I papiri diplomatici raccolti ed illustrati dall' abbate Gaetano Marini, primo custode della bibl. vatic., e prefetto degli archivi secreti della sancta sede, in Roma,* 1805, in-folio.

M. Marini ne dit rien sur la fabrication du papier; il affirme seulement sur le témoignage du biographe de Saint-Silvestre, mais en citant Saumaise, qu'on en fabriquait à Rome; il ne dit rien du passage de Pline, qu'il ne nomme même pas du tout. Son ouvrage est principalement destiné à faire connaître l'écriture employée sur le papirus et les mots dont les écrivains se sont servis. Il a recueilli cent quarante-six fragmens, dont un grand nombre sont figurés, lus et expliqués avec beaucoup de sagacité. Ce travail doit être étudié avec soin par ceux qui veulent entreprendre la lecture d'un papirus, et en fait voir la difficulté. Car, si les monumens latins écrits dans une langue qui nous est familière, donnent tant de peine à expliquer, comment pouvons-nous espérer que la langue égiptienne nous soit assez bien connue pour que nous acquérions le droit d'en être crus sur l'explication que nous donnerons? On ne doit cependant pas décourager ceux qui font une entreprise aussi hardie; mais le tems seul, et un tems assez long, pourra consacrer l'exactitude et l'utilité de leurs travaux. Au reste, M. Marini ne parle point des manuscrits égiptiens écrits en hiérogliphes ou en caractères phonétiques; il ne s'est occupé que des manuscrits grecs et latins, surtout de ces derniers. Il n'y a que quelques lignes de grec dans son livre.

Avant M. Marini, M. le baron de Sacy, M. Étienne Quatremère et M. Akerblad ont reconnu l'identité de la langue copte, telle que les manuscrits nous l'ont transmise, avec la langue antique égiptienne. Le voile mistérieux qui s'étendait depuis tant de siècles sur les hiérogliphes, pourrait donc être soulevé du moment où le sistème graphique serait découvert. Tel a été l'objet des travaux de M. Champollion le jeune, dont la vie a malheureusement été trop courte (1).

(1) Examen critique des principaux groupes hiéroglyphiques, par A. Thilorier. Paris, 1832.

CHAPITRE XI.

INVENTION DE L'ÉCRITURE ET DE L'IMPRIMERIE CHE
LES CHINOIS.

LVII. J'ai déjà parlé (*art.* iv) de l'inscription d
Yu , qui remonte à l'an 2287 avant notre ère, e
qui annonce que l'écriture était connue alors
depuis plusieurs siècles, chez les Chinois. Ils on
peut-être conservé d'aussi anciens souvenirs qu
les Égiptiens, et l'empereur Fouhi , qui monta su
le trône , selon eux, l'an 2953 avant notr
ère (1), a tracé des caractères qui subsistent en
core aujourd'hui.

On sait à la Chine , par des monumens à pe
près contemporains, que, dans les tems anciens
on se servait pour écrire de petites planches d
bambou , minces et dures , sur lesquelles on gra
vait des caractères avec des pointes de fer ou de
couteaux. C'est ainsi que l'on écrivait encore d
tems du grand incendie des livres, l'an 21
avant notre ère (2), et c'est ainsi qu'étaient écrit
les manuscrits trouvés quelque tems après dan

(1) Voyez mes Mémoires pour servir à l'histoire ancienne d
globe. Paris 1808. VI, 218.

(2) Art de vérifier les dates avant J.-C. in-4°. p. 474.

la maison de *Kuṅgdsoé*. On écrivit aussi sur la toile, et sur des étoffes de coton et de soie.

Une grande révolution eut lieu lorsqu'on inventa le papier. On ne pouvait plus alors se servir de la pointe, et il fallait inventer une matière pour tracer les caractères. Le papier fut fait, comme il l'est encore aujourd'hui, d'écorce d'arbre ; on y emploie principalement le bambou ; il est ordinairement jaunâtre ; mais on a aussi du papier blanc, et il peut être comparé au plus beau qui se fabrique en Europe ; il est si fin, qu'il est presque transparent, en sorte que l'on ne peut écrire ou imprimer que d'un seul côté ; c'est pour cela aussi que toutes les feuilles sont doubles, et tellement collées ensemble, que les pages blanches ne s'aperçoivent pas. Son plus grand défaut est d'être sujet à l'humidité, à la poussière et à la piqûre des vers ; ce qui oblige à battre et à épousseter souvent les livres. On a aussi du papier fait de coton, qui est le plus beau et le plus facile à conserver.

Les Chinois mettent une très-grande valeur à tout ce qui concerne la littérature : c'est ainsi qu'ils nomment *sse-pao*, c'est-à-dire « les quatre choses « précieuses » le papier, le pinceau dont ils se servent pour écrire en guise de plume, l'encre et le pot de marbre dans lequel ils détrempent l'encre (1).

____

(1) Extrait d'un écrit de Henri Kurtz, daté de Paris, avril 1830,

Le papier fut inventé à la Chine, au premier siècle avant la naissance de Jésus-Christ, sous la grande dinastie des Han (1). Cette invention fut bientôt suivie de celle de l'imprimerie, qui eut lieu l'an 221 de notre ère, selon le Père Cibot (2). On imprime encore aujourd'hui comme du tems où cet art fut inventé, et comme les premiers imprimeurs en Europe ont imprimé, c'est-à-dire au moyen d'une espèce de gravure en bois. Les livres sont écrits par un calligraphe, sur un papier tendre et transparent, que le graveur en bois colle sur des planches dures et lisses, dont il découpe ensuite tout le bois qui n'est pas couvert de caractères, en sorte qu'à la fin ceux-ci ressortent de la planche.

Les Chinois n'ont point de presses, le papier fin ne pourrait pas les supporter; mais un seul bon ouvrier peut tirer par jour plus de dix mille feuilles, car il n'y a autre chose à faire que de couvrir les planches d'encre, d'y appliquer le papier, et ensuite de passer légèrement une brosse sur le papier, qui reçoit facilement l'encre. Ils connaissent cependant aussi l'impression avec des tipes mobiles; les gazettes impériales, à Peking,

inséré dans le Morgenblatt et dans notre Journal général de la littérature étrangère. Mars 1831, p. 89.

(1) Et non pas des *Chans* comme dit le journal. Voyez l'art de vérifier les dates avant J.-C.

(2) Description générale de la Chine, par l'abbé Grosier. Paris, 1820. VII, 146.

ainsi que les almanacs de la Cour, sont imprimés de cette manière.

Si l'on considère que la littérature chinoise embrasse une période de QUATRE MILLE ANS, que l'invention de l'imprimerie date de plus de seize cens ans, et que tout ce qui contribue à faciliter la publication des livres, est à très-bas prix, on ne sera pas étonné d'apprendre que le nombre dés livres en Chine surpasse de beaucoup le total de ceux imprimés dans toute l'Europe, et que l'empereur Kien-Long, monté sur le trône en 1735, ordonna la publication d'un choix des meilleurs ouvrages en 180,000 volumes. Il existe un grand nombre de ces choix ou collections; on en a depuis des siècles.

Les enciclopédies peuvent leur servir de pendant; celles-ci ne laissent rien à désirer, et sont comparables aux nôtres, si elles ne leur sont pas très-supérieures. Une des plus importantes entr'autres est celle composée par Ma-touan-lin (1), qui vivait sous la dinastie des Mongols, c'est-à-dire au treizième siècle après la naissance de Jésus-Christ; elle est intitulée : *Wen-chi-antung-kan*, ou Entretiens sur les anciens monumens, et contient vingt-quatre sections en cent volumes.

(1) Voyez son article dans la Biographie universelle, par M. Abel Remusat. Le journal que je cite écrit mal Madnanlin. Une analise très-détaillée de son ouvrage se trouve dans le journal asiatique de juillet 1832, p. 3 ; elle est continuée dans celui d'août 1832, p. 97. L'auteur de cette intéressante notice est M. Klaproth.

Ces sections traitent des monnaies, de la population, des droits de douanes, des contributions, des dépenses de l'État, des sacrifices, du cérémonial de la Cour, de la musique, de la littérature, etc. (1). J'ai parlé fort au long, dans un autre ouvrage (2), de plusieurs enciclopédies chinoises.

Nous n'avons, du moins à dater du treizième siècle, dans aucune langue de l'Europe, aucuns monumens qui puissent être comparés à ceux-là ; et si nous ne voulons pas les étudier dans leur idiôme, dont la connaissance serait un peu pénible pour ceux qui ne l'ont pas acquise dans leur jeunesse, raisonnons du moins avec ceux qui, parmi nous, ont prouvé par les simples lumières de la philosophie et du raisonnement, la haute antiquité nécessaire pour la formation des langues (*art.* VIII), et voyons-en la preuve dans les secours qui nous sont donnés pour la lecture de l'écriture chinoise (*a*).

§ I.

Caractère de l'écriture chinoise.

LVIII. Nous avons fait une perte immense par la mort de M. Abel Remusat (3), notre savant col-

(1) Henri Kurtz, dans le *Morgenblatt*.
(2) Nouveau sistême de bibliographie alfabétique. 3e partie, p. 278. Paris, 1822.
(3) Arrivée le 4 juin 1832.

lègue; mais les élémens de la grammaire chinoise, qu'il avait publiés en 1822, et ses Recherches sur l'origine et la formation de l'écriture chinoise, insérées, en 1827, dans le huitième tome de nos Mémoires, nous donneront les moyens de bien connaître cette écriture, et nous permettront de remonter à une haute antiquité.

Rien n'est égal, dit M. Remusat (1), aux soins que les Lettrés chinois ont pris, depuis l'incendie des livres, pour retrouver et rétablir tous les monumens qui pouvaient jeter quelque lumière sur les premiers tems de leur histoire, et en particulier sur l'origine des anciens caractères. Dès le moment qui suivit le rétablissement des études, on s'appliqua avec une diligence extrême à reproduire par des copies exactes tous les anciens livres qui avaient échappé à la catastrophe, et où se trouvaient des modèles de la forme et de la disposition des caractères à des époques reculées. On fit revivre, par un effet de ces soins, le livre des *Rites*, le *Chou-king*, la chronique du royaume de Lou, le livre des *discours et apophtegmes*, celui de l'*obéissance filiale*, et quelques autres conservés dans l'épaisseur du mur d'une maison qui avait appartenu à Confucius. Ces livres offraient donc la forme de l'écriture usitée du tems de ce philosophe. Un certain Tchang-tsang (2) offrit à

____

(1) Page 4 de ses Recherches.
(2) Hiu-chi-choue-wen. Préface, page 6.

l'empereur un autre exemplaire de la chronique du royaume de Lou, aussi bien que le commentaire du célèbre Tso-chi. On vit reparaître ainsi successivement la plupart des anciens monumens dans un état de conservation plus ou moins parfait, et les hommes les plus habiles employèrent tous leurs soins à les transcrire, avec plus ou moins de succès, dans l'écriture usitée alors. En même tems, on recueillait de toutes parts, dans les montagnes et les rivières, les vases, les trépiés de bronze, les miroirs de métal, et les inscriptions gravées sur la pierre, qui offraient quelques vestiges des caractères employés sous les dinasties précédentes. Le zèle et la persévérance des Lettrés à rassembler ces restes précieux ne se sont pas relâchés depuis deux mille ans, et nous avons encore, dans deux collections magnifiques à la bibliothèque du roi, un exemple frappant de l'exactitude des Chinois à conserver et à expliquer les monumens écrits. Nous possédons ainsi des inscriptions de la dinastie des *Chang*, c'est-à-dire antérieures au douzième siècle avant notre ère, et même quelques-unes de la dinastie des *Hia*, contre l'authenticité desquelles il n'y a d'autre objection que celle qu'on pourrait tirer de leur antiquité (1), antiquité qui peut nous paraître excessive, mais qui ne l'est nullement pour les Chinois. Ces monumens, écrits chez eux et dans

____

(1) Recherches de M. Abel Remusat, p. 5 et 6.

leur langue, n'ont rien qui puisse les y faire paraître extraordinaires ni douteux (*a*).

Le plus grand embarras qu'on éprouverait à la
vue de ces anciens caractères, naîtrait de la difficulté de les rapprocher des signes qui leur corres-
pondent dans l'écriture moderne; car ce n'est
qu'en fesant ce premier rapprochement, qu'on
peut être certain de les bien traduire. La forme
des traits dont se composent les caractères, a varié
avec le goût de chaque siècle, et aussi suivant la
nature des instrumens qui servaient à les tracer,
et des matières qui les recevaient (1). C'est ce que
M. Remusat fait très-bien comprendre dans sa
grammaire chinoise, où, après avoir expliqué
comment sont tracées les six notes de caractères,
*figuratifs, combinés, indicatifs, inverses, méta-
phoriques* et *sillabiques*, il fait connaître les six
stiles d'écriture à la Chine, dont il donne un tableau figuratif (2). Je donnerai dans la suite
(*art.* LXI) l'explication de ces six sortes de caractères.

Le Khô-teoù est la plus ancienne espèce d'écriture suivant les Chinois. On lui donne ce nom,
qui signifie *têtards,* parce que les traits irréguliers
dont elle était formée, donnaient l'idée de cet animal. On dit que Fouhi, vers l'an 2950 avant notre
ère, l'inventa pour remplacer les cordelettes

(1) Recherches de M. Abel Remusat, p. 6.
(2) Page 4 de sa grammaire.

nouées. Cette écriture est maintenant inusitée. L'inscription de Yu, l'an 2287 avant notre ère, offre des caractères qui ont beaucoup d'analogie avec le *Khô-teoù* (1).

Le *Tchouàn* est une écriture composée de traits raides et grêles, qui fut usitée, avec quelques variations, depuis le tems de Confucius, au milieu du sixième siècle avant notre ère, jusqu'à la dinastie des Han, au second siècle avant notre ère. On a dans cette écriture des monnaies et des inscriptions. On les emploie pour les sceaux qui tiennent lieu de signatures, et qu'on imprime à la fin des préfaces et ailleurs (2). Il y a une variété de cette écriture qui sert aussi quelquefois; elle est composée de traits droits et brisés. On l'attribue à *Li-ssé*, ministre sous la dinastie des Thsin, vers l'an 210 avant notre ère (3).

M. Remusat donne encore quatre écritures; mais il y en a bien davantage, et, l'an 1743, l'empereur Kien-long a fait écrire son poëme renfermant l'éloge de Moukden, capitale de ses états, en trente-deux écritures différentes. Le *Khô-teoù* de M. Remusat n'y est que la seizième écriture,

---

(1) Encycl. Japon. livre XV, p. 3o. Monument de Yu, par Hager. *Inschrift des Yü von Julius von* Klaproth. On observera qu'en chinois les missionnaires se servent indifféremment de l'*i* ou de l'*y*. Ainsi on peut écrire *Yu* et *Iu*. (Éloge de la ville de Moukden. Paris, 1770, p. 338.)

(2) M. Abel Remusat en donne un exemple dans deux sceaux imprimés à la fin de la préface de sa grammaire.

(3) Grammaire chinoise, p. 5.

sous le nom de *Ko-teou-chou* (1), que le Père Amiot traduit aussi : « Lettres primitives en forme « de têtards, » ou, pour être plus littéral, « lettres « imitant la figure des petits des grenouilles. »

§ II.

Observation sur la différence des caractères chinois.

LIX. Dans ces trente-deux caractères divers, le fond de l'écriture reste le même, et la forme extérieure est seule affectée par les changemens. Ainsi, les différentes espèces d'écriture chinoise peuvent être comparées à notre gothique, notre romain, notre italique, etc. La structure intime de chaque signe simple ou composé n'a souffert de ces révolutions que parce qu'en transcrivant, on a quelquefois altéré l'ortographe, soit à dessein, soit par inattention ou par ignorance.

Un autre changement qui semble, au premier coup d'œil, très-considérable, est celui qui, donnant aux caractères chinois la forme qu'ils ont actuellement, a fait perdre aux images qui y entrent toute la ressemblance qu'elles pouvaient avoir avec les objets représentés. Les traits arrondis se sont redressés, les parties circulaires ou ovales sont devenues carrées, de sorte qu'en met-

(1) Éloge de Moukden. p. 161.

tant une page de chinois moderne sous les ieux d'une personne à qui cette écriture est inconnue (1), il lui sera impossible d'y reconnaître les figures d'hommes, d'animaux, de plantes ou d'autres êtres matériels qui s'y trouvent.

Il semble d'abord que les caractères chinois aient beaucoup perdu par cette altération, puisqu'ils sont, en quelque sorte, devenus les signes arbitraires d'objets dont ils étaient primitivement la peinture. Les Chinois cependant en jugent autrement; et, pour être d'accord avec eux, il suffit d'observer que les images étaient plus longues à écrire, que ceux qui les dessinaient mal, pouvaient être cause de méprises graves, et qu'en réduisant ces images à de pures abréviations, qui ont des formes invariables, on a beaucoup simplifié l'art de les tracer, puisqu'il est plus facile d'apprendre à écrire qu'à dessiner. On peut ajouter que, dans la forme antique des caractères, les textes offraient une disparité choquante par le mélange des images destinées à représenter des êtres corporels, avec les signes de convention qui exprimaient des idées morales. Enfin, il est certain que ces images, en les supposant bien dessinées, portaient à l'œil et à l'esprit une représentation par trop naïve, et, si l'on ose le dire, fidèle à l'excès; ce qui devait souvent détourner l'attention du véritable sens, ou présenter les pensées

____

(1) Recherches de M. Remusat dans les Mém. de l'acád. p. 6.

sous un jour ridicule ; au lieu que, dans leur forme actuelle, où les images sont, pour ainsi dire, voilées, l'esprit doit exécuter, en lisant, une opération qui affaiblit ce que leur impression aurait de trop direct et de trop grossier, sans empêcher l'homme instruit de remonter à la forme originaire, quand il le peut sans inconvénient. Sans doute cette observation psicologique mérite d'être examinée. Toutefois, ce n'est par aucun des (1) motifs qu'on vient de dire, que l'écriture chinoise a pris la forme nouvelle qu'elle a gardée jusqu'à présent ; la véritable cause de ce changement est l'introduction de l'usage du papier, de l'encre et des pinceaux, avec lesquels il était difficile de tracer des lignes assez déliées, des figures régulièrement circulaires, et des images très-compliquées. Les autres raisons sont plus ingénieuses ; mais il est vraisemblable qu'elles ont été imaginées après coup (2).

Les Égiptiens, qui ont connu le papier très-anciennement, ont eu plus tôt que les Chinois une écriture purement phonétique et alfabétique. En rapportant les idées aux sons, et en se bornant à un petit nombre de sons qu'ils ont représentés par des lettres, ils ont extrêmement simplifié l'art d'écrire. Mais les prêtres, attachés aux anciens usages et aux anciennes traditions, ont conservé

(1) Recherches de M. Remusat dans les Mém. de l'acad. p. 7.
(2) Id. p. 8.

l'écriture hiérogliphique, même sous les Ptolémées, et le peuple a mêlé les deux écritures. Les négocians seuls et les Savans, qui ont voulu se livrer à leurs spéculations, sans se laisser distraire par des images souvent défectueuses, se sont restreints à l'écriture alfabétique. Il paraît que les Phéniciens, peuple commerçant, n'en ont pas connu d'autre, et l'ont ainsi transmise aux Grecs et aux Hébreux.

Les lettres phéniciennes n'étaient pas distinguées au commencement des lettres samaritaines; mais la plupart ont, dans la suite des tems, éprouvé de si grandes variations, qu'on perd bien souvent la trace de leur origine. Ainsi un alfabet phénicien ne doit pas être fondé sur les rapports de ses élémens avec ceux des autres alfabets; il faut le tirer du sein même des monumens qui s'offrent à nos ieux, et les découvertes faites depuis un siècle peuvent faciliter ce travail (1).

Je ne l'entreprendrai point ici. J'observerai que les Indiens ont encore perfectionné l'alfabet phonétique, en imaginant des signes particuliers pour les nombres, tandis que les Phéniciens, les Hébreux et les Grecs n'exprimaient les nombres que par les lettres qui leur avaient servi à peindre les sons, ce qui a été une source d'erreurs parmi eux. Il n'en était pas ainsi des Chinois, qui n'ont pas

(1) Mémoire de l'abbé Barthélemy sur les lettres phéniciennes, lu dans l'assemblée publique de l'académie des Inscriptions, le 12 avril 1758.

craint la multiplication des signes, en recourant, pour les classer, à une méthode qu'il est important de connaître (a).

§ III.

Signes radicaux ou clés des Chinois.

LX. Tant de révolutions survenues dans la forme des caractères, tant d'altérations apportées à leur ortographe par diverses mains et à différentes époques, et surtout un si prodigieux accroissement dans leur nombre, qu'on n'évalue pas trop haut en le portant à cent mille, auraient fait de l'écriture chinoise un véritable chaos, si d'habiles gens ne s'étaient de bonne heure occupés à les classer. Par un hazard heureux, la première tentative de ce genre remonte à une époque peu éloignée de celle où la littérature commençant à renaître de ses cendres, les anciens monumens de toute espèce, dans leurs caractères originaux, se présentaient tout à la fois aux recherches et aux lumières des Savans. Plus d'un siècle d'investigations et de travaux avaient fait accumuler une foule de documens précieux, quand on vit paraître un ouvrage qui en contenait le précis le plus exact et le plus judicieux : le *Choue-wen*, ou traité de littérature, composé à la fin du premier siècle de notre ère, par le célèbre Hiu-chin. Cet ouvrage contient le fruit de recherches immenses; il est encore à présent comme la base sur laquelle repose à la Chine la science des caractères, de leur ortographe exacte, et de leurs acceptions primitives. Hiu-chin (1) réunit tous les caractères usités de son tems, particulièrement ceux qui se trouvaient employés dans les livres classiques, et il s'attacha à en discuter l'étimologie, l'ortographe et la signification. Il fit choix, dans ce nombre, de neuf mille trois cent cinquante-trois caractères, qu'il considéra comme classiques et fondamentaux, et qu'il expliqua en détail dans un commentaire qui contient cent trente-trois mille quatre cent quarante-un mots. Son ouvrage parut la quinzième année de 'An-ti, la cent vingt et unième de notre ère. Les nombreux monumens que cet illustre Lettré avait sous les ïeux, et dont il avait fait une étude approfondie, l'érudition vaste et la sagacité dont il fit preuve, ont donné à son *Choue-wen* une si grande autorité, que c'est toujours cet ouvrage qu'on cite le premier dans toutes les questions qui ont rapport à la valeur ou à la forme des anciens caractères. Il constitue encore à présent comme le fonds des meilleurs dictionaires; son témoignage est réputé décisif; et l'on ne voit pas, en effet, quelles nouvelles lumières il serait possible d'apporter, après tant de siècles, dans une matière que son auteur a si bien approfondie.

(1) Recherches de M. Abel Rémusat dans les *Mém.* de l'acad. des Inscriptions. Paris, 1827. VIII, 8.

L'un des services que Hiu-chin a rendus à la littérature chinoise, est la classification, dont il donna le premier l'exemple, et qui a servi de modèle à celles qui ont été adoptées depuis lui. Il imagina de ranger tous les caractères sous cinq cent quarante radicaux ou clés, en plaçant ensemble tous les dérivés qui contenaient le même radical. Cette invention a été perfectionnée dans les tems postérieurs : le nombre des *clés* ou radicaux a varié; mais la première idée de ce sistème n'en appartient pas moins à (1) cet habile Lettré, qu'on peut regarder comme le prince des philologues et des lexicographes chinois.

Une autre distinction fondamentale dont on lui est redevable est celle des six classes de caractères appelés *lou - chou;* ou, s'il n'est pas auteur de cette distinction, que quelques Chinois font remonter à l'origine même de leur écriture, il est du moins le premier qui en ait fait une application pratique, en marquant avec soin la nature de chaque signe *figuratif, indicatif, composé,* etc. (*art.* LVII). C'est même sur sa seule autorité qu'est établie toute la classification des caractères chinois, à laquelle tant d'auteurs, qui ont écrit sur ces matières, n'ont jamais entrepris de rien changer ni de rien ajouter. Ainsi, quand on

(1) Recherches de M. Abel Rémusat dans les Mém. de l'acad. des Inscriptions. Paris, 1827. VIII, 9.

décide qu'un caractère est une image ou un groupe d'images, ou qu'il contient un signe de prononciation, il est indispensable de consulter le *choue-wen,* d'après lequel cette assertion devra être réputée douteuse, ou considérée comme incontestable.

Voilà donc la source où l'on peut puiser, quand on entreprend de faire des recherches sur les anciens caractères chinois, parce que ceux qui sont les plus anciens et les plus authentiques, s'y trouvent tous rassemblés et exemts de ce mélange d'expressions hazardées et de signes mal composés, que le néologisme a introduits dans la langue chinoise, comme dans toutes les autres. Tel est le fond sur lequel doivent s'appuyer les considérations étimologiques et la base qu'il est indispensable de leur donner. En suivant pas à pas un tel guide, on est certain de ne pas s'égarer dans une route où, pour avoir négligé de le consulter, les hommes les plus habiles n'ont pu s'empêcher de faire des faux pas (1).

§ IV.

Faux sistèmes sur l'écriture chinoise.

LXI. Fourmont, qui avait entrevu plutôt que

(1) Recherches de M. Abel Rémusat dans les Mém de l'acad. des Inscriptions. Paris, 1827. VIII, 10.

reconnu la nature de l'écriture chinoise, ignorant
que le sistème des deux cent quatorze *clés* n'était
qu'une classification arbitraire, particulière à
quelques lexicographes, et résultat d'une analise
qui aurait pu se faire de toute autre manière,
cherchait dans ce sistème (1) une sorte d'arbre
enciclopédique, et comme une représentation de
la nature entière. Cet ordre, purement technique, établi à une époque toute moderne, de-
venait pour lui la preuve et l'exemple des hautes
conceptions auxquelles s'étaient élevés les inventeurs de l'écriture chinoise. D'un autre côté, le
Père Cibot, entraîné par une imagination vive et
même désordonnée, qui lui fesait trop souvent
dédaigner une marche didactique et rigoureuse,
oubliait les principes que lui-même avait établis,
et la distinction des caractères *combinés*, *figura-*
tifs, etc., du son, pour en établir une nouvelle (2)
entre ceux qu'il appelait *dogmatiques*, *ecclésias-*
tiques, *tipiques* et même *prophétiques*. C'est dans
ces caractères qu'il découvrait l'exposition des
mistères du christianisme, les souvenirs du péché
originel, du déluge, et l'annonce du Messie. Les
Pères Bouvet, Prémare et Parennin, se sont souvent laissé entraîner dans les mêmes divagations;
quant à de Guignes, après avoir été séduit par

____

(1) *Meditationes Sinicæ*, in-folio, page 73.
(2) Mémoires concernant les Chinois. Paris, 1783. IX, 314 et
suivantes.

l'apparente conformité de quelques hiérogliphes égiptiens avec certains caractères chinois, il en était venu, par le plus bizarre renversement d'idées, à chercher dans ces dessins des lettres phéniciennes entremêlées, de telle sorte que ces lettres, dérivées, selon lui, des hiérogliphes d'Égipte, se seraient de nouveau transformées en hiérogliphes à la Chine. C'est ainsi qu'il considérait des signes figuratifs comme des sortes de monogrammes (1) fabriqués avec des élémens alfabétiques, et dans lesquels le hazard seul avait apparemment produit quelqu'analogie avec la forme matérielle de l'objet représenté (2).

Le sistème imaginé par M. de Guignes trouva cependant des approbateurs, même parmi les bons esprits, et l'on sera fâché de trouver dans ce nombre l'immortel auteur du Voyage du jeune Anacharsis. M. de Guignes s'honora avec raison d'un tel suffrage, et fit réunir les trois ouvrages suivans.

Mémoire dans lequel on prouve que les Chinois sont une colonie égyptienne, lu dans l'assemblée publique de l'Académie royale des Inscriptions et Belles-Lettres, le 14 novembre 1768; avec un précis du Mémoire de M. l'abbé Barthélemy sur les lettres phéniciennes, lu dans l'assem-

_____

(1) Recherches de M. Abel Rémusat dans les Mém. de l'acad. des Inscript. VIII, 11.

(2) Id. p. 12.

blée publique de la même Académie, le 12 février 1758, par M. de Guignes, de l'Académie royale des Inscriptions et Belles-Lettres, professeur au collége royal de France en langue syriaque, censeur royal, interprète du roi pour les langues orientales, et membre de la Société royale de Londres. Nouvelle édition, à Paris, chez Desaint et Saillant (1), 1760.

Ce volume renferme :

1° Un Mémoire dans lequel M. de Guignes veut prouver que les Chinois sont une colonie égiptienne (2).

2° Extrait d'un Mémoire sur les lettres phéniciennes, lu dans l'assemblée publique de l'Académie royale des Inscriptions et Belles-Lettres, le 12 avril 1758, par M. l'abbé Barthélemy (3).

3° Précis du Mémoire sur l'origine des Chinois (4).

Cette collection de conjectures savantes ne doit pas nous en imposer (a). Ce n'est pas en s'égarant dans des spéculations si éloignées des idées des anciens Chinois, que l'on peut espérer de reconstruire le sistème qui les a dirigés dans la formation de leur écriture. On sent bien qu'après tant de siècles, il n'y a pas d'autre moyen de re-

(1) Rue Saint-Jean de Beauvais, vis-à-vis le collége, avec approbation du roi. p. 79 in-12.

(2) P. 1-38.

(3) P. 39-54.

(4) P. 55-79.

trouver la vérité que de s'attacher aux faits, en laissant de côté ces suppositions hardies, véritables pétitions de principe qui ne sauraient satisfaire un esprit judicieux (1).

§ V.

Véritable sistème de l'écriture chinoise.

LXII. Une méthode plus sûre et plus conforme à la raison, consiste à s'attacher à la division des caractères en six classes, division qui est regardée comme inhérente à la nature de l'écriture par les plus habiles Lettrés, qu'une tradition universelle à la Chine fait remonter aux premiers siècles de l'empire, et qui, du moins, il y a dix-huit siècles, a reçu la sanction de Hiu-chin. D'après cette division, les caractères chinois ne sont pas considérés comme étant tous formés sur le même modèle : les uns offrent les images ou les dessins grossiers des objets corporels (caractères FIGURATIFS); les autres, une indication de ce que les objets *sans figure* ont de plus remarquable ou de plus facile à exprimer par des signes; telles sont les abstractions numériques, tels sont les rapports de position, les mouvemens, etc. (caractères INDICATIFS). Une troisième espèce exprime les idées par la combinaison de plusieurs images (caractères COMBINÉS); et une quatrième peint des idées morales par l'entremise

(1) Recherches de M. Rémusat, p. 12.

d'un objet phisique pris en un sens métaphorique (caractères EMPRUNTÉS). Une (1) cinquième espèce de caractères se compose de signes choisis dans une des classes précédentes, et écrits à rebours, pour exprimer une idée inverse ou antithétique (caractères INVERSES); et une dernière classe comprend les caractères composés d'une image, à côté de laquelle on écrit le signe d'un son (caractères MIXTES ou SILLABIQUES).

Les neuf à dix mille caractères expliqués dans le *Choue-wen*, et ceux qui ont été formés depuis, d'après les règles posées par les Anciens, rentrent tous, avec plus ou moins d'exactitude, dans l'une des six classes, et même, à bien prendre les choses, il est facile de reconnaître que l'on pourrait, sans s'écarter des idées de ceux qui ont établi cette division des caractères, les ranger tous sous deux classes seulement : l'une comprendrait les caractères simples, c'est-à-dire les images et les signes indicatifs indivisibles, et l'autre renfermerait les caractères composés, c'est-à-dire ceux dans lesquels plusieurs images ou plusieurs signes concourent à l'expression d'une idée unique. Quant aux caractères empruntés, ils ne constituent pas, à vrai dire, une classe particulière de caractères; mais, comme les termes abstraits des autres langues, ce sont des signes (2) d'objets matériels ,

(1) Recherches de M. Rémusat, p. 12.
(2) Id. p. 13.

simples ou complexes, employés métaphorique-
ment à l'expression des idées morales ou immaté-
rielles. La distribution qui résulterait de ce travail aurait l'avantage de faire remonter à l'origine
des caractères, et de fournir les moyens de reconnaître ceux qui sont les plus anciens; car,
bien qu'il soit possible que certains caractères
simples n'aient été inventés qu'à une époque où
d'autres caractères composés étaient déjà en
usage, il est au moins certain que tout caractère
simple a dû précéder la formation de ceux dans
la composition desquels il est entré comme élément. Ces signes simples et primitifs, dont l'invention doit remonter à plus de quatre mille ans,
sont bien certainement les plus anciens essais de
l'art d'écrire dont aucune nation nous ait conservé l'intelligence. Ils méritent par là de fixer
notre attention, surtout si nous voulons qu'un pa-
rallèle des caractères chinois et des hiérogliphes
de l'Égipte puisse, quel qu'en soit le résultat,
reposer un jour sur un fondement inébran-
lable (1).

C'est le travail auquel s'est livré M. Abel Rémusat dans le Mémoire que je cite, et dans d'autres qu'il promettait. Les recherches de ce Savant
très-distingué méritent d'être étudiées avec attention par tous ceux qui veulent bien connaître la
langue chinoise (a).

____

(1) Recherches de M. Rémusat, p. 14.

CHAPITRE XII (1).

SUR LA MULTIPLICITÉ DES LANGUES EN ASIE.

LXIII. J'ai parlé des langues hébraïque, phénicienne et chinoise, qui, toutes trois, sont des langues asiatiques; mais ce ne sont pas les seules (a). La diversité des idiômes, dit M. Heeren (2), influa beaucoup plus sur les relations des peuples anciens que sur celles des modernes. Il n'y avait pas encore de langues généralement répandues pour se faire entendre sur tous les points de la terre. Les peuples étaient beaucoup plus isolés, et l'étranger était souvent regardé comme ennemi. Aussi les documens conservés par les Grecs sur ce sujet sont-ils plus superficiels qu'on ne le souhaiterait; ce qui n'étonne pas quand (3) on se souvient de leur prévention hautaine contre les langues barbares.

(1) Ce chapitre a été lu à l'Académie des Inscriptions et Belles-Lettres le 21 septembre 1832.

(2) De la politique et du commerce des peuples de l'antiquité; par A.-H.-L. Heeren, traduit de l'allemand par Suckau. Paris, 1830. T. I, p. 125.

(3) Ici commence la page 126.

La nature phisique du sol a beaucoup influé sur le caractère et la diversité des langues asiatiques. Il y avait des pays où, dans une petite étendue, on parlait une foule de langues diverses, et d'autres où, malgré une étendue immense, il n'y avait que peu de variété dans les dialectes. Presque tous les pays montagneux, habités ordinairement par quantité de petites peuplades, ainsi que les côtes les plus exposées aux invasions des tribus étrangères, entraient dans la première catégorie. On trouvera, au contraire, les langues principales et les plus répandues de ce continent dans son intérieur et dans ses vastes plaines. Les grands fleuves et les chaînes des montagnes, ces limites naturelles des peuples, constituent le domaine plus ou moins étendu des langues. Depuis la Méditerranée jusqu'à l'Halis, régnait une même langue principale; une autre de l'Halis au Tigre; et une troisième du Tigre jusqu'à l'Oxus (1).

Les Phrigiens sont regardés comme le peuple le plus ancien de l'Asie Mineure (*art.* VII) : aussi leur idiôme, parlé jusqu'au fleuve Halis, passait, même dans les tems les plus reculés, pour une des langues les plus anciennes. Les documens les plus authentiques, si l'on en croit M. Heeren,

____

(1) L'auteur allemand renvoie pour les preuves à son traité : *De linguarum asiaticarum in Persarum imperio cognatione et varietate*, publié dans le douzième volume des *Commentationen der gött. societat.*

nous présentent cette langue comme fille de l'arménien ; et cette analogie, elle l'avait encore conservée du tems des Perses. Il paraît au philologue allemand que, conformément à la marche suivie par les peuples dans leur développement, les Arméniens aussi sont descendus de bonne heure de leurs montagnes pour se répandre dans les plaines de l'Asie Mineure. Mais cette opinion de M. Heeren est démentie par le témoignage formel d'Hérodote qui dit (1) :

« Les Phrigiens s'appelèrent Briges, suivant les « Macédoniens, tant que ces peuples restèrent en « Europe et demeurèrent avec eux ; mais, étant « passés en Asie, ils changèrent de nom en chan- « geant de pays, et prirent celui de Phrigiens. Les « Arméniens étaient armés comme les Phrigiens, « dont ils sont une colonie. »

On voit que les Phrigiens sont originaires d'Europe, où ils portaient le nom de Briges, et ce nom désigne les Gaulois, si nous en croyons Buchanan (2). Cette émigration en Asie a pu se faire dans des tems très-anciens, comme elle a eu lieu plus tard, soit par l'inquiétude naturelle à des peuples qui habitent un climat moins favorisé de la nature que celui de la Phrigie, soit par quelque révolution que l'on ignore à présent, et qui est

(1) Livre VII, chap. 73.
(2) Histoire d'Écosse, livre II. J'ai rapporté le passage de cet auteur et les raisons sur lesquelles il se fonde, dans l'Histoire de Hainaut, par Jacques de Guyse. Paris, 1829. V, 432.

encore antérieure à celles dont parle Tite-Live (1).
Mais il n'est pas nécessaire de remonter si haut, et
une conjecture très-plausible peut concilier Tite-
Live avec Hérodote. Les Bituriges avaient la principale autorité chez les Celtes l'an 600 avant notre
ère, plus de cent ans avant la naissance d'Hérodote, lorsque Bellovèse et Sigovèse firent leur
émigration. Établis en Thrace, où ils furent d'a-
bord, leur nom de Bituriges put être prononcé
Briges. Peu de tems après, ils vinrent en Asie, où
ce nom de Briges se changea en celui de Phrigiens ;
et lorsque le pays qu'ils occupaient devint trop
peuplé, ils envoyèrent au-dehors des colonies.
Étienne de Bizance dit (2), comme Hérodote, que
les Arméniens viennent de Phrigie, et que leur
langue approche beaucoup de celle des Phrigiens (3).

Quoique M. Heeren paraisse donc s'être trompé
sur l'Arménie, il observe avec raison que les côtes
de cette contrée étaient occupées par des peuples
très-différens entr'eux, qui s'y étaient installés à
des époques plus récentes. On entendait les dialectes grecs dans les riches villes commerçantes
qui formaient une échelle le long de la côte occidentale, comme on entend l'anglais dans les villes

(1) *Lib.* V, *cap.* 34. J'ai discuté ce passage dans le Tableau historique et géographique du monde. Paris 1810. IV, 9.
(2) Stephanus *de urbibus. Amstelodami* 1678. Art. *Armenia.*
(3) Note de M. Larcher sur Hérodote.

de l'Amérique (1) septentrionale. Mais la langue du pays était le carien et ses divers dialectes; car les Lidiens, les Misiens et les habitans de la Carie proprement dite, parlaient les dialectes d'une même langue mère. La côte septentrionale de la presqu'île était, en grande partie, occupée par des tribus venues de la Thrace, qui, en conservant leur langue, s'étaient fixées en Bithinie; elles s'étendaient jusqu'au fleuve Parthénius, qui les séparait des Paphlagoniens, dont le langage était un idiôme à part, ou peut-être un dialecte du phrigien. Les pays montagneux du sud de la Péninsule, dans la Pisidie, la Pamphilie et la Cilicie, offraient, à ce qu'il paraît, encore une plus grande variété d'idiômes, dont les ramifications ne nous sont pas connues, ou ne le sont que d'une manière imparfaite (2).

§ Ier

Des langues sémitiques.

LXIV. Nous venons de faire voir qu'après l'irruption des Gaulois, qui paraît postérieure au siècle d'Homère, plusieurs langues s'étaient formées dans la partie occidentale de l'Asie (a). Cette

(1) De la politique et du commerce des peuples de l'antiquité. Paris, 1830. I, 127.
(2) *Id.* p. 128.

diversité de langues cessait aussitôt que, passé l'Halis, on entrait en Cappadoce, dénomination sous laquelle on comprenait autrefois également le territoire du Pont. Au-delà de ce fleuve, on parlait une des langues principales de l'Asie, à l'est jusqu'au Tigre, et du nord au sud, depuis les monts Caucasiens jusqu'à la côte méridionale de l'Arabie, et désignée ordinairement sous le nom de dialectes *sémitiques*. Ses différentes branches étaient le cappadocien, à l'est (1) de l'Halis; le siriaque, entre la Méditerranée (2) et l'Euphrates, au sud de la Cappadoce; l'assirien encore au-delà du Tigre, dans l'Abiadène ou le Curdistan; le caldéen, parlé à Babilone; l'hébreu et le samaritain, en Palestine; le phénicien, dans les villes maritimes de la Phénicie et dans ses nombreuses colonies; enfin l'arabe, non-seulement sur toute la presqu'île, mais encore dans les steppes de la Mésopotamie, fréquentées de tout tems par des hordes arabes. Plusieurs de ces dialectes existent encore; d'autres ne sont connus que par des fragmens écrits. On ne saurait douter que, dans des tems inconnus à l'histoire, il ne se soit répandu sur ces plaines immenses une même nation, qui conforma son genre de vie et de mœurs aux lo-

---

(1) La traduction française de M. Heeren dit à l'*ouest*, ce qui est une faute évidente. La Cappadoce était entre l'Halis à l'ouest et l'Euphrates à l'est.

(2) De la politique et du commerce des peuples de l'antiquité. I, 128.

calités. Dans l'Arabie septentrionale, elle continua sa vie nomade ; en Sirie et dans l'Arabie méridionale, elle connut l'agriculture et des demeures fixes ; en Babilonie, elle fonda la ville la plus magnifique de l'antiquité ; sur les côtes de la Phénicie, elle construisit les premiers ports, et équipa des flottes qui lui assurèrent le commerce universel.

Le Tigre était la frontière de l'idiôme sémitique, si ce n'est qu'un de ses dialectes semble avoir régné dans l'Assirie proprement dite (1). J'ai expliqué (*art.* XXXVI) l'alfabet de la langue hébraïque, le mieux connu de ces dialectes.

On nous a lu récemment à l'Institut (2) un Mémoire où, si je ne me trompe, contestant les faits historiques les plus généralement reçus, tels que l'existence de Cadmos, on a prétendu que les Phéniciens avaient inventé l'écriture. Employant la méthode imaginée par Vico, et si commode pour ceux qui aiment mieux créer l'histoire que l'étudier, on a composé un sistème de découvertes selon lequel ce peuple navigateur aurait formé un alfabet. On a cité Sankhoniathôn pour établir les preuves de ce sistème, mais contre l'opinion de cet auteur même, qui dit formellement (3) : Ἀπὸ Μισὼρ Τάαυτος, ὃς εὗρε τὴν τῶν πρώτων

____

(1) De la politique et du commerce des peuples de l'ant. I, 129.
(2) Mémoire lu par M. Dugas-Montbel le 22 juin 1832.
(3) *Sanchoniathonis fragmenta. Lipsiæ* 1826, p. 22.

στοιχείων γραφὴν· ὃν Αἰγύπτιοι μὲν Θωὼθ, Ἀλεξανδρεῖς δὲ Θωὺθ, Ἕλληνες δὲ Ἑρμῆν ἐκάλεσαν. « Misor fut un « des aïeux de Taaut, à qui l'on doit l'écriture ex- « primée par des caractères; c'est lui que les « Égiptiens nomment *Thooth*, le peuple d'Alexan- « drie *Thoüth*, et les Hellènes Hermès. »

En effet, Philon de Biblos, à qui nous devons la traduction grecque de Sankhoniathôn, qui avait écrit en phénicien, nous dit dans le préam- bule de sa traduction, que l'auteur dont il pu- bliait l'ouvrage avait posé les fondemens de son histoire sur les écrits de ce chef des Savans, appelé par les Égiptiens *Thoüth*, par les Alexandrins *Thoth*, Hermès par les Hellènes (1); on voit qu'il transpose les noms de *Thoth* et de *Theuth*, attri- buant aux Alexandrins le premier, qu'il attribue plus bas aux Égiptiens. Il se trompe encore en donnant le nom d'Alexandrins aux habitans de la basse Égipte, qui n'ont pu être désignés ainsi par Sankhoniathôn, antérieur de plusieurs siècles à la fondation d'Alexandrie (2). C'est ainsi que nos tra- ducteurs latins disent toujours Mercure au lieu d'Hermès; c'est encore ainsi que les Septante et la Vulgate traduisent le nom d'une ville d'Égipte par Alexandrie dans les prophéties de Jérémie (3);

(1) *Sanchoniathonis fragmenta. Lipsiæ*, 1826, p. 6.
(2) On en trouvera les preuves dans mon Histoire d'Aristarque de Samos. Paris, 1810, p. 348 et suivantes.
(3) XLVI, 25.

d'Ézéchiel (1) et de Nahum (2), tandis qu'au tems qui précéda la fondation de cette ville, bien postérieur à ces trois prophètes, Alexandrie n'était qu'un village appelé Rhacotis (3). Outre ce nom de Rhacotis, que les Coptes donnent encore à Alexandrie (4), cette ville s'appelait très-anciennement No (5) ou On, suivant saint Cyrille. Elle avait été fort peuplée, et avait eu des hommes très-vigoureux, qui fesaient le commerce de l'intérieur de l'Égipte, en remontant le Nil, dont leur ville n'était éloignée que de 800 stades ou 15 miriamètres. Mais ce commerce cessa par l'invasion de Nabuchodonosor (6), et dès lors, No fut réduit à un village. C'est, dit-on, par cette raison que les traducteurs de Jérémie, d'Ézéchiel et de Nahum, comme Philon de Biblos, ont substitué le nom d'Alexandrie à celui de No. Mais cette question mérite un examen particulier que je ferai dans la suite. (a).

Le fragment de Sankhoniathôn conserve donc tous ses droits à être considéré comme authentique, malgré l'objection qui résulte de cette mauvaise dénomination; et son témoignage en faveur de l'ancienneté de l'écriture égiptienne ne doit pas être méprisé. Les langues sémitiques, telles

(1) XXX., 14, 15 et 16.
(2) III, 8.
(3) Strabon, liv. XVII, p. 545. Tacite, annal. liv. IV, chap. 84.
(4) Woide, Lexic. Egypt., p. 76.
(5) *S. Hieron. in Oseum*, C. IX. tom. *III oper.* p. 1294.
(6) Cyrilli *opera*, t. II, p. 274. *comm. in Esaiam.*

que le phénicien, ne sont autre chose que la langue égiptienne, telle que Toth l'avait écrite, mais avec diverses modifications et divers dialectes. Il est surprenant qu'au dix-neuvième siècle, un Français veuille faire honneur aux Phéniciens d'une invention que les Grecs et les Phéniciens eux-mêmes ont attribuée aux Égiptiens. Tels sont les produits de l'école de Wolf (*a*).

§ II.

Des écrivains de vaisseau, chez les Phéniciens.

LXV. Une seconde lecture de ce Mémoire a été faite dans une séance publique de l'Académie (1), et l'auteur a eu la sagesse d'y supprimer le nom de Sankhoniathôn. Il a été puiser une preuve de son sistème dans le fragment d'un scoliaste d'Homère récemment découvert par M. Mai. Il a cru pouvoir se dispenser de nommer Platon, Diodore de Sicile, Plutarque, Tacite et Pline, où il aurait trouvé des connaissances plus solides pour le sujet qu'il a traité; il a seulement dit quelque chose du passage d'Hérodote sur Cadmos (*art.* XL), qu'il a prétendu avoir été mal traduit par M. Larcher. Il a parlé avec esprit et avec éloquence, mais il m'a paru n'avoir pas assez approfondi sa matière. Examinons avec plus

____

(1) Elle a eu lieu le 3 août 1832.

d'attention le passage du scoliaste sur lequel il s'est appuyé.

C'est dans l'Odissée (1) qu'Ulisses, assistant à des jeux donnés par Alcinoüs, roi des Phéaciens, fut invité à y prendre part. Absorbé par le chagrin que lui causaient ses malheurs, il s'y refusa. Eurialos, qui avait déjà remporté un prix, s'en offensa, et lui dit : « Étranger, je ne vous ai ja- « mais pris pour un homme qui ait été dressé à « tous les combats que l'on voit établis parmi les « peuples les plus célèbres ; vous ressemblez bien « mieux à quelque patron de navire, qui passe sa « vie à courir les mers pour trafiquer ou pour pil- « ler, ou même à quelqu'écrivain de vaisseau « qui tient registre des provisions et des prises ; « vous n'avez nullement l'air d'un guerrier. » Telle est la traduction de madame Dacier.

On voit par ce passage qu'il y avait dès lors, et par conséquent long-tems avant la guerre de Troie, des écrivains sur les vaisseaux pour tenir le registre du chargement et du butin. Ceux qui exerçaient cette profession, n'étant pas militaires, étaient quelquefois méprisés par les guerriers, qui ne savaient pas manier un roseau, et qui ne connaissaient d'autre gloire que celle qui s'acquiert dans les combats. Il n'y a rien dans tout cela que de naturel. Mais le poëte, à qui toutes ces idées étaient familières, ainsi qu'à ses con-

______

(1) Livre VIII.

temporains, s'est servi d'une expression ambiguë, de laquelle ont abusé les traducteurs moins pénétrés que madame Dacier de l'esprit de ces tems anciens. Voici les termes dont il se sert (1) :

Φόρτου τε μνήμων, καὶ ἐπίσκοπος ἦσιν ὁδαίων,
Κερδέων θ᾽ἁρπαλέων· οὐδ᾽ ἀθλητῆρι ἔοικας.

Mot à mot : *onerisque memor, et inspector sit viaticorum, lucrique rapto acquisiti ; neque athletæ similis es.* On voit que dans cette version le mot grec μνήμων est traduit par *memor*, qui, en latin, ne signifie point écrivain. Mais les deux mots ne sont nullement identiques, et si l'on consulte le dictionnaire de Constantin, revu par Höniger et Cellarius (2), on y trouvera :

Μνήμων, *memor, valens memoriâ, munere fungens in tabulas publicas referendi quæ opus est memoriæ mandare.*

Ce mot désigne donc l'homme chargé d'inscrire sur des tablettes publiques ce dont on veut conserver le souvenir. Le lexique rapporte en preuve de cette explication non-seulement le vers de l'Odissée d'Homère, mais encore celui d'Aristophanes dans ses Nuées (3), où se trouve le mot ἱερομνημονεῖν. Son commentateur dit que les mots

(1) VS. 163 et 164.
(2) *Basileæ* 1584, p. 889.
(3) Νεφέλαι, vers qui précède l'avant-dernier du premier acte.

ἱερομνήμονας et μνήμονας indiquaient les écrivains des choses sacrées ; mais voyons la scolie donnée par Philippe Buttmann, d'après l'édition de M. Mai (1), sur le vers de l'Odissée qui nous occupe.

Ἄρα ὁ μνημημένος πόσου ἐστὶν ἕκαστον ἄξιον, ὃν γραμματέα καλοῦσιν, εἰκὸς· οὐ γὰρ αὐτὸν δεσπότην τῶν φορτίων φησὶν, ἀλλ' ὥσπερ τινα τῶν φορτίων φροντίζοντα καὶ τῶν πλεόντων. « Ainsi donc, ce qu'on appelle écrivain « semble n'avoir été autre que celui qui était « chargé de conserver les souvenirs nécessaires ; « car Homère ne veut pas dire le maître des mar- « chandises, mais celui qui tenait le compte du « chargement et des passagers. » On voit que cette explication est parfaitement d'accord avec la traduction de madame Dacier. Voyons la suite.

Τοῦτο δέ τινες σημειοῦνται πρὸς τὸ ἀγνοεῖν (2) γράμματα τοὺς ἥροας. Τῇ γὰρ μνήμῃ φασὶ τὰ ἐγκείμενα κατέχειν διὰ τὸ ἀπείρως ἔχειν γραμμάτων. Ὅθεν καὶ τοὺς Φοίνικας ἐμπόρους ὑπὸ τῆς χρείας αὐτῆς ἐπὶ τὴν τῶν γραμμάτων εὕρεσιν ἐλθεῖν· ἡ δὲ χρῆσις παρὰ τοῖς παλαίοις (*in alio scholio breviori in Eustathio* πολλοῖς) ἔχει, τὸν γραμματέα καὶ τὸν ἐπιμελητὴν μνήμονα καλεῖσθαι. « Quelques- « uns s'autorisent de ce passage pour croire que

(1) *Berolini*, 1821, p. 281.

(2) Ce mot me fournit l'occasion de faire voir combien il est dangereux de s'en rapporter à la ressemblance des mots en latin et en grec. γινώσκω et *nosco* ont un son analogue et la même signification : ἀγνοεῖν et *agnoscere* se ressemblent de même ; mais le premier veut dire ne pas connaître, tandis que le second signifie reconnaître.

« les guerriers ne connaissaient pas l'écriture : ils
« disent que les souvenirs étaient conservés par la
« mémoire, parce qu'on ne savait pas écrire.
« C'est pourquoi les Phéniciens, sentant cette né-
« cessité, firent la découverte des lettres. » L'auteur de la scolie met si peu d'importance à cette
conjecture, qu'il ajoute immédiatement après :
« Chez les Anciens (un autre petit scoliaste d'Eustathe dit chez la plupart), l'usage est d'appeler
« *mnémón* l'écrivain chargé de conserver les sou-
« venirs. »

Que peut-on conclure d'une observation faite
par un auteur ignoré, d'après d'autres auteurs
qu'il ne nomme point, lorsque des historiens tels
que ceux que j'ai cités, nous parlent en détail de
l'invention de l'écriture et de la manière dont elle
est parvenue aux Phéniciens ? Tacite dit formellement (*art.* XXXV) que les Phéniciens n'eurent
que le mérite d'enseigner aux Grecs ce qu'ils
avaient appris des Égiptiens (1) La découverte de
l'écriture est disputée même aux Égiptiens par les

(1) *Indè Phœnicas, quià mari præpollebant, intulisse Grœciœ
gloriamque adeptos, tanquàm repererint, quœ acceperant.* Le passage d'Hérodote peut seulement donner lieu de croire que l'ancienne
écriture égiptienne, telle qu'elle avait été portée en Grèce par Cécrops et Inakhos, a été perfectionnée par les Phéniciens, qui lui ont
donné une forme plus régulière portée en Grèce par Cadmos. On expliquerait ainsi la différence entre les écrits égiptiens que nous connaissons, et l'écriture des Phéniciens qu'au reste nous ne connaissons
guère. D'ailleurs, cette dernière écriture ne nous est connue que par
des médailles ou des inscriptions, et non par une écriture courante
comme celle des Égiptiens.

Éthiopiens, et à ces deux peuples par les Indiens. Le savant naturaliste M. Delille (1) voit le berceau des usages de l'Égipte dans l'Inde. Voici sa plus forte preuve. Les Égiptiens ont possédé autrefois dans leurs lacs le *Nelumbium* de l'Inde, cette plante si belle, simbole, chez les Bramines, du monde sorti des eaux, et sur laquelle est reposé Wishnou, comme Horus d'Égipte sur le *Lotus*, qui n'est que le *Nelumbium* ou le *Nymphœa lotus* de la même famille aquatique. Le *Nelumbium* ou ancien lis rose du Nil n'existe plus en Égipte ; il n'y était donc pas naturel autrefois, ni en Éthiopie, où il n'a pas été vu par les voyageurs modernes. Son origine est dans l'Inde, comme l'origine des usages auxquels il a donné lieu.

Je n'agrandirai pas un sujet déjà trop vaste, en m'engageant dans une discussion d'un genre si élevé. Mais je ne puis me dispenser de dire ici quelque chose des langues persanes et des autres langues asiatiques.

§ III.

Des langues persanes.

LXVI. Sur la rive gauche du Tigre, commençaient les langues persanes, qui, par leurs mots, leurs tours et leurs constructions, diffèrent telle-

____

(1) Lettre qu'il m'a écrite le 29 août 1832.

ment des sémitiques, qu'on y reconnaît aisément
les branches (1) d'un tout autre tronc. Les Grecs,
malgré leurs nombreuses relations avec les Perses,
ne nous ont presque rien laissé qui puisse servir à
des études scientifiques sur ces langues. Il était
réservé aux tems modernes de nous donner des
éclaircissemens importans sur ce sujet obscur,
par la découverte du Zend à Vesta, et les recherches heureuses d'Anquetil (2), qui distingue
quatre langues dans la Perse, savoir, le *pa-zend*,
le *pehlvi*, le *parsi* et le *déri* (3). On peut consulter sur ce sujet les traités de Kleuker, dans l'ap-
pendice au Zend à Vesta (4). M. Eugène Burnouf,
notre collègue, par la publication du Vendidad-
Sadé, nous transmet des connaissances complètes,
qu'un travail assidu lui a fournies. Nous devons à
ces Savans et à d'autres, dont les travaux sont indiqués dans les Mémoires de la Société Asiatique (*a*), non-seulement la connaissance de plusieurs dialectes de l'ancien persan, mais encore des
fragmens écrits et des vocabulaires de trois de ces
dialectes : le *zend*, parlé dans l'ancienne Médie,
et employé dans les écrits originaux du Zoroastre
mède; le *pehlvi*, parlé dans les pays méridionaux
contigus à l'Assirie et à la Babilonie; et enfin le

(1) De la politique et du commerce des peuples de l'antiquité.
Paris, 1830. I, 129.
(2) Mémoires de l'académie des Inscriptions. XXXI. 339-442.
(3) Id. p. 393.
(4) De la politique et du comm. des anc. peuples. I, 130.

parsi, qui est la même chose que le *déri* ou l'ancien persan proprement dit, et qui, en se répandant sous la domination des Perses, semble avoir absorbé tous les autres dialectes. La comparaison des débris de ces anciennes langues nous montre, à la vérité, beaucoup de nuances, mais nous offre cependant une si grande identité d'expressions et de constructions, qu'il faudra reconnaître ces langues, ainsi que les (1) peuples qui les parlaient, comme les branches d'un même tronc. Il est cependant reconnu, comme l'observe M. le baron de Sacy, que le pehlvi sert en quelque sorte de lien entre les langues sémitiques et celles de la Perse.

Déjà Hérodote remarque parmi les peuples nomades de l'Asie centrale et septentrionale, une grande diversité de langues. Les marchands grecs, allant des villes commerçantes de la mer Noire, par le Kaptchak actuel, aux pays de la mer Caspienne et à la grande Bukharie, emmenaient avec eux sept différens interprètes, pour s'expliquer avec autant de peuples parlant une langue différente (2). Mais quand on connaît les grandes peuplades, comme les Scithes et les Sarmates, qui habitaient ces vastes pays de steppes, et qui, à quelques nuances près, parlaient certainement la même langue, on ne peut plus douter de l'exis-

(1) De la politique et du commerce des anc. peuples. I, 130.
(2) Hérodote, livre IV, chap. 24.

tence de langues principales usitées dans ces immenses contrées, surtout en se rappelant que les différentes hordes d'une tribu avaient eu la même origine, et étaient unies par des liens de famille.

La plus grande variété de langage paraît avoir existé dans les pays montagneux du Caucase, comme elle y existe encore aujourd'hui. Une foule de peuplades plus ou moins grandes, attirées dans ces lieux par des guerres, mais encore plus par le commerce actif qui s'y fesait (1), y apportèrent chacune leur idiôme. C'est ce que l'on peut conclure d'un passage d'Hérodote (2), quoiqu'il ne le dise pas formellement; mais, suivant Strabon, dans la seule ville de Dioscurias, sur les rives orientales de la mer Noire, on entendait, lors des grands marchés tenus dans son enceinte, soixante-dix, on a même dit trois cens dialectes, parlés par autant de tribus qui ne s'entremêlent point. La plupart sont de la nation des Sarmates; tous habitent le mont Caucase (3). Pline répète le même fait, en citant Timosthènes, et en ajoutant que les Romains avaient cent trente interprètes à Dioscurias, ville colque sur l'Anthémonte (4). C'est aujourd'hui Iskuriah ou Isgaour, vers le

(1) De la politique et du commerce des anciens peuples. I. 131.

(2) I, 203.

(3) Géographie de Strabon, livre XI, p. 498 de l'édit. de Casaubon; 761 de celle de 1707.

(4) Hist. nat: VI, 5: Timosthènes est un géographe grec.

nord de la Mingrélie, aux frontières de la province Odischa, et c'est encore l'entrepôt principal
du commerce (1).

L'histoire que Xénophon nous a conservée de
sa fameuse retraite, nous retrace les mêmes faits.
En Arménie, il put encore se faire entendre par
des interprètes perses; mais, à mesure qu'il s'a-
vança vers l'occident et la mer Noire, il trouva
autant de dialectes nouveaux qu'il rencontra de
petites peuplades (2). Il nomme pays des Scithines
celui où il éprouva l'embarras de se faire entendre.

Les dialectes sémitiques et persans, dont les derniers s'étendent jusqu'à l'Indus, forment donc les
principales langues de l'Asie. Ces anciennes langues, au-delà de l'Indus, sont encore trop enve-
loppées d'obscurité, pour que leur étude offre
des résultats certains. Il se peut cependant, ajoute
M. Heeren, d'après lequel je viens de faire cette
assertion, que, de nos jours, nous obtenions des
éclaircissemens plus étendus, si le rapport intime
entre le zend et le sanscrit, langues saintes de la
Perse et de l'Inde, se trouve confirmé; si l'esprit
scrupuleux des Anglais parvient à sauver de l'ou-
bli plusieurs débris de l'ancienne littérature indienne (3); et si un second Anquetil éclaircit les

(1) Précis de la géographie, par Malte-Brun, Paris, 1812. III, 40.
(2) Xénophon, *anab. lib.* LV, *oper.* p. 340.
(3) De la politique et du commerce des anciens peuples, 1. 132.

saintes écritures des bramines avec autant de succès que le premier l'a fait pour celle des parsis (1).
Notre collègue, M. Chézi, que nous venons malheureusement de perdre (2), a rempli l'espoir
de M. Heeren, et a fait pour le sanscrit ce qu'Anquetil avait fait pour le zend. M. Heeren ne dit
rien du chinois, dont j'ai cru devoir parler, et
c'est dans cette langue que M. Abel Rémusat a
trouvé le moyen d'expliquer très-bien le passage de l'écriture hiérogliphique à l'écriture alfabétique (a).

§ IV.

Observations sur les langues asiatiques.

LXVII. Les langues asiatiques nous offrent un
phénomène déjà indiqué par les langues persanes
anciennes, et qui ne doit pas être passé sous si-
lence. Non-seulement dans la Perse, mais aussi
dans l'Asie orientale, surtout dans l'Inde en deçà
et au-delà du Gange, nous trouvons à côté des
langues vivantes d'autres idiômes qui n'existent
plus que dans les écrits : le zend et le pehlvi, en
Perse, sont de ce nombre, ainsi que dans l'Inde
citérieure, le fameux *sanscrit*, et le *bali* dans l'Inde
ultérieure. Nous ne parlerons ici que de ce phé-

____

(1) De la politique et du commerce des anc. peuples. I, 133.
(2) Le 31 août 1832.

nomène en général, et de son origine; nous ne dirons rien des rapports plus ou moins intimes de ces langues entr'elles.

Les langues ne peuvent naître et grandir que dans la bouche du peuple, quoiqu'elles ne se développent scientifiquement que par l'écriture et la littérature. Aussi ces langues, mortes pour nous, doivent nécessairement avoir été vivantes; ce qui s'expliquerait déjà par la raison que plusieurs de nos idiômes actuels en paraissent dérivés. Il peut y avoir eu plusieurs causes qui les firent disparaître du rang des langues vivantes. Les changemens amenés par les dialectes, suite (1) inévitable de toute langue répandue; le mélange avec d'autres peuples, et enfin surtout la conquête étrangère; ces causes et d'autres encore peuvent, dans la suite des tems, faire passer une langue par tant de phases, qu'il s'en forme de nouvelles langues susceptibles, à leur tour, d'un plus grand développement. Pour que cette langue primitive ne meure pas, et se maintienne à côté des langues dérivées, il lui faut un soutien, et elle le trouve surtout dans la religion en demeurant consacrée au culte. C'est ainsi qu'elle devient une langue sainte, ce qui lui donne aussi un caractère plus élevé aux ieux de la foule. Ce fait a lieu principalement pour les religions fondées sur des livres saints. Ces livres contiennent les dogmes

(1) De la politique et du commerce des anc. peuples. I, 133.

ainsi que les prières et les liturgies du culte : voilà donc le principal moyen pour conserver des langues qui ont cessé d'être vivantes. Admettons des peuples où les prêtres forment une caste particulière; il en naîtra pour eux le besoin de s'occuper de la langue sainte, qui finit par devenir l'objet d'une étude savante. Il est généralement connu que cela est arrivé ainsi pour les langues de l'Asie. Lors même que le commun des prêtres évite la peine de les apprendre, en se bornant à réciter des formules de prières que lui-même ne comprend pas, cependant les saintes écritures se conservent de cette manière (1), surtout avec le secours de l'écriture, et il ne manque guère parmi eux d'hommes studieux qui s'occupent à les copier et (a) à les interpréter.

Quelqu'étrange que nous semble ce phénomène, néanmoins il ne s'en est pas fallu beaucoup qu'il ne se renouvelât aussi dans l'Europe occidentale. On sait que ses langues sont, pour la plupart, filles d'une langue mère, aujourd'hui langue morte, c'est-à-dire le latin. En aliénant sa nature première, ses divers dialectes donnèrent naissance à autant de langues, qui se développèrent avec la littérature des peuples. Mais le latin trouva un appui dans le culte public et nos écritures saintes. Le clergé seul l'entendait, ou devait du moins l'entendre. Il était donc près de devenir

____

(1) De la politique et du commerce des anc. peuples. I, p. 134,

une langue sainte, comme celles de l'orient, lorsque deux circonstances vinrent l'en empêcher : la régénération de la littérature classique en Italie, au quatorzième siècle, qui en rendit l'usage général, et en fit même la langue des classes supérieures; et la réforme qui, par des sermons et la traduction de la Bible dans les langues vivantes, en restreignit l'usage aux églises, non-seulement chez les protestans, mais encore chez les catholiques (1).

Il paraît que les Mages sont le plus ancien corps de prêtres qui ont conservé les écrits du premier Zoroastre. Les bramines possèdent encore aujourd'hui les véda, fondement de la religion indienne, et monument curieux d'une civilisation que William Jones regarde comme contemporaine de Moïse. Mais l'opinion des Indiens est que ces livres, sortis de la bouche de Brahma, ont été sauvés du déluge et conservés par les bramines (2). Les quatre véda peuvent donc disputer l'antiquité aux livres de Zoroastre; mais je serais porté à croire que le premier Zoroastre est le créateur de l'écriture cunéiforme, antérieure à celle d'Hermès. J'ai parlé de ce Zoroastre dans un autre ouvrage (3), et je crois y avoir prouvé qu'il fallait admettre l'opinion de Pline, qui cite cet écrivain,

(1) De la politique et du commerce des anc. peuples, p. 135.

(2) La reconnaissance de Sacountala, drame traduit par M. Chezy. Paris 1832. P. 272 et 273.

(3) Principes des sciences mathématiques. Paris 1811. P. 341.

et qui place son existence six mille ans avant la mort de Platon, et cinq mille ans avant la guerre de Troie. Platon est mort l'an 352 avant l'ère chrétienne, et la guerre de Troie a commencé l'an 1194. C'est donc entre l'an 6352 et l'an 6194 avant notre ère, qu'il faut placer la vie de Zoroastre, c'est-à-dire dans un espace de 158 ans. On sent que Pline donne des nombres ronds et conséquemment approximatifs. En supposant que Zoroastre a vécu quatre-vingt-dix ans, qu'il est né l'an 6318 avant notre ère, et mort l'an 6228, il n'y aura que trente-quatre ans à ajouter ou à retrancher des deux dates de Pline pour les rendre tout-à-fait exactes.

A la vérité, Suidas, à l'article Zoroastre de son Dictionaire, dit seulement que le premier Zoroastre a vécu 500 ans avant la guerre de Troie ; mais Plutarque, dans son Traité d'Isis et d'Osiris, et Diogènes Laërce, dans la préface de ses Vies des Philosophes, disent 5000 ans, comme Pline, et leur autorité est bien supérieure à celle de Suidas (*a*).

§ V.

De l'écriture cunéiforme.

LXVIII. L'écriture *cunéiforme*, ou plutôt la plus simple des écritures auxquelles on donne ce nom, paraît avoir été celle des Mages. Cette écriture est si simple, qu'elle porte évidemment l'empreinte d'une invention originale (1): elle n'est formée que de deux signes, le coin et le crochet, et il est impossible d'en former une avec un plus petit nombre d'élémens. C'est ce qui fait qu'une seule lettre, dans cette écriture, se compose souvent de plus de coins ou de crochets qu'il ne semblerait nécessaire à la première vue; et cela surprend d'autant plus, que les signes ne peuvent être liés entr'eux qu'avec peine, à cause de l'absence totale de lignes courbes. D'ailleurs, la nature de cette écriture indique suffisamment qu'elle n'est pas sortie de l'hiérogliphique; car celle-ci, dès sa naissance, porte un caractère de vérité dont un alfabet qu'on en supposerait dérivé ne se serait pas dépouillé entièrement, et, lors même qu'on regarderait les deux signes cunéiformes comme hiérogliphiques, par exemple, comme l'image figurée de deux genres, cette écriture serait toujours radicalement opposée à celle des hiérogliphes. M. Grotefend a prouvé qu'elle n'est pas non plus sillabique; et, en effet, on ne voit pas comment des sillabes auraient pu constituer l'élément de ce genre d'écriture (2). Il suffit, pour s'en convaincre, de consulter les deux planches

(1) Description de l'Égypte. Paris. 1832, VIII, 32. Notice sur les ruines d'un monument persépolitain, par M. de Rozière. Voyez surtout la lettre de M. de Sacy à M. Millin, Magasin encyclopédique, année VIII, tome V, p. 438.

(2) De la politique et du commerce des anciens peuples de l'antiquité, par Arh.-L. Heeren; traduit de l'allemand par W. Suckau. Paris, 1830. II, 410.

données par M. Heeren, d'après M. Grotefend(1):
dans la première, est l'alfabet de la langue qu'il
nomme zende persépolitaine, d'après les monumens trouvés à Persépolis, en trente caractères, et
l'explication d'une inscription écrite avec ces caractères (2). Dans la seconde planche, on trouve
des inscriptions cunéiformes de trois genres différens : le premier est donné par Niebuhr, et contient trois inscriptions ; le second est l'inscription
d'un vase, dessinée par M. de Caylus ; le troisième
est une autre inscription trouvée à Pasargade par
Morier. Chacune de ces inscriptions est écrite
dans les trois genres (a).

Quelle autre conjecture formerons-nous donc,
continue M. Heeren, si ce n'est que cette écriture
a été, dès son origine, uniquement formée de
lettres, en supposant même qu'elle ne se soit formée que par dégrés ? Toujours est-il vrai, surtout
pour la première espèce d'écriture (3) cunéiforme,

(1) De la politique et du commerce des anciens peuples de l'antiquité, par Arh.-L. Heeren ; traduit de l'allemand par W. Suckau.
Paris, 1830, p. 366. tab. IV et V.

(2) Je reproduis la planche de M. Heeren, mais en joignant l'alfabet véritablement zend à son alfabet persépolitain. Cet alfabet
m'a été donné par mon jeune et habile collègue M. Eugène Burnouf.
C'est M. Reiske qui a ainsi augmenté l'alfabet de M. Anquetil, le seul
que nous eussions. Le *vendidad-sadé* publié en caractères zend par
M. Burnouf, qui en donnera incessamment la traduction, populari-
sera bientôt cette ancienne langue, sans laquelle on ne peut entreprendre la traduction des inscriptions cunéiformes. J'ai cru devoir
ajouter à l'inscription donnée par M. Heeren une de celles dont
les briques sont dans mon cabinet. Je la décris un peu plus bas.

(3) Id. p. 410.

qu'elle semble déceler d'une manière toute particulière le caractère de l'enfance des lettres
écrites, par la quantité ou plutôt l'abondance des
caractères de certains mots. Ne serait-ce pas un
indice des minutieux efforts de l'inventeur, pour
donner à chaque son, quelqu'insignifiant qu'il fût,
un signe particulier, ainsi qu'à chaque aspiration?
Ou, pour mieux dire, cette écriture ne semble-t-
elle pas l'épelé écrit de la langue parlée? Ces
idées prédominent du moins dans la deuxième et
dans la troisième espèce d'écriture, ce qui fait
présumer à M. Heeren, quoiqu'il s'y trouve des
caractères plus compliqués, qu'elles sont plus
modernes (1).

Le tome VI des *Mines de l'Orient* contient un
Mémoire particulier de M. Grotefend (2). A ce
Mémoire, qui n'a pas été reproduit dans l'ouvrage
de M. Heeren, est jointe une planche sur laquelle
sont gravées plusieurs inscriptions en caractères
cunéiformes, tirées les unes de diverses briques
des ruines de Babilone, les autres de deux pierres
gravées. L'inscription cotée A est copiée d'après
une brique cuite; elle est conforme à la plus
longue de celles qui se trouvent sur les briques
cuites de ma collection de monumens persépoli-
tains, et à celle qu'a publiée M. Rich dans son

(1) Id. p. 411.
(2) P. 143 et suiv.

Voyage aux ruines de Babilone (1), d'après une brique semblable (2).

Quant à la question de savoir où cette écriture a été inventée, dit encore M. Heeren, on peut affirmer sans scrupule qu'elle est d'origine asiatique. Elle diffère des écritures égiptiennes, hiérogliphiques et phonétiques, telles que celles qui existent sur le monument de Rosette, au point même de ne pas admettre la comparaison. Les découvertes faites à Persépolis et à Babilone, prouvent encore qu'elle s'est répandue dans une partie considérable de l'Asie mineure, et que, se divisant en plusieurs alfabets (dont les cinq de Persépolis se distinguent encore de ceux qui sont gravés sur les briques de Babilone), elle a été adoptée par plusieurs nations, qui l'ont extrêmement modifiée, en formant de nouveaux alfabets, à l'aide de deux signes fondamentaux. Il faut croire que (3) son origine remonte bien au-delà de la domination persane, puisque, dès cette époque,

(1) Planche 2 de la traduction française de M. J. Raymond.

(2) Cette note m'a été fournie par M. Félix Lajard, mon collègue à l'Académie des Inscriptions, qui a formé la riche collection que je possède. J'ai vu depuis dans la bibliothèque de M. le baron de Sacy l'ouvrage anglais de Claudius James Rich, publié à Londres en 1818 sous le titre de *Second Memoir on Babylon*. Il y a un grand nombre de planches écrites avec les mêmes caractères que la mienne, à laquelle ressemble beaucoup la planche 8. Elle est composée de même de trois lignes et d'un nombre de caractères à peu près pareil, mais avec quelque différence dans les signes.

(3) De la politique et du commerce des peuples de l'antiquité. II, 411

elle paraît déjà sous trois formes sur les monumens de Persépolis; et il ne serait pas difficile de déterminer avec certitude le lieu qui l'a vu naître (1). On peut conclure, en effet, de tout ce qui précède, qu'elle était déjà très-ancienne à Persépolis, et qu'elle avait été employée par l'ancien Zoroastre, qui habitait la Bactriane. Ce fut lors de la destruction de ce royaume par Ninus, que les prêtres caldéens portèrent en Assirie leurs livres, leur langue et leur écriture. Cet événement, qui tient aux connaissances historiques, n'appartient pas à ce Mémoire; mais on peut tirer des ouvrages même de Zoroastre la certitude qu'ils n'ont été composés ni en Perse, ni en Assirie, empires qui n'existaient pas encore de son tems, et dont le nom même n'était pas connu. Je reviendrai sur ce sujet dans un second Mémoire qui suivra celui-ci. Je me contenterai d'observer ici, d'après M. Heeren, que (a) les Caldéens ou Mages étaient une classe de prêtres qui exerçaient une grande influence sur le gouvernement, au moyen de leurs prophéties et de l'astrologie (2). C'est ce qui constituait la magie dont l'ancien Zoroastre était l'inventeur, en même tems que le fondateur des Mages (3).

(1) De la politique et du commerce des peuples de l'antiquité. p. 412.
(2) *Id.* p. 129.
(3) Histoire naturelle de Pline, livre XXX, chap. 1.

Conclusion.

LXIX. On a vu qu'à l'époque de l'existence d'Homère, l'écriture était connue en Égipte depuis plusieurs siècles, ainsi que l'usage du papier; les Chinois, les Persans, les Indiens, les Caldéens, avaient même aussi, depuis plusieurs siècles, leurs méthodes d'écriture et leurs manières d'écrire. Comment les Grecs, à l'époque d'Homère, et long-tems auparavant, auraient-ils ignoré un art aussi utile? Comment les poëtes auraient-ils négligé cet admirable moyen de transmettre leurs ouvrages à la postérité la plus reculée? Homère surtout, qui avait passé sa jeunesse chez un grammairien dont la profession était d'enseigner l'écriture, qui avait été adopté par ce grammairien, qui avait voyagé avec les Phéniciens après la mort de ce père adoptif (1), qui avait été en Égipte, où même une épigramme de l'Anthologie grecque (2) dit qu'il était né, a-t-il pu ne pas s'instruire d'un art qui lui était si nécessaire? Serons-nous surpris qu'Hérodote ait dit (3) que ce poëte avait fait des observations par écrit sur les peuples qu'il avait

(1) Ces faits sont constatés par l'auteur de la vie d'Homère qui, s'il n'était pas Hérodote, était du moins antérieur à Tatien, c'est-à-dire qu'il vivait environ du tems d'Auguste. Son authenticité a été admise par Eustathe, qui avait consacré à l'étude d'Homère sa vie presqu'entière, et qui a cru qu'Hérodote l'avait composée. De quel droit voudrions-nous la contester aujourd'hui?

(2) Livre III, titre XXV, épigr. 7.

(3) Vie d'Homère, § 6.

visités, et qu'il a si bien caractérisés dans ses immortels ouvrages?

Sans doute une nation guerrière méprisa long-
tems les arts sédentaires. Le poëme intitulé *Ro-
man de la Rose*, commencé par Guillaume de
Lorris, vers l'an 1230(1), a été composé dans un
tems où les chevaliers se fesaient honneur de ne
pouvoir donner leur signature, où la bibliothèque
de nos rois commençait à se former, et ne se
composait que d'un petit nombre de volumes. Ce
poëme n'a-t-il cependant pas été écrit? Quelqu'un
a-t-il osé dire du moins jusqu'à présent que l'ouvrage ait été composé sans un secours si nécessaire
à ceux qui veulent éterniser leurs pensées? N'a-
vons-nous pas des manuscrits français bien plus
anciens? Le maréchal de Champagne, Geoffroi de
Ville Hardouin, qui vivait au moins quarante ans
avant Guillaume de Lorris, lorsqu'il composa l'histoire si curieuse de la conquête de Constantinople,
ne l'écrivit point; mais il la dicta (2). L'écriture n'est-
elle pas nécessaire à la formation d'une langue?
Les Américains n'ont que des jargons, c'est-à-dire
des idiômes restreints à l'usage d'un petit nombre
de familles. Don Félix de Azara (3), après avoir
séjourné vingt ans dans l'Amérique méridionale,

(1) Voyez l'article LORRIS dans la Biographie universelle.

(2) Id. art. Ville Hardouin. Voyez sur cet auteur le tome XIII
de la France littéraire, que l'Académie vient de publier.

(3) Voyez la traduction de ses voyages, par M. C.-A. Walcke-
naer, notre président actuel. Paris, 1809.

en qualité de commissaire des limites espagnoles dans le Paraguai, y a compté trente-cinq langages différens. Il croit pouvoir présumer, sans exagération, qu'il y a bien encore six autres langues parmi les nations qui sont à l'ouest des Pampas, autant parmi celles du sud, et huit parmi les anciens Indiens de la province de Chiquitos. Cela fait en tout cinquante-cinq idiômes très-différens; et, sous ce rapport, ce n'est pas, selon lui, une supposition outrée de croire que dans toute l'Amérique, il y avait mille langues différentes, c'est-à-dire plus que dans toute l'Europe et dans toute l'Asie.

L'écriture seule a le privilége de fixer les langues, et, quoiqu'elle ne puisse en empêcher toutes les altérations, elle empêche du moins que ces altérations ne dénaturent absolument le langage. Ainsi, lorsque nous voyons dans un pays une langue parlée uniformément par un grand nombre d'hommes, nous pouvons en conclure que l'écriture y est connue.

Avant même que notre langue fût formée, nous écrivions le latin et même le grec, en sorte que chez nous l'écriture a précédé la langue. J'avais conjecturé que l'écriture avait été enseignée aux Égiptiens par les Éthiopiens. L'un de mes motifs avait été l'usage de l'*amyris papyrifera*, arbre commun en Éthiopie, et qui ne se trouve pas en Égipte. L'écorce de cet arbre, dont M. Delille a eu la bonté de m'envoyer un fragment, a l'apparence d'un véritable parchemin. Son usage est bien plus commode et plus facile que celui du papirus qu'il a dû précéder. Mais M. Delille pense avec raison que d'autres plantes qui ont été connues des Indiens, présentaient un moyen d'écriture plus facile encore, et donnaient lieu de croire, d'après d'anciens monumens, que l'écriture avait passé des Indiens aux Éthiopiens. A quelle antiquité remonte donc l'usage de l'écriture? Elle précède Homère d'un grand nombre de siècles : du tems de ce poëte, il existait déjà un grand nombre de nations qui l'employaient, et qui avaient différens procédés pour écrire.

Je ne terminerai pas ce Mémoire sans faire encore une observation qui m'a paru essentielle.

Les Arabes ont connu l'écriture comme les Hébreux, les Chinois, les Persans et les Indiens. En effet, nous lisons dans le livre de l'arabe Job, que l'on croit traduit par Moïse, et conséquemment plus ancien que ce législateur des Juifs (1): « Plût au ciel que mes paroles fussent écrites, « qu'elles fussent tracées dans un livre, ou gravées « à jamais sur la pierre et sur l'airain avec un ci- « seau de fer (2)! » L'ami de Job, qui s'exprimait ainsi, connaissait donc l'usage de l'écriture sur les

(1) Joh. Nicolaï Funccii *de scripturâ veterum*. Marburgi, 1743, p. 14.
(2) Livre de Job, chap. 24.

diphthères, pour en composer un livre, ou sur la pierre, pour en faire une inscription.

Ce livre n'était pas le seul que Moïse eût connu, et qui ait été composé antérieurement à lui. En effet, cet écrivain cite dans son livre des Nombres (1) un ouvrage dont il répète les expressions.

C'est pourquoi, dit-il, il est écrit dans le livre des guerres du seigneur : « Comme il a paru en la « mer Rouge, ainsi il paraîtra dans les torrens « d'Amon. (2) »

Enfin le livre de Moïse lui-même a été composé à une époque antérieure de plusieurs siècles à Homère.

Nos livres religieux s'unissent donc à nos livres historiques pour nous convaincre de l'ancienneté de l'écriture. Vouloir nier cette vérité, c'est vouloir renverser toutes nos croyances historiques ; c'est vouloir en détruire les fondemens ; c'est nous condamner à une perpétuelle enfance.

Qu'on me permette encore un argument fort simple, pour prouver qu'Homère a fait usage de l'écriture. S'il est possible qu'un poëte ait composé trente mille vers uniquement déposés dans

---

(1) Chap. 21 , verset 13.

(2) L'abbé de Longuerue ne paraît pas avoir connu ce passage dans la dissertation où il prétend que Moïse est le premier qui ait écrit. Voyez le Recueil imprimé après sa mort. Genève , 1769, in-12. L'objet spécial de sa dissertation est de prouver qu'Esdras n'a pas inventé de nouveaux caractères hébreux.

sa mémoire, sans le secours de l'écriture, on conviendra que c'est du moins pour lui un sujet d'éloges. Or, nous avons, sous le nom d'Anthologie grecque, un recueil en cinq volumes in-quarto de courtes pièces de vers, sous le nom d'épigrammes, dont un grand nombre sont sur Homère. J'ai pris la peine de transcrire celles-ci. J'affirme qu'aucune d'entr'elles ne dit rien qui ait rapport à ce fait surprenant; au contraire, plusieurs affirment qu'Homère a écrit ses deux poëmes. Je me contenterai de citer celle-ci :

Anthologia græca, cum versione latinâ Hug. Grotii, edita ab Hier. de Bosch., tome II p. 531.

Titulus XXVII, *de poetis epigr.* 1. *de Homeri effigie.*

Υἱὲ Μέλητος Ὅμηρε, σὺ γὰρ κλέος Ἑλλάδι πάσῃ
    Καὶ Κολοφῶνι πάτρη θῆκας ἐς ἀΐδιον,
Καὶ τὰς δ'ἀντιθέῳ ψυχῇ γεννήσαο κούρας,
    Δισσὰς ἐκ στηθέων γραψάμενος σελίδας·
Ὑμνεῖ δ'ἢ μὲν νόστον Ὀδυσσῆος πολύπλαγκτον,
    Ἢ δὲ τὸν Ἰλιακὸν Δαρδανίων πόλεμον.

Voici la traduction de Grotius :

Nate Meletis Homere, decus quopatria dante
    Perpetuum Colophon Græciaque omnis habet;
Cœlesti geminas sevisti pectore chartas (1),
    Chartas ingenii pignora sacra tui.
Hæc tardos memorat reditus errantis Ulyssi,
    Altera, Troja quibus corruit, arma canit.

____

(1) Peut-être au lieu de *chartas* il faudrait lire *natas.*

« Homère, fils de Mélès, tu as rempli Colophon,
« ta patrie, ainsi que la Grèce entière, du bruit
« de ton nom immortel; deux filles sont nées de
« ton divin génie; ton cœur a ÉCRIT les pages de
« deux poëmes : l'un nous retrace le retour d'U-
« lisse après de longs malheurs; l'autre chante la
« guerre des Grecs contre les Troyens.»

On voit que l'auteur de ces vers n'a pas mis en
doute qu'Homère seul ait composé l'Iliade et l'O-
dissée, ni qu'il ait employé l'écriture pour les
transmettre à la postérité. Le nom du poëte qui a
mis cette inscription au bas du portrait d'Homère
m'est inconnu; mais il est permis de croire qu'il
savait le grec aussi bien que Wolf, et qu'il connaissait aussi bien que ce philologue allemand
l'histoire de la littérature grecque.

FIN.

TABLE DES MATIÈRES.

Sur l'usage de l'écriture dans la Grèce jusqu'au tems d'Homère, ou jusqu'à l'an 1000 avant notre ère.

CHAPITRE VII.

CHAPITRE VIII.

CHAPITRE IX.

CHAPITRE X.

CHAPITRE XI.

CHAPITRE XII.

FIN DE LA TABLE.